猴 面 包 树

MICHAEL P. NICHOLS

MARTHA B. STRAUS

THE LOST ART OF LISTENING

# 失传的倾听艺术

[美] 迈克尔·P.尼科尔斯　　玛莎·B.斯特劳斯　著　　燕云　译

浙江教育出版社·杭州

序

发现自己在乎的人不好好听自己讲话，没有什么比这更让人伤心的了。人们永远也离不开对他人理解自己感受的需求，所以满怀同理心地倾听才会对我们的人际关系那么重要，不被他人理解才会那般令人痛苦。

作为一名精神分析学家与家庭心理治疗师，45年之久的工作经验赋予我对倾听的敏锐认知。在工作中，我既会帮助亲密伴侣调解争执，又会协助指导父母与其子女开展交流。对遭受心魔困扰的患者持续保持同情心虽不是件容易的事，但我认识到，我们生活里的大多数冲突都源自这样一个再简单不过的事实：未能给予对方用心的倾听。

只说不听就如同把一根电线一分为二的同时还指望灯能亮起来，当然，大多时候人们并不会故意去掐断那根"电线"。事实上，不知彼此所云常会让我们坠入黑暗之中，给我们带来困惑与沮丧。

遗憾的是，现代社会的各种压力又在分散我们的关注，降低着我们的倾听质量。如今的生活处处求快：下班了，我们会顺路对付一顿晚餐；通勤的路上，我们会听听流行音乐、看最新上架的电影片段；就连我们的阅读都局限于博客帖子和网络短文……我们的空闲时间都花费在这些地方了。

充斥于网络、电视、社交平台的大量抓人眼球的信息又分散了我们的注意力。我们以为自己是个既能一边讲电话一边查邮件，又能一边看电视一边在商品册上采购所需产品的"多面手"，但这种自以为能左右开弓的想法不过是自欺之举，到头来我们哪样也没能做好。

如今的我们虽有了前所未有的大量信息渠道，但也忽视了这一紧要的东西：我们的关注习惯。我们整天都在忙忙碌碌，从健身馆里播放的流行音乐到电视、电台上的宣传广告，无处不在的杂音将我们变成了听而不闻的专家。若电视里播放的节目在前两分钟吸引不了我们的注意力，我们就会更换频道；若某人说的话无法引起我们的兴趣，我们就会置若罔闻。

我们仍会与家人朋友谈话，但即便是在这样有限的时间里，我们谈话时的注意力也常会被各种舒缓、被动的干扰源所分散。因为疲惫，我们不愿交谈也不想倾听，却被各种电子设备所投映的画面、制造的音乐以及显示屏散发的舒缓光线所折服。难不成是这样的生活方式让我们忘记了自己应该如何倾听？或许吧！但它可能并不是造成我们有意义的交流日渐减少的原因，而是交流减少所带来的后果；我们之所以会选择这样的生活方式，或许是为了寻求某种慰藉、寻找无人倾听时自己可以用于驱赶内心荒芜的东西。

当然，就我们为何"丢失了倾听这门艺术"这一话题，你也可以持有不同看法，但有一点毋庸置疑：它给我们的生活留下了一个不断扩大的空洞，而且它的存在还会让我们隐隐约约地有种不满足感或者说缺失感。我们怀念曾经在谈话时倾听彼此所带给我们的那种慰藉，却不知道是哪里出了问题，也不知道应该如何解决。随着时间的推移，这种倾听缺位在不断破坏我们生活里各种重大的人际关系。

认可彼此的观点未必就能消除双方的冲突，但不去认可一定会令冲突趋于恶化。那么，我们何不花点时间来倾听彼此呢？不过，倾听可是一门说着容易做起来难的艺术。

倾听，通常是一种责任而并非我们在日常闲聊中的那种敷衍般的关注。持续的用心倾听需要我们做出强有力的、忘我的克制。用心倾听，意味着我们必须忘掉自我，以另一方的关注、需要为重。

大多数倾听失败并不是因为对话人只顾自己或者用心不诚造成的，而是因为我们想要说话这一需求。对方说话时，我们容易对其讲话的内容做出反应，而不是就其想要表达的东西给予关注；若是情绪反应出现，我们还会不假思索地直述自己的理解与看法。匆忙之中，我们以为自己在倾听，但那其实只是我们出于责任的、未给予用心的倾听，是一种敷衍。一旦我们抓住了对方的说话要点，我们就会急急忙忙地开始讲自己的话。此外，我们每个人都还有各自独特的自卫（心理防御）反应——这样的反应源于对方话语中一些让我们感到不耐烦、愤怒甚至痛苦的东西——使得我们听不到对方讲话的内容。

不幸的是，即便世界上有那么多关于"积极倾听"的建议，我们仍无法克服那令人讨厌、让人彼此戒备的心理。要想让自己成为更好的听众、改善我们的人际关系，我们就必须学会控制那些会让我们产生焦虑、会引发误解与冲突的情感因素。

　　这是一项看似艰难无比的任务，但请记住：大多数人应对困难的能力实际上要比他们自以为的都强。虽然工作花去了大量精力，但大多数人依然十分喜欢与三两好友一起坦诚地交谈。事实上，与朋友交谈，可以让人安心地讲述心中大事，既可以用心倾听，又可以如实相告，同时也能让人知道何时是谈话的最佳时机。这也是很多人际关系都应该借鉴的模式。

　　在我写这本书的过程中，为了让自己在个人生活与职业生涯上都成为更好的听众，我尝试带着不设防的心态与多一点的用心，去倾听妻子的抱怨，与孩子在一起时也会先听他们的看法然后才给出自己的意见。可每每这样的谈话之后，我都会有种受伤感、挫败感：面对妻子说我不帮忙做家务也不听她讲话的尖刻抱怨，我觉得那是对我的攻击；当我一次次打电话给编辑，向她抱怨自己的写作压力时，她的反应又让我觉得抱怨就是一种负担；就连我的朋友瑞奇也因为我表现得像个有权得到特殊关照的人而用绰号称呼我。碰到这些情况时，我不仅听不进他们正说的话（不肯倾听、认可他们的讲话），反而会因为伤心和愤怒而不肯再与他们交谈。"只要我活着，就绝不！"这就是我彼时的想法。

类似这样的误解多么让人痛苦，相信读者朋友也一定有此体验。伴侣的"吼叫"、编辑的"刻薄"与朋友的"责备"，无不让我受伤、令我退缩；但更让人痛苦的是，正当我以为自己在倾听方面取得进步的时候，这些挫败感又将我直接抛回原点。此时的我并没有想着进展不顺需要补救，而是垂头丧气地琢磨：我连与自己生活圈子里的人都无法好好相处，又怎能贸然地去写一本有关倾听的书呢？

对我这样的感受，或许你并不陌生。当我们试图改变生活中的某样事情（如日常饮食、工作习惯或倾听技巧等）却经历挫折时，我们很容易瞬间变得虚无而感到绝望甚至放弃。假如我在阅读一本有关倾听的书期间碰到这些挫折，那我可能就读不下去了。可既然我选择写这样一本书，在默默痛苦了一段时间之后，我又会回过头来，跟曾经与我争吵过的人进行交谈，只不过这一次我下定决心要先听对方讲完他们的话，之后才去讲述自己的看法。最终，这些交谈不仅让我看到了自己的人际关系如何在亲密与疏离之间反反复复，更重要的是，它还让我意识到了倾听如何在这些反反复复中起到作用。

希望这本书能让我们好好地思索交谈与倾听的方式。请想一想：倾听为何是我们生活中那样强大的存在？我们如何才能在不断沉浸于他人经历的过程中进行深度的倾听，又如何才能改变影响我们倾听的不良习惯？此外，相较于我写这本书的时候，当今时代，如何更好地倾听对我们来说，意味着更大的挑战。这一点，毋庸置疑。

作为老一辈的人，我对当下数字世界的了解并不透彻，但本书在创作中有幸得到了在网络沟通这一新兴领域专业经验丰富的临床心理学家玛莎·斯特劳斯（Martha Straus）教授的帮助。在玛蒂（玛莎昵称）的帮助下，我们增加了在电子设备与社交媒体层面倾听的内容，讲述了它们是为何改变人们的交流方式，以及它们为何更难令人获得当面倾听所能给予人的滋养。

同时，我们还就当下人们为何难以"与意见不同者展开有意义的对话"进行了讨论。现在我们可以一边惬意地管理着自己的信息推送与社交生活，一边兴致勃勃地与志同道合者建立联系、交流看法，可在面对与自己看法相左的人时，我们就会因为"倾听他们会让自己不快而不愿强迫自己去听"。这是不对的。我们要做的并不是避开他们，而是要学会通过掌控自己的情绪来与他们对话，尽管这并不容易。面对会让我们大动肝火的亲友或同事，碰到具有争议的社会、文化等话题以及让我们痛苦的家庭纷争，你可能会觉得倾听难以实现。那么，在这样的情况下，我们究竟该如何做到倾听呢？答案请见本书第13章的内容。

要想成功交流，我们需要了解以下这些方面的内容：

● 清楚真正的对话与轮流谈话之间的差别；

● 不仅要听对方说了什么，还要听懂对方话语后面的含义；

● 如何减少争论；

● 如何既能避免对方给予自己不需要的建议，又能获得对方的支持；

● 如何让寡言之人敞开心扉；

● 如何既能给出不同的观点，又不会让对方感觉你是在批评他们；

● 激烈争论时，如何让双方都能做到倾听；

◉ 说话人是如何破坏其想要传达的信息的；

◉ 如何让对方倾听你；

◉ 如何倾听以文字、语音、视频等形式展开的对话；

◉ 如何与难以沟通之人展开对话；

◉ 如何倾听对社会与政治问题持不同看法的人的观点。

本书共分为四个部分，第一部分讲述了倾听对我们生活的重要性，让读者知道"倾听远比我们所认为的重要"这一事实。通过这部分的阅读，读者能够认识到在关系之中，造成很多人无法真正与对方产生连结的原因，并不是压力或过劳，而是同理性关注的缺失。第二部分对内心隐藏的猜想与情绪反应这两个造成我们无法倾听的因素进行了探讨，让我们清楚是什么让倾听者因为过于防备而无法倾听，数字化的交流如何加深了我们的焦虑与误解，又为什么会出现"即便我们要说的话很重要但倾听者还是不愿意倾听"的情况。在探讨了影响倾听的主要因素之后，第三部分讲解如何通过理解和掌控情绪反应让自己更好地倾听他人，如何让自己（包括如何让自己在误解很深的关系之中）得到倾听；最后的第四部分则讲述了亲密伴侣、家庭、朋友以及工作等关系之中会出现的倾听问题，并就倾听如何会因这些关系的不断变化而趋向复杂，我们又该如何利用这一认知来打破双方沟通的壁垒进行阐述。此外，面对因社会、文化、政治等方面的看法不同而在对话中变得具有强烈的个人性（可能会让倾听者觉得对方迟钝得不可思议）甚至具有威胁性的情况时，我们如何展开跨越分歧的倾听，对此也做了讨论。

我们倾听他人的方式是由我们出生起他人倾听我们的方式塑造的，鉴于这一点，全书穿插安排了一些引发读者思考的环节，希望以此推动读者就自身过往的经历反思当下倾听为自己带来的影响。另外，本书还探讨了父母在倾听子女（特别是青春期的子女）时常会碰到的一些问题。为了帮助读者提高倾听的质量，我们在每章结尾处设置了一套练习题，希望读者通过消化所学的知识，提升自己的倾听技能。

无论倾听是怎样的存在，它对我们的生活都是无比重要的。当我们给予对方关注与理解时，对方感受到的就是认可与重视。良好的倾听能让我们获得善意的回馈。此外，有效的倾听也是愉悦他人、向他人学习并让他人成为有趣的对话人的一种极好的方式。希望本书能够帮助读者朋友们从各种各样的关系中感受更多的关爱。

# 目录

## 第二部分
## 人们不听的真正原因

### 4

### "什么时候轮到我说啊？"

倾听的核心：竭力压制自己的需要

### 5

### "你只听到了你想听到的"

隐藏的猜想如何让倾听变得具有偏见

### 6

### "你怎么总会有那么大的反应？！"

情绪如何让我们变得充满戒备

## 第四部分

# 不同境况下的倾听

## 10

### 一个巴掌拍不响

亲密伴侣间的倾听

## 11

### "这儿从没人听我讲话！"

如何倾听家人又如何获得家人的倾听

## 12

### "就知道你会明白的"

如何听懂朋友与同事的话

## 13

### "我才不会浪费时间跟那个人谈话！"

如何倾听你无法认同的人

## 结语

# 第一部分

# 渴望理解

# 1

## "你听到我说的话了吗?"

**为何倾听如此重要**

有时我们的脑子里好像装了太多的事情，多到我们都不愿再去倾听他人。

"他希望我可以听听他那边的问题，可他从来都不问问我这边有什么问题。"

"他记不住我都跟他说了些什么，因为他总是忙着其他的事。"

"她动不动就不回信息，可要是她发的信息我没立刻回复，她就会生气。"

"她太爱批评人了，我没法跟她交谈。"

做妻子的抱怨丈夫把她们所做的一切视为理所当然，做丈夫的抱怨妻子总抓不住他们的要点。

她觉得两人的关系遭到了破坏，他不相信两人可以心意相通。

在人类的各种动机之中，很少有哪个能像渴望理解那般强烈。被倾听，意味着得到了认真的对待，意味着自己的意见得到了关注。说到底，倾听就是对所说内容重要性的肯定。

这种对被倾听的强烈欲望说明我们渴望逃离孤立、渴望架起连接彼此的桥梁，而敞开心扉能让我们获得理解、打破彼此之间的隔阂。获取这样的理解应该很简单吧？非也。

琼看中了一套西服，觉得挺适合自己工作时穿，但对该不该花钱买下这套西服她拿不定主意，于是她对亨利说："亲爱的，我在那家直销店里看到了一套很漂亮的西服。""挺好啊。"亨利答道，然后继续在自己的平板电脑前忙个不停。

桑杰遭遇了一场轻微的交通事故，他很难过，担心说出来，丹尼丝会找自己的麻烦，于是决定保密，但同时又为自己该怎么解决这个问题而感到忧虑。丹尼丝感到了桑杰的疏离，以为他是因为什么事在生自己的气，但因为不想与桑杰起争执，她也什么都没说。

在好的倾听中，同理心是关键，但它只能通过我们暂停己思、投入到对他人经历的理解之中才能实现，它是人类彼此连接时的一种半直觉、半主动的行为。当下我们的交流表现出的，是这样一种矛盾的状况：交流方式越多，我们似乎就越没有时间交谈。

当倾听人能正确地领会对方所言时，他是具有同理心的，而这样的同理心就为理解架起了桥梁，将我们与听我们倾诉的、关心我们的人联系在了一起，这是对双方感受的合理性与可理解性的肯定。这种同理心的倾听具有能改变我们人际关系的力量。当我们将内心深处未予表达的感受说出口并得到了确切的反馈时，我们的内心就会升腾起一种被理解的踏实感以及对对方的感激之情。

**良好的倾听是建立良好关系的关键。**

倾听不仅可以让我们巩固彼此间的连接，增强我们的人际关系，还能增进我们对自我的感知。擅于倾听的人能帮助我们厘清自己的想法、确认自己的感受，所以，向懂得倾听的人讲述自己的经历能让我们更好地倾听自己。事实上，我们的生活就是在对话的过程中得到定义的。

## 不被倾听，就是伤害

每天，人们都在希望得到理解与认真对待；每天，人们也因为这样的需求得不到满足而灰心丧气。有了孩子的人会抱怨孩子们与伴侣听不进自己讲的话，孩子们则抱怨父母有时间责备他们却没时间听听他们的看法，甚至相互信赖、默契与共的朋友也常常难以抽出时间去听对方的倾诉。当人们在私底下都无法得到理解与支持时，他们就更不指望能在公共场合得到他人的体谅与关注了。

被倾听的权利正在遭到剥夺，以至于我们总忘记它们的存在，当然，对方也并不总能意识到这一点。这对缓解我们难过的心情是毫无助益的。

我有一位精神科医生朋友。在听我说自己正就"不被倾听，就是伤害"这一论题搜集人们的经历之后，他发给了我他的一段经历：

"有一次，我给一位朋友打电话，他没接，我留信息问他能否找个时间见个面，但他没有回复，这让我既有些焦虑又有些困惑。我想，自己是不是该再打个电话提醒一下呢？毕竟他很忙；或者，我该多等一两天，说不定他就回复了呢？又或者，我就不该一开口就跟他提见面的事？种种想法让我心绪难安。"

对此，我首先想到的是：就算是小到不回电话、不回信息这样的事，也是能让人觉得受到了冷落，会让人忧心忡忡；但下一刻，我就像突然被人扇了记耳光般地意识到，朋友说的那个不回电话的人，就是我自己！无地自容之余，我开始了辩解。只不过无论给出什么理由，现在都无关紧要了（对不回电话，我们总能找出各种理由）；要紧的是，不回信息让我在无意中伤害了朋友，给他造成了困惑，而我却从头到尾都没有意识到这一点。

一次小小的疏忽都能伤害到他人，若陈述人面临的是急事、要事，又会有怎样的影响呢？

倾听，是那样简单，简单到让我们以为人皆可为。但不幸的是，大多数人并不像自己所以为的那般懂得倾听。

当你出差回家、急切地想将此行的状况说给伴侣听，可他在听了一两分钟后就心不在焉时，你会觉得受到了伤害，会怅然若失；当想要与父母共享成功喜悦的你打电话给父母，可他们却显得兴致缺缺时，你在泄气之余说不定还会觉得自己期望得到父母赞赏的这一举动简直愚蠢至极。

自己兴致勃勃地诉说却得不到对方的倾听，这的确令人不快；假如对方恰好还是对你具有特别意义的、期望能从他那里得到关心的人，那你感受到的就会是痛苦。

杰伦与德里克二人是大学时的密友，上学时两人主攻的都是政治学，对政治都怀有同样的热情。他们一起探讨过美国国会暴露出的各种问题，对每日新闻的关注就好像是期待观看查尔斯·亚当斯（Charles Adams，美国著名漫画家）创作的系列黑色漫画片一般；除了政治，两人还结下了深厚的友谊。

杰伦很怀念与德里克因为深有共鸣而畅谈数小时的那种美妙感受。在这种让人说不清也道不明的共鸣之下，他感受到的，是畅所欲言的愉悦与听到德里克道出自己内心从未说出口的想法时的快乐。相较于杰伦的其他朋友，德里克并不那么健谈，他是一个用心聆听的人。

后来，两人去了不同的城市深造，但友谊并未因此中断。其间两人至少一个月会探望对方一次，有时是杰伦去德里克那边，有时是德里克过来。见面时他们会一起玩桌球、下中餐馆，而且不管多晚，之后两人总会促膝长谈。

两人的这种亲密无间的关系在德里克结婚之后发生了变化，杰伦感觉到了德里克的疏离，虽然这与一些朋友在成家之后所表现出的那种疏离并不一样，而且德里克的妻子也没有不喜欢杰伦，但就是这种隐隐约约的疏离让两人的友谊发生了巨大的变化。

"那种感觉很难用言语描述，总之，在跟德里克交谈之后我经常会有一种怪怪的感觉，甚至是失望。他在听……但对我所说的好像没有了真正的兴趣。他现在不会问我问题，但过去的他总是很积极地参与对话，这太让人难过了。我还是会对自己生活中的种种感到兴奋，但告诉他这些已不再让我有那种与他心连心的感觉。那种兴奋，我只能独自体会。"

杰伦的哀叹说明了倾听的重要。对话时，我们除了希望自己讲的话不被打断之外，还需要其他的东西。有时人们看似在听但并未用心，或许他们很擅长在他人谈话时保持安静，但他们游移的目光、翻看手机的动作、身体的前后晃动等暴露出他们对对方讲的话不感兴趣；有些人即便看不出精神不集中，可你仍知道他们没认真倾听。对说话人而言，这样的倾听就是一种轻视。

相较于双方曾经的亲密无间，如今最让杰伦伤心的，就是对话中德里克被动表现出来的兴趣。现在两人的友谊已经走进了这样一个死胡同：杰伦再也无法像过去那样对好朋友敞开心扉，而德里克对两人之间这样的渐行渐远不以为然。

既然友谊是自发的，针对友谊进行讨论也就成了一种可有可无的存在。此时的杰伦既不想向德里克抱怨，也不想向他提出要求，再说男人之间也不可能去说"自己不再能感受到对方的关怀"这样的话，最终杰伦也未向德里克谈及那种疏离感。这太糟糕了，因为当一段关系变质时，交谈可能是唯一解决问题的方式。

**当我们依赖某种关系并期望从中获得理解时，那种未能得到倾听的感觉尤其令人痛苦。**

面对各种冷落与误解，我们大多数人在经过一段时间之后都能像个成熟的成年人一样耸耸肩，让它们成为过去。假如我们因此变得有些漠然，那就权当是为了生存所付出的代价吧。但事实上，那种得不到回应的感受带给我们的不仅是痛苦与愤怒，有时它还会让我们结束某种关系。

某女子发现丈夫出轨，这让她痛苦万分。悲愤之余，她便向自己心目中的闺蜜——她的大姑姐坦露了心迹。大姑姐虽然竭力想对她表示理解和支持，但她实在无法接受对方对自己弟弟的猛烈抨击，所以她并未竭尽全力，也无法给弟媳所需的支持。当危机最终过去，弟媳夫妇重归于好之后，这位弟媳却因大姑姐在自己需要时未能支持自己而不再与她说话。

这样的结局令人伤感。面对好友对自己执拗的沉默，那位大姑姐却觉得莫名其妙。我们常会碰到觉得有些人的反应简直就是不可理喻的时候，但在自觉没有得到回应且受到伤害的当事人看来，他们所做的一切都是合情合理的。

倾听，意味着要为对方付出关注、要表现出兴趣、要给予关爱、要用心、要给予认可与认同、要感同身受……还要心领神会。它关乎人类的生存却常遭忽视，准确点说就是：由于它多样的表现形式，人们很少把它看作是自己的首要需求。有时我们就像杰伦、被弟媳疏远的那位大姑姐和很多其他人一样，都是在被倾听"欺骗"了之后才意识到被倾听的重要性。

我们在偶然中才有了这样的认识。比如你因为不确定是否该接受一份新工作而打电话给一位老友，但并不需要他告诉你该做什么而只需要他用心听着，单单这一点就有助于你更好地看清问题。再比如，你刚刚认识了某个人，因为很喜欢他，便在一次美妙的餐厅晚宴之后大胆邀请他一起喝咖啡，若此时他回答"不了，谢谢，我明天还得早起"，那你会感觉自己遭到了拒绝，会认为对方并不喜欢你，然后你可能会避开他。几天之后，他若问你出了什么问题，你会再次鼓起勇气，告诉他自己受伤的感受，而对方不做争辩只是认真地听着并说"我明白你为何会有那种感觉，但其实我是想再见到你的"，那么那时的你就会有种如释重负的感觉。

可我们的交流并不总能如此这般，这又是为什么呢？我说，你听，就这么简单，不是吗？遗憾的是，交流并不那么简单。说与听是一种独特的关系。在这样的关系之中，说话方与倾听方会不断地变换角色，双方都在争取立场，都在为自己的需求竞争。不信？那就试试向某个人讲述你的一个问题，看看对方会等多久才开始插嘴，告诉你他也有类似经历并向你提出建议吧（只不过这样的建议一般更适用的对象是他本人而不是你）。

有位男子因为与父亲关系冷淡来做心理治疗。在治疗过程中，他突然想起了自己曾与父亲一起玩莱昂内尔电动火车的欢乐时光，而且他还记得那辆火车是他爷爷传给他父亲，之后又传到他这里的，也因此他回忆起了与父亲共享这一传家之物时内心的那种骄傲感。这让他激动万分。可就在这时，心理治疗师却开始说起他自己玩火车玩具的经历，说他如何让邻居的孩子带来他们各自的玩具车轨和车厢，之后他们又如何在他家的地库里建出了一个巨大的社区模型，等等。见到治疗师在那里滔滔不绝，而自己的倾诉却被打断，那位男子气不打一处来，愤愤地说道："你干吗要跟我提你的火车？！"
治疗师顿了半晌，之后以人们大多会在吐露私密时才会
用到的平淡语气讪讪地答道："我只是尽可能地想表示
对你的友好。"

**分享感受是两个人的事：一个人说，一个人听。**

这位心理治疗师犯了一个很常见的错误（事实上他有好几
处都不对，由于篇幅有限，我也就不多说了），他以为分享自己的经历就
等于是在表达自己的同理心，但实际上他不仅将谈话的
焦点拉向了自己，还让患者生出了遭人忽视、不被人理
解的感觉，这其实伤害了患者。此外还有一点更令患者
难受，那就是患者是付钱来接受心理治疗师的同理倾听
服务的。既然是付钱的，无论是谁参与其中，无效的治
疗都会让人觉得非常糟糕。

虽然"同理心"一词如今已广为人知，但这一表
述并不足以表达出那种理解他人内在经历的力量。怀
着同理心去倾听就如同在细品一首诗，你不仅要在过
程中了解字面上的意思，还要挖掘其背后的深意；但
它又不同于品诗，因为需要倾听人积极发挥自己的想
象力，从根本上来说它是一种感受而不是创造。当我

们在关注一件艺术品时，决定我们反应的是艺术品所具有的独特性；而当我们关注某个试图告诉我们某事的人时，决定我们反应的是我们对此人感受的理解力而非创造力。

## 见证他人的经历

倾听的目的有两个，即理解信息、见证他人的经历。当人们告诉你他们的生活时，你会猜想他们期望得到你的关注或可能的支持性回应，这是显而易见的。当然，这种看似简单的个人交流也可能会充满挑战，问题是如今的我们还会在各种各样的社交媒体上希望人们能通过发送短信、图片、帖子以及共享信息等方式来倾听我们。虽说这些社交媒体能为我们提供数不清的可见证我们经历的方式，但它们也会在我们并不充分回应时，让我们感到失望。

发布文字或图片的确可以让我们与朋友和关注我们的人之间保持广泛的联系，能让他们见证我们的经历，但社交媒体上的评论与"点赞"带给我们的支持并不那么直接，而且无人回应可能让我们感觉到的伤害与失望，在某种程度上不亚于当面交流的失败带给我们的挫败感。无论是现实中面对面的交流，还是通过网络交流，人们都在表达被倾听的需要。在交流时，用心倾听的人会在短暂走出自己的参照标准、走入对方的参照标准的过程中，给予对方认可与支持，而这样的认可对对方的自尊至关重要。未被倾听，我们就会把自己封闭在内心的孤独之中。

36岁的埃斯特拉是某公共政策研究所的执行副总裁，但有一件烦心事让她焦躁，甚至到了考虑是否该进行心理治疗的地步。事情是这样的：埃斯特拉准备了一份以大型国有工业的监管为主题的议案。为了进行演示，她安排了一场与该州副州长的见面会，此外，出于必要她还邀请了自己的老板一同出席，虽然如果没有老板在场她甚至可以发挥得更好。为了后期能就监管制度的必要性说服立法委员，她的老板又邀请了所里的首席游说人出席会议。一开始，会议就像埃斯特拉所预料的那样，她的老板并不怎么着调地就哲学方面的话题泛泛而谈，之后居然将话语权交给了那位游说人，让那位游说人而不是由她来展示议案。这让埃斯特拉大吃一惊。那位游说人说了15分钟之后，会议便宣告结束，至于埃斯特拉自己准备的议案，她从头到尾一个字也没说。这虽不是埃斯特拉第一次遭人忽视，但身处一个由男性主导的工作环境，每每这样的遭遇都会令她愤懑不已。不过，现在回过头来再看看事情的整个过程，更让埃斯特拉难受的还在后面。

埃斯特拉急着想跟丈夫诉说这一遭遇，可当时丈夫正出差在外，要三天后才能回来。虽说埃斯特拉已经习惯了丈夫经常出差，但一想到自己就这样被人剥夺了发言权，她就痛苦不堪，此时的她多么需要跟丈夫谈谈啊! 夜色渐深，失望感渐渐浮上了埃斯特拉的心头，而这改变了她的心态。此时她感受到的，不再是原先那种单纯的沮丧，而是一种不满足感。她开始想，自己为什么非要这般依赖丈夫呢? 自己的情绪问题为什么不能自己解决呢?

想来想去，埃斯特拉觉得问题应该出在"自己没有安全感"这一点上。她想，假如自己的安全感足够强，那她就不会生出那么强烈的倾诉需要、就不会那么脆弱、就能自行解决问题，她也就不会因为工作上被人忽视、到家时没人倾诉而感到那般心烦意乱了。

埃斯特拉因为这种不期然且急需向人倾诉的需要而思绪满腹，之后又认定自己若多点自信就不会那么依赖他人的关注与回应了。这是我们常会碰到的经历。这种对他人回应的需要很容易让我们产生"若能再坚强些，自己就不会那么需要别人"的看法，因为一旦那样，别人就无法让我们生出巨大的失望感。

被倾听也的确能帮助我们提高内心的安全感，只不过与某些人的观点相反，我们永远都无法让自己变得像成品雕塑或纪念碑般完美、完整；人类与地球上的任何生物一样，也需要养分来滋养自己，来维持自身的力量与活力。而倾听所滋养的，就是我们的价值感。

一个人的安全感越不足，就越需要他人的肯定。无论你是谁，无论你有多么强大的安全感，无论你的适应能力有多强，你都离不开对关注的需要。若你还不明白，那就看看我们每个人都是如何通过自己喜欢的方式来宣布消息的吧。就我妻子来说，假如她有什么消息，她要么会在我上班时打电话给我，要么会一到家就告诉我，总之不会憋着；但我不是这样，如果我有好消息要宣布，那我一定会憋到最后雄赳赳、气昂昂地宣布消息的那一刻 (就差没敲锣打鼓了)。

以我为了拿下一份出书合同而忙了数月的那一次为例。那时妻子知道我在为那本书忙碌，但我并没告诉她自己很快就能拿下那份合同。就这样，我一边期待着，一边努力地压制着自己对拿下这份合同的强烈渴望。对好消息，不，应该说是对于分享好消息，我会有各种天马行空的设想，而将好消息告诉妻子就是兑现这些设想的时刻。我不想就那么平平淡淡地向她分享好消息，我想要的或者说我需要的，是让这一宣布成为隆重的大事。合同终于到手的那一天，我欣喜若狂，但最妙的还是那份期待要告诉她的心情。当时，我给正在上班的妻子打去了电话，告诉她我为她准备了一份惊喜，还说要与她共进一顿丰盛的晚餐。她说好，而且没再问我任何问题（那时妻子与我相识已有40年之久）。

待我回到家时，妻子已经换上了真丝长裙等着出门。她看得出我很兴奋，但她耐着性子等着我揭晓答案。到了餐厅之后，我点了一瓶香槟。看到服务生将酒端上桌来，妻子这时才开腔，语速仍不紧不慢："你是不是有什么事情要告诉我？"此时的我像个10岁孩子炫耀成绩单一般地拿出了那份合同，递给妻子。那一刻，妻子的脸上笑开了花，神情之中充满了爱与骄傲，甜蜜得让人无法用言语形容。而我笑着笑着，泪水就模糊了双眼。

为了这样的时刻，有些人真是愿意大花心思的！对于宣布消息，无论是认为有必要做特别安排的人，还是觉得不必大费周章的人，他们之间其实有很多共同点。比如我们都是在焦急的期待中等待宣布消息的，而且我们也都能感觉到那种紧张情绪的积累。这种紧张的背后，是某种被唤醒的、期待能对另外一个人产生影响，同时期待可以得到对方回应的冲动。在这样的冲动之下，人们希望能向对方或坦白、或炫耀、或提出建议，甚至能与对方进行对质。此时的你既兴奋又焦虑：兴奋是因为你期待可以得到积极的回应，焦虑是因为你害怕遭到对方的拒绝或漠视。

苹果手机有一项功能设计得聪明无比，那就是"思考泡泡"提示，也就是在我们发出一条信息后那个表明对方正在回复信息（哇，对方正在输入，太好了！）的一闪一闪的"输入中"所做的提示。此时，我们内心充满了期待，因为这一显示让我们觉得对方似乎听到了我们的心跳声，让我们有种心连心的感觉！若对方因为分心使得泡泡消失了几秒，或者只给出了一个别扭的表情而不是一句经过慎重考虑的话，那我们又会有点沮丧。这些感受虽与面对面的交流带给我们的没什么不同，但当我们在手机上没有得到对方的任何回应时，我们的失望感就会比面对面交流时更加强烈。

选择与谁交谈、又该告诉对方什么内容所暗示出的，是你与自身、你与生活中其他人之间关系的状况。你对自我的坦露不仅仅关系到你的自尊与羞耻心，还关系到你所选择的与你相谈的人。想一想，在谁的面前你可以放心地大哭、抱怨，在谁的面前你可以肆意发泄你的怒火，又是在谁的面前你可以海侃神聊、可以坦诚自己内心的羞愧呢？

**优秀的倾听者会见证你的经历而不会对其进行评判。**

一旦你说出了自己的所想、得到了对方的倾听与认可，你就会感到如释重负，好像疼痛感突然减轻了一般。但假如这个过程像日常对话一般来得很快、很频繁，那你可能就很难意识到自己对理解的需要。倾听有多重要，不被倾听造成的失望感与在等待中期待得到倾听的紧张感就是证明。有的时候，当无知与沉默让我们痛苦不堪时，我们就会有那种必须将一切所思说与人听、与人交流、与人共享的需要，此时的诉说就是对我们痛苦的减轻。

"你猜猜！"

回忆一下上一次发生在你身上的妙事。你还记得等着要将这件事告诉别人的感受吗？你当时选择了谁作为你的分享对象？结果又是怎样的呢？

# 被倾听意味着被认真对待

我们常会将"被倾听"这一需要视为理所当然，但它其实是人性之中最强大的动机之一。被倾听让我们知道自己是否被理解、被接受。对于那些倾听我们谈话的人，我们会很在乎甚至很爱他们；尽管在人生中，我们至少会"利用"他们一次。

心理分析学家海因茨·科胡特 (Heinz Kohut) 说过，因为理解这一需求的激发，我们会把他人视为自体客体。这一说法是对与我们相关的回应人身份的有力表述，它说明这个人并不是一个只沉浸于个人心思里的人，而是一个在我们身边支持我们的人。

或许这种将倾听者用作自体客体的看法会让你想到一些总在谈论自己且并不怎么在乎你所说内容的那种让人讨厌的人。这样的人在听别人说话时总是心不在焉，而且只想找机会将话题拉回到自己身上。

当对话的双方是子女与父母时，这种对理解的欠缺尤其令人痛苦。子女会觉得，父母似乎既不愿意让他们成为他们想成为的人，也不愿意让他们拥有合理的想法与抱负。这样的想法让他们抓狂。当他们看到父母当着他们的面对别人讲的话听得那么仔细时，他们就会愤愤不平地想：父母为什么就不能也给我们一点点那样的专注呢？类似的恼火经历，作家哈罗德·布洛基（Harold Brodkey）在《逃家的灵魂》（*The Runaway Soul*）中就以一位年轻女子与其男友的一段对话做了一番戏剧性的展示。

> 男："你爸会听你说话，还是就他自己说个不停？"
> 女："他就说个不停。难道他不让你说话吗？"
> 男："除非我坚持。之后我们就轮着各说各话。"
> 女："喔，那就对了。他现在对你说的话要比对我说的话多。"

女孩子的父亲对她男友说的话会比对她说的话多，是因为她的男友对她的父亲来说，就是一个新出现的、可以听他侃侃而谈的听众。

伤害我们最深的，向来都是我们以为与之有着特殊关系、让我们觉得自己的关注与理解对其特别重要的人。当我们见到他们或者那么轻易地将兴趣转向他人，或者心不在焉地查看手机的时候，被伤害的感受就会出现。这些人会在向我们吐露心声之时注意到别人，然后丢下我们跑去跟那个人说话；会在有需要时向线上的"朋友"寻求虚拟的回应——即便我们可以真实地到他们身边表示支持。当你发现某个你以为只属于你与他之间的看法居然成为他与一大堆人所谈论的话题时，你会想：自己这一特别的密友身份在他的心中难道就是这样的吗？！面对这样的"大众化密友"，伤害我们的并不是他们对我们的"利用"，而是他们对"我们对他们很重要、很特别"这一感受的剥夺。

没人愿意看到（尤其在自己身上看到）这种赤裸裸的、无视他人感受的自恋表现，但事实是：很多时候我们沉浸在自己的思考之中无法自拔，再加上社交媒体的出现，自恋的心态使人们更关注倾听的技能。在这种全新的自恋心态下，有些人争着抢着要当焦点人物，有些人精心打造自己喜欢的身份以博取最多的关注，还有些人则希冀能从虚拟的点赞量中求得多一点的认可，而这些暴露了人们对他人的需要（无论这样的需要来自线上还是线下）里自私的一面。被倾听平衡着人们的自恋心态，换句话说，它让我们自我感觉良好。

当大一新生布里安娜和父母将车上的东西都卸完之后，她看到了其他同学都有但她没有的各种东西，她的心情瞬间低落到极点。在排队进入宿舍区的其他同学与他们的家人所卸下的物品中，漂亮的枕头、柔软的被子、昂贵的无线耳机，以及网球拍、公路自行车等应有尽有，甚至还有她从未见过的曲棍球棍。在父母驱车离开后，布里安娜一个人站在宿舍区的南大厅前，此时的她心里已没有了初入大学校门时的兴奋，取而代之的是满满的不安。

布里安娜第一年的大学生活是在孤独中度过的。交友对其他人来说似乎轻而易举，但到她这里好像变了味。因为没能在校园里找到归属感，她将电话一次又一次地打到了家里，她极力想告诉父母自己在这里的感觉有多糟糕，但父母对她说的是"别担心，亲爱的，一开始人人都会觉得有点孤单""你该去多交些朋友""也许你只需要在学习上再努力一点"等。可是，真正做起来时哪有那么容易？

**安慰并不等同于倾听。**

到了12月，布里安娜开始翘课，吃饭也有一顿没一顿，还总会在哭泣中睡去，直到最后再也无法忍受时，她拨通了心理咨询中心的预约电话。

在咨询室，心理治疗师微笑着让布里安娜叫她诺琳，这让布里安娜深感欣慰，诺琳还会很用心地倾听布里安娜说话。诺琳的一举一动让布里安娜感到了一种新鲜的、来自成年人的温暖与关注，她也因此成为布里安娜所见过的最富有同理心的人。治疗期间，诺琳并没有告诉布里安娜该做什么，也没去对她的各种感受进行分析，她只是在听，而这正是布里安娜此前从未体验过的。

诺琳的帮助不仅让布里安娜顺利地度过了头一年以及之后三年的大学生活，还让她看到了自己不安全感的症结所在：她从未得到过父母用心的倾听。此前布里安娜一直认为自己的父母很优秀，但现在她意识到，他们从来不曾花时间去真正地了解她。在她看来，自己与父亲之间的关系很疏远，而且忙碌之下的父亲还经常没空与她交谈，母亲则很少认真地把她当成年人对待。

在诺琳的帮助下，布里安娜最后认识到：除非自己与父母之间的问题得到解决，否则她将永远无法摆脱愤懑与抑郁的威胁。在征得布里安娜的同意后，诺琳建议她与我联系，让我安排几期家庭治疗。

我们第一次会面时，布里安娜与她的父母是各自到达的。虽然他们每个人都面带微笑，但警惕心让他们看上去就像几只被一条蛇围着的猫。此前我曾在电话中告诉布里安娜，第一次会面进展要慢，建议她尽量不要朝父母倾倒太多怒火，而是要寻找一些双方共通的东西。可那并不是当时的布里安娜想要的，她要的是事实。

会面中，布里安娜首先将矛头对准了自己的父亲，她说她小的时候很爱父亲，但随着自己渐渐长大，她看到了父亲身上越来越多的荒谬与不当。而在她的父亲看来，自己工作勤勤恳恳、心系国家，生活中几乎没什么需要他多操心的东西。为了能将女儿送入那所知名大学，他做出了极大的努力，如今女儿的这番表态简直就是忘恩负义。面对女儿对自己的刻薄评价，他在说了句"你就是这样看待我的吗"之后，便再也不发一言。这其实是他保护自己的独特方式，而基于他这种彻底让自己置身事外的表现，在之后的会面里再也看不见他的身影，我丝毫没感到诧异。

接着，布里安娜又说起了母亲，说她"肤浅""虚伪"，还说了一句对一个母亲来说最为残酷的话："你只关心自己。"布里安娜的母亲再也听不下去了，她抗议道："这不是真的！你为什么要夸大其词？"而这又更加激怒了布里安娜，两人就开始了相互攻击，双方的怒火也越烧越旺。

我努力想让她们冷静下来，但收效甚微。布里安娜拼命地说着话，但那并不是常规的你来我往式的交谈，而只是单方面的信息输出。这样的场景是家人之间交流时经常会出现的，某个人会无视其他家庭成员的意愿，执意将重要的信息说给对方听，要求对方面对"事实"。最后，布里安娜的母亲是哭着离开咨询室的。

之后那周的会面，布里安娜是独自过来的。对第一次的家庭治疗没能取得良好的效果，她表示抱歉，但还是很开心自己道出了真实感受。在她看来，母亲的表现恰恰证明了母亲就是她心里所认为的那个不肯接受别人的人。至此，母女二人不说话已经有一阵了，但布里安娜觉得这没什么。

让我没想到的是，六个月后布里安娜打来电话说她和母亲想再来一期治疗。这一次，两人从闲聊开始。布里安娜称赞母亲的鞋子很漂亮，还向母亲问候了自己的妹妹；她的母亲则问起了布里安娜的生活状况。难道母亲已从怨恨中恢复了吗？布里安娜这样想着，内心再次出现了被轻视、被无视的感觉，她努力不让自己做出反应，但最终还是爆发了。愤怒之下，她指责母亲并不是真的在乎她的感受，而只是关心礼节上的东西。布里安娜的表现让我担心起来，但这次布里安娜的母亲既没有愤怒以对，也没有打断女儿的话。她没说多少话，也没插话为自己辩解。我不清楚究竟是什么支撑她去倾听女儿的愤怒指控，或许是她不愿再与女儿这么疏远下去吧！这一次，她真的在很努力地倾听女儿的讲话。

作为母亲，最沉重的负担之一就是当孩子在需要与愤怒之间出现本能的情绪波动时，成为这一波动的标靶。此时，愤怒的情绪所指向的，是曾经晃动孩子摇篮的那个人，它可不管那个人的呵护到底充满多少爱；作为女儿，这种情绪表现多是对母亲的逃离，但同时又保持着与母亲的联系。布里安娜的母亲似乎感受到了这一点，此时她脑海中的女儿依然还是那个喜欢在某些方面据理力争的小女孩。

而对布里安娜来说，当她以为母亲肯定会有的反击并没有出现时，她反倒平静了下来。毕竟，她想要的，就是倾听。

这次咨询之后，布里安娜与母亲的关系有了很大的改观，两人的交流从原来的一声不吭或各说各话变成了真正的对话；布里安娜会打电话或写信给母亲，还会向母亲吐露心声。当然，情况也不总是如此，两人的交流也不是每次都能成功，但对自己的母亲，布里安娜变得更开放了，而且她也不再将母亲视为一个理应无私且将一切都做对的人。布里安娜自己也不再那么孩子气，而是成为一位准备走向自己人生之路的年轻女性。

就这一案例来说，布里安娜未被满足的倾听需求不仅将她与其他人隔离开来，还让她的内心充满了愤怒。

而倾诉如同将一堵墙打破了一般，让她冲破障碍与他人接触。她那孩子般的情感宣泄只能说明：那些情感已在她的心里积压了很长很长时间。之后，通过与不做任何防御的诺琳进行交谈，布里安娜找到了自我，并以更能让他人接受的方式表达了自己的感受。

第二次与布里安娜母女的会面让我们看到，一切会因为某人说的某些话而开始发生改变。这是偶然出现在家庭中的一幕，只不过在这里引发这种转变的并不是布里安娜说的话（因为这些话她之前也都说过），而是她的母亲放弃了自己的主张，以正确的态度来倾听女儿的举动。

当你学会理解他人愤怒、焦躁之下隐藏着的那些未曾言明的感受后，你就会发现一股能让你释怀、让彼此远离怨恨的力量。只要付出一点点努力，你就能听到隐藏在恶语背后的委屈，逃避背后的怨恨和让人怯于开口、惧于倾听的脆弱。当你理解了倾听内含的治愈力后，你甚至可以去听那些让你感到不自在的东西。

## 数字化的交流：不见其人只闻其声之下倾听的艰难

交谈时，特别是面对面交谈时，若对方心情不好，但对方又是你所关心的人，就有可能出现你将痛苦感受与自卫（防御）反应或者愤怒情绪搅在一起的情况。就像布里安娜在第一次家庭治疗中向父母倾倒排山倒海般的怒火那样，她的父母对此所给出的情绪反应则表明：他们无法听进布里安娜讲的话。

如果是线上交流，我们又该怎样倾听网络上某个你看不见的人呢？现在的我们每天都在花大量的时间与我们看不见的人交谈。可以说，人与人之间这种偏离实际接触的趋势已经改变了倾听文化。在此之前，我们必须亲自在场，根据对方的声调、眼神、面部表情与肢体语言等信息，来获取更多有关对话人的情况，这就好比我们从她咬唇的动作就能知道她出了什么事那样；但现在的线上交流很难让我们获取这些额外的线索，而这类社交线索的缺乏让当今数字世界中的我们的倾听技能大打折扣，所以当我们通过短消息来进行最重要的情感交流时，大量全新的误解现象就出现了，这不足为奇。

当然，数字化的交流也有很多需要权衡和取舍之处，而且随着时代的发展，还会出现更多的机遇与挑战。如今美国有96%的人都在使用手机，既然如此，我们该好好思索一下数字化的交流如何影响我们，以及我们所倾听、交流的对象。

数字化的交流有积极的方面，比如它可以让你有充足的时间阅读收到的短信或电子邮件、让你细心编辑自己的回复，而这避免了当面交谈可能出现的随口说错话、之后让人后悔的现象；若碰到自己心情不好或者有所顾虑，你还可以等到自己能够冷静下来或适当的时候再做回复，这样就不用担心当面交谈时可能出现的场面失控的情况；此外，当你感觉身体不适、无法外出时，数字化交流也是一种很不错的与朋友保持联系、让他们了解你境况的方式。有研究表明（而且是强烈表明），家长们对能更多地与自家青少年和年轻人进行数字化的交流充满了热情，他们非常喜欢利用这种交流方式来与小辈们保持联系。

但从消极的方面来说，由于无法看到他人阅读自己文字时的表情反应，你可能也会对他人的感受做出不客观的判断。如今不仅仅是青少年，各年龄段的人都有可能在网络上遭遇霸凌。有些人仅凭一时冲动，草草地在社交媒体上写下的评论，甚至可能对人造成毁灭性的打击。比如我认识的一位年轻母亲蕾娜塔，她之前在脸书上发过一篇说自己正学步的宝宝因为耳朵发炎而哭闹不停的帖子。这纯粹就是一篇求同情的帖子，但几分钟之后，蕾娜塔就发现自己陷入了一场以"抗生素之恶"为论题的激辩之中，而且评论中还出现了暗指她存在育儿疏忽之类的说辞。显然，蕾娜塔并没有得到人们的倾听（假如人们听到她那疲惫不堪的嗓音，情况可能就不一样了）。蕾娜塔说，自己完全被人们误解了，她要的不过是人们对她自己照顾患儿之难的同情罢了。

此外，越来越多的证据表明，如今人们越来越不懂得倾听，这一点从人们对数字化交流的各种依赖就能看出。近几年的研究发现，相较于过去同龄的年轻人，现在通过社交媒体来维护关系的一些年轻人对自我的关注更多、对自我的反省更少。他们会为了向外界展示自己某个特别的形象而不辞劳苦（从外在看待自己的表现），但不会付出同样的努力从内在认识自我。

另有一些研究表明，这种数字化的经历或许正使我们更缺乏同理心、更缺乏耐心；还有，邮箱里泛滥的各种信息也让拥有更多选择的我们出现了关注力降低的情况。那种可以让对话人像个"幽灵"一般直接消失在对话中的短信，代替了费力的面对面交流，这使得我们既无需再像以往那般通过努力提高自己的交流技巧来处理难题，也无需再鼓起勇气去寻求他人的宽恕或者给予他人宽恕了。

渴望借助网络来宣布自己取得的某项成就、发一张令人兴奋的假期图片、在线上展示自己真实的精彩生活，这些想法十分正常，毕竟从根本上来说，它们与我们需要亲自与父母、伴侣或朋友分享喜悦的那种期望是一样的，而且更容易做到。此外，无论线上还是线下，我们对同理心的需要也是一样的。譬如，有人会在帖子上放一张自己离世爱犬的照片，有人会在社交媒体上告诉所有好友自己患病的消息，等等。这种期待与他人交流心中大事的渴望是与生俱来的，但数字化的交流在这方面带给人的满足感却永远都比不上面对面的交流。你在帖子下收到各种"点赞"、爱心符号和悲伤的表情，但它们全部加起来也抵不过一次面对面的用心倾听所带来的满足感。

被倾听就是被认真对待。倾听满足着我们自我表达的需要以及与他人心意相通的期望。拥有同理心的倾听者能让我们说出自己的所思所感，其给予我们的倾听与认可不仅能增强我们对自我的感受，还能帮助我们厘清自己的想法。因为有倾听人的理解与肯定，我们才会更加坚信对彼此的爱；而不被倾听让我们感受到的，是漠视、不被理解、与人隔绝、孤单。那种希望倾听人懂得我们、理解并认可我们经历的需要，就是滋养人类心灵的精神食粮。

　　当我们的生活中缺乏足够的同情与理解时，我们就会因为神出鬼没的不安情绪的困扰而陷入焦虑与孤独之中；当这些让我们难以忍受时，我们就会在被动的逃避中寻求安慰，譬如看电视、网上购物、看电影、玩游戏、刷脸书、逛网飞、来场冰激凌盛宴等，又或者是遁入流行的科幻故事中去感受那比真实生活兴奋的虚构生活。当然，放松一下并没什么错，但你为什么会在杂货店排队时翻看手机呢？为什么没什么好看的电视节目时你还要打开电视呢？还有，即便车载电台发出的只是噪声，但你为什么只要不打开它就会坐立难安呢？

　　通常我们会将逃避看作一种对压力的释放，忙碌了一天之后很多人都会感觉筋疲力尽，但消耗我们精力的未必真的就是过度的劳累，而是生活中他人对我们理解的缺乏，尤其是关心我们、愿意带着兴趣倾听我们的人可以给予我们的那种关注与理解的缺乏。当我们之间关系的紧密度并不足以维持双方情感的平衡与热情时，我们就会逃避到病态的自我意识之中。在如今的数字时代，敲敲键盘似乎就能让我们获得所需的响应感、兴奋感、刺激感和满足感，但可悲的是，那些让我们如此依赖的设备到头来所起到的，不过是让我们感觉不那么孤独的作用罢了！而真正能满足我们需求的，是我们与关心的人在一起时的那种心与心的交流。若没有这样的彼此安慰，有的人或许就会在沉默中幻想着自己要划动的下一个屏幕页面里有什么可以让他们摆脱那一直在暗中低声咆哮着的绝望与疏离。

# 习题

1. 你心目中最优秀的倾听人是谁？他/她都有哪些良好的倾听表现？（比如，他/她会打断你的谈话吗？会提出让你感兴趣的问题吗？会认可你讲的话吗？）你与这个人在一起是怎样的感觉？从这个人的身上，你能学到什么可以让你成为更好的倾听人的东西吗？

2. 与同伴交流时，是什么让你犹豫？你为什么会犹豫？你如何处理自己压抑的思想与感受？压抑对你造成了怎样的影响？压抑对你与同伴的关系又造成了怎样的影响？

3. 假如你的倾听技巧有所提高，你希望谁能注意到这一点？你希望哪些对话可以与以往有所不同？

4. 若有人认为你没好好听他讲话，你可知其言下之意？这会带来怎样的结果呢？

5. 若有人认为你听懂了他说的话，你可知其言下之意？这又会带来怎样的结果呢？

6. 下次碰到让你心烦的事时，请留意一下你打算与某人交谈的那种感受，想一想：是什么让你止步不前？你又心存哪些顾虑？当你真的将自己的感受告诉某人时，你的感受又发生了怎样的变化？

7. 你认为面对面的交流与数字化的交流有哪些不同？你个人更喜欢哪些交流方式？是短信交流吗？

8. 你是否有在社交平台与人交流、线下与人见面的经历？现实中的他们与线上交流时的他们有着怎样的不同？

9. 通过短信交流之后，你是否有意识到最好还是亲自见面或通过电话进行沟通的时候？

**2**

■

# "谢谢你的倾听"

## 倾听如何塑造我们，又是如何连接你我的

我们是在与他人的交谈之中定义、证明自己的。当我们被倾听时，对方对我们的经历所做的具有意义的回应，就是认可。这样的认可让我们能以一种有形的方式来实现自我价值，并对自我进行塑造。就像我们在第一章里说的那样，对我们的安全感至关重要的表达与认可是一个双向、互惠的过程。我们的生活是由对话的彼此共同缔造的，所以，假如通过倾听来获取认可是对自我的定义与证明，那么倾听我们的就一定是某个我们会予以认可的人。只有找到表达（交谈）与认可（倾听）之间的平衡，我们与我们所关心的人之间才能形成以平等为基础的互动。

假如你的生活或你生活中的重要关系出现了失衡（让你无法充分表达自我、无法获得对彼此充分的认可），那么你将会很难定义、证明自己。倾听与被倾听对良好、健康的自我观念的形成，对彼此深厚、健康的关系的形成都至关重要。

倾听之所以会具有塑造我们性格的力量，是因为言语具有对我们的经历进行匹配与分享、扭转与改变的力量。你所被理解的、被认可的（比如当对方肯定地说"是啊，太棒了！"时），都会成为你所拥有、所分享的那个社会自我的一部分；而你所不被理解的、不被认可的，就会成为那个内在自我的一部分。内在自我是被否认的，是你知道但不会分享出去的，甚至是藏于心底有时连你自己都不知道的。不幸的是，很多你不认可的最终都变成了被否定的自我的一部分，对于这样的自我，心理分析学家哈利·斯塔克·沙利文（Harry Stack Sullivan）称为"非我"。

家长有自己的负担，他们在交流时应该也尽了力。总的来说，他们给予你很多如你所珍视的东西，也尽可能地进行倾听，尽可能地帮你走向成功。现在的你成年了，有了一些自己的看法，也准备去更多地了解被你藏在某个角落里的、你清楚家长无法帮你解决或他们不会认同的东西；又或者，你现在很想不做判断地听听你正与之交往的某个人的秘密，却发现那样做很难、很怪异。为什么会这样呢？

有些家长会因为过于焦虑而无法忍受孩子的愤怒，还有些可能因为过于尴尬而无法容忍孩子们的性感受，但这背后或许就是那些家长本人在孩提时同样面临无人倾听的境地带给他们的残存影响。我们每个人在成长过程中，都有一些被焦虑和羞愧过分渲染的经历，这些经历无法被我们的内在所接受。倾听塑造着我们，不被倾听则会令我们的性格逐渐扭曲。

玩具区内，一位年轻的母亲正在用不堪入耳的话怒斥想要芭比娃娃的女儿，说她想要的就是一件"蠢物"，还说"她应该为自己感到羞愧""给自己多点自尊"。以不断打击女儿的自尊心来教育女儿学会自尊，这显然既可悲又讽刺。这个女儿是否该像其他的孩子一样拥有一个芭比娃娃，这可以由她的母亲来决定，但她的母亲也应该尊重孩子表达自身观点的权利。

孩子的自我是在父母与孩子相互配合的过程中，伴随成长所带给他们的越来越充分的认可与理解，通过沟通与倾听、借助各种能让难免出现裂痕的关系走向复合的机会而逐渐形成的。大量的临床试验与科学研究结果表明，具有安全感的自我是在人际交往的过程中发展出来的。从根本上来说，我们学会爱人以及让自己可爱的方式皆源于我们与父母共处的经历，这些方式不仅存在于他们早在我们会说话之前就给予我们的回应中，也流淌在我们相互契合的秉性里；此外，他们也传递给我们他们的特别需求、价值观与资源。

得到父母倾听的孩子不仅在人际关系上表现得自信，而且他们也更有机会全面发展为具有安全感的人；未得到父母倾听的孩子则会缺乏对自我接纳的理解，会因为他人的期望与焦躁而"暴跳如雷"。对未给予自己足够关注的父母，孩子会做出巨大的努力来让自己的需要得到满足。为了让父母注意到自己，他们可以很极端地表现出自卫般的冷漠，或者做出一些不计后果的举动。只不过无论哪种策略都无法让他们获得情感上的安全感，他们也因此无法养成重视自己、让自己得到倾听的自信。

有一点是值得注意的，婴儿拥有强大到让人惊讶的适应力，也不知他们是怎么学会与照顾他们的人甚至不怎么会照顾他们的人相处的。面对自己在需要时不确定父母是否就在身边的情况，多数时候你依旧能想出如何让自己的部分需要得到满足的办法，譬如你会焦急地强调需求，直到你得到回应；又或者你甚至在很小的时候就下定了不能依靠他们（或任何人）、要自立的决心。这些保障性并不怎么高的策略或许可以助你度过童年，但它们也可能让现在的你难以处理好各种关系。

如果你十分幸运，碰到照顾你的是既安全又可靠的人，那么你倾听他人以及期待他人倾听你的能力就会得到大幅提高。当你知道被倾听是怎样的一种感受之后，倾听他人对你而言就会容易得多。大多数人都有过与知之甚少甚至完全陌生的人交流的经历，而且对方的倾听能力让你惊讶不已。面对这样的倾听人，我们感受到的不仅仅是对方给予我们的倾听，还有对方对我们的感同身受。这样一个细心倾听的人，极有可能是在那种充满着安全感的爱的氛围下长大的。这样的人是很幸运的，因为那意味着他自出生的那一刻起就得到了他人基于理解、同理心与认可的倾听。

倾听的种子是在孩提时代、借助父母与孩子之间的关系种下的。愿意倾听的父母会让孩子感受到自我的价值，让他们感受到自己被认可。被倾听不仅能帮助孩子建立具有安全感的自我，赋予他们充分的自尊让他们发展独特的才能与理想，还能推动他们自信地处理各种人际关系。

如今人们都知道"建立自信"的重要性。不难想象，一个母亲面带微笑，热切倾听孩子满心喜悦描述的情景，或一个父亲安慰因为小事而哭丧着脸的孩子的画面，那都会让我们倍感亲切。同样，看到犯错的孩子因受父母的斥责流下羞愧的泪水，我们很清楚那种感觉有多糟糕。显然，这些经历不断重复，会对个体产生显著影响，但倾听对性格的影响有多久远或者有多深厚，显得不那么明显。

## 倾听如何塑造一个人的自尊

首先我们必须清楚一点：自我并不是像遗传了红头发或高个头那样给定的存在，而是一种基于人际关系的意识。自我是我们对自身的拟人化，它由我们被他人回应的经历所塑造。性格是在人际关系中形成的，决定着自我的生命力，决定着我们所得倾听的质量。

关于倾听的重要性，科学界有很多极具深远意义的发现。婴儿问题研究员丹尼尔·斯特恩 (Daniel Stern) 所做的一项比较超前的发现指出：婴儿与母亲从来不是完全不可分开的，也就是说，与之前人们所认为的相反，婴儿与母亲之间并不是融合共生体一般的存在。

一旦认同我们的生命并非始于一个不可分开的共生体这一观点，问题就不再是我们该如何脱离父母而是我们该如何学会连接，换句话说：我们所面临的挑战并不是如何脱离他人，而是如何从一开始就让自己在与他人的联系之中获得理解。从这个角度来说，在早期的母婴依附阶段，母亲与婴儿都会努力理解对方，并会通过肢体、感受熟悉彼此的声音、节奏等。如此一段时间之后，双方就会理解彼此。而这，正是生命最早阶段的倾听与认可。

这种视表达与认可为人类根本需要的自我观不仅常表现在婴儿的摸索之中，也常出现在心理咨询室里。一些成人在面对心理治疗师时也会爆发出孩子般的哭声。面对空虚、孤独以及无法连接他人的痛苦，人们发出了这样的疑问：我们要怎么做才能拥有满足感？解决问题的关键就是：被倾听。

为了确定儿童发育的过程，斯特恩在研究中根据不同层面的自我体验与社会关系，明确给出了四类渐进型综合自我感知，紧跟在吃、住等第一大需求之后的，就是对理解的需要，而且即使是婴儿也需要被倾听才能茁壮成长。给予婴儿"倾听"，是一种来自父母的高品质的认可与回应，它对于塑造我们的性格起着决定性的作用。

爱与回应性的关注如何有益于人们的健康发展这一课题，已得到科学界广泛的研究；而斯特恩就倾听如何在人类的婴儿期、童年期以及青少年期塑造个人性格方面所做的阐述，又为当下这一蓬勃发展的研究课题增添了有益的一笔。

### "我来了"：自我感萌芽（出生—2个月）

婴儿对倾听的需要虽然简单，但它不可或缺。在这一阶段，婴儿的感受因为骤然的生理需要从美好变得处处都不太对劲。在这一阶段，饥饿像一场风暴般在婴儿的全身蔓延，虽然一开始它来得很缓慢，但婴儿感受到的是哪儿都不对劲；之后婴儿把这种不适通过哭喊表达出来，这其实是婴儿对痛苦感受的释放，是一种求救的信号。婴儿通过这种哭喊向父母发出警示，要求得到他们的回应。

这个阶段，父母的责任非常简单。以我的家庭为例，那时妻子与我的共情敏感度已被连续数月的睡眠不足打磨得如同剃刀一般锋利，任何轻微的动静都能让我们立马行动起来。我们的第一个孩子性情平和得如同一只吼猴，就算是乳糖不耐受也只会每晚发出极细微的声响。不过，作为父亲的我一向都对动静非常敏感，所以我总是最先对她的声音有所反应。我会柔声对妻子道："亲爱的，去看看！"此刻巴不得我来当帮手的妻子会毫不犹豫地来到小家伙的身边，做第一时间该做的事。啊，伟大的母爱！

婴儿看上去是那么可爱、那么无助，但他们的表情、动作与声音无一不是在向人发出指令，而这些正是我们必须去倾听、去理解的信息。这一阶段的父母以满足宝宝的需要为主，但他们并没有意识到其实这个过程涉及社交性互动。每一次抱起宝宝，父母都会做出一点点互动上的调整，他们会琢磨宝宝不同的哭声代表什么，会随着宝宝新学会的技能及新发展出的需求来调整与宝宝的互动。早在宝宝发展出自我意识之前，父母就对宝宝充满了预判与期望。事实上，自宝宝出生的第一天起，父母在看到宝宝第一眼时就已经开始想象她/他未来的样子了。

反过来，婴儿也塑造着父母。譬如，一个乖乖睡觉、极易被安抚的容易带的宝宝会让父母觉得自己作为家长是合格的，而且这样的父母不会那么焦躁，也更相信自己具有听懂宝宝意思的能力；与此形成对比的是，一个难哄的、爱哭爱闹的宝宝比较难让父母理解，甚至对一些父母来说，就算他们尽了力也无法弄清宝宝想要什么，他们可能会因此觉得自己能力不足而不堪重负。早期的这样的理解错误，无论是对父母、孩子还是对两者之间的关系，都会产生终生的影响。一个被认为是难哄、过于敏感或排斥他人的孩子，可能从一出生就体验到了不被倾听的滋味。在学习如何与婴儿展开良好交流的过程中，父母会尝试、会出错、会不断施爱，而这一切都需要父母付出巨大的努力。

没人能够抗拒那种需要得到理解的冲动。在对初为人母的母亲首次跟自己刚刚出生的宝宝说话的行为进行观察后，发展心理学家艾登·麦克法兰（Aidan Macfarlane）发现，这些母亲对宝宝所发出的每个信号与声音都赋予了意义，譬如她们会说"宝宝，你干吗皱眉头啊？这个世界有点可怕，是吗？"这样的话。当妈妈的并不是真的相信宝宝能听懂自己的话，但她们对宝宝的行为赋予了意义，而且还会做出相应的回应。这种母性的情感镜映与关怀式的赋意行为是对内心澎湃情感的规制，它们为婴儿打开了通往同理倾听与认可这一世界的大门。随着时间的推移，母子之间会发展出各种各样的互动，合力营造出一个个小小的世界。这种依附关系是孩子接触到的第一种生活方式，它不仅为孩子将来期望拥有怎样的人际关系提供了参照的模板，还给予孩子一把通向世界的钥匙。最重要的是，它让孩子知道自己的"所言"是否得到他人的重视。

通过即时对宝宝的意图（"喔，你想要那个"）、动机（"你那么做就是想让妈妈快点来喂你"）与初衷（"你是故意那么做的，是吗？"）进行揣测，父母既对宝宝的需要做出了回应，又帮助宝宝在学习如何应对关系的过程中形成最初的自我。人天生就会讲故事，不管宝宝是否想有多一点的交流，体贴的父母大多会对他们进行动机上的揣测。父母在宝宝早期所做的这些揣测，有助于让他们将宝宝看作可理解的人，这样的举动无论是对处于哪个阶段的宝宝（只要宝宝会在未来成为父母所希望的样子），都是一种支持。

**我们所说的话会触发对方做出反应，而这一反应与我们彼此之间的关系是决定我们心理健康的关键。**

当宝宝太小，还不能用言语来表达自己的感受时，父母只能揣测着去理解他们。看到宝宝哭闹，父母一定想弄清是哪里出了问题，是想要进食、换尿布还是想让人抱？（可以想象一下宝宝的感受，他可能会觉得自己与自然界指派来照顾他的这些身形高大、小心翼翼的"侍应生"，是多么的不同！他会想：他们能明白我吗？）待他学会说话，能用语言表达自己的需要和感受，沟通固然会比之前好了很多，但这仍是个有待完善的过程。再者，我们每个人也都有需要别人帮忙使自己被理解的时候。事实上，不管在哪个年龄段，人们都会碰到自己也弄不清为何自我感觉很不正常的时候。

宝宝的无助让他们只能依靠父母：父母不在身边，他们就会觉得孤独；父母发怒，他们就会受到惊吓；父母不做回应，他们就会觉得自己正跌入深渊。无论是父母生理上的不在场还是情感上的不在场，对宝宝来说，都是一种生存威胁，此时无法安抚自己的他们急切地需要搂抱和安慰。还有一大要点也需要父母必须明白：宝宝只有在难过时有人愿意一次又一次地给予他们安慰的情况下，才能学会如何安静下来，除此之外，别无他法。事实上，即便你在婴孩时被人抱起过无数次，现在的你在碰到巨大压力时，仍会需要与人交流。就算你在日常生活中很擅长安慰自己，你也有无法抚慰自己的特别难过的时候。当有人带着同情心给予你回应和关注时，那种感觉很像宝宝难过时母亲的怀抱带来的安慰。

若你在成长中得到足够的关爱和关注，随着时间的推移，你就会知晓什么可以帮助你对抗孤独与难过，比如有的人就会在读一会儿书、遛一会儿狗或者看一场电影之后感觉好了很多。但还有些时候，我们会因为难以继续独自承受悲伤而需要向人倾诉。

成人的自我意识明显不同于婴儿时的自我意识，但成人对安慰的渴望与婴儿对安慰的渴望在有些方面是类似的，譬如我们都有需要号啕大哭、需要被人搂抱、需要饱餐一顿、需要窝在软和毯子里来获得慰藉的时候。只不过随着年龄的增长，我们的各种关系会在成人关系的互相迁就之中变得更有广度，也更有深度。

倾听给予成人一个表达、整合更深层次自我的机会。在与一个关心我们的倾听人进行交谈的过程中，我们可能会因为他/她的关注和理解，察觉自己之前所不曾体会过的安全感与亲历感，这样的交谈甚至可能让我们释放内心那些羞于启齿的、隐藏的、被放逐的部分。此外，这种让我们感觉自己被认可的关系还可以改变我们，帮助我们实现更充实也更完整的自我。

在人们的经历中，有一些是因为从未分享给他人、从未被他人认可而被尘封起来的，还有一些甚至是被否定、被拒绝的，但倾听可以推动人们直面这些经历。对于婴孩，倾听能帮助他们肯定自我；对于成人，倾听则有助于自我发展，让我们可以更全面地了解、接受多维的自己。

艾德丽安与菲利普交往已有三年，现在她又遇到了另一个男子克里夫。艾德丽安想，虽然自己一直没有给菲利普任何承诺，但毕竟两人在一起这么久了，此时再与其他男子交往不是很好。犹豫了一个月之后，她决定与好友朱迪谈谈自己的想法。

朱迪结婚许久，她很清楚一个人永远都不会知道一段感情会发展成什么样这个道理，所以当艾德丽安跟她说起克里夫时，她只是听着；其间也问了几个问题，如艾德丽安想要什么、害怕什么、希望会发生些什么等，但大多数时候她只是在让艾德丽安娓娓而谈。

这场对话并没能让艾德丽安做出最终的决定，但她弄清楚了很多自己想知道的东西。当时的她清楚自己虽不想孤单一人，但也没准备好被某种关系所束缚；菲利普是一个好男人，但她并不是真的百分百爱他；克里夫让她更有激情，但她并不确定他是不是自己可依靠的人；她很开心这一生能遇见菲利普，但与他共度后半生并非自己所愿，所以现在的她并不打算拒绝其他可能性。假如她选择不与菲利普分手但同时也偶尔见见克里夫，这可能会造成一些问题，但她愿意冒这个险。

有时，伤病、困惑或压力也能让我们意识到没人可以让我们完全放弃童年时的那种依赖感，这就凸显出我们一生都需要他人的帮助这一点，毕竟他人对我们的回应就是对我们经历的态度。

毫无征兆地，偏头痛找上了瓦莱丽。她告诉丈夫自己头疼，不能外出晚餐了，丈夫对她的不舒服表示很难过，还建议她服些阿司匹林后躺下休息。对丈夫的回应，瓦莱丽深感失望，因为她觉得丈夫应该清楚——阿司匹林对她不管用，她宁愿待在楼下敷敷冰袋。不用出门让瓦莱丽很欣慰，但丈夫让她到楼上躺着休息的建议又让她觉得他是在将自己推开。丈夫总喜欢邀她跟他一起外出晚餐，邀她一起去健身房，喜欢让她听他谈论自己的问题和成就，可当她感觉不舒服、希望他能和她在一起时，他似乎就不愿意那么做了。

我们最终都会长大，但我们永远也走不出"期望被人认真对待"这一需要对我们的掌控。我们永远需要他人认可我们的感受，永远期待他人给予我们安慰。

### "嘿，瞧瞧我！"：核心自我感 (2—7个月)

长到8—12周大时，婴儿会开始表达，此时他们会出现社交性的笑容，开始发声并与他人进行眼神接触。当你看到他扬起笑脸轻声哼哼、看到他在浴缸里拍水玩耍、看到他开心地咯咯大笑时，你又怎能不爱他呢？面对这样的交流，我们肯定以为所有的父母都会马上本能地给出回应，可惜事实并非如此。有大量的证据表明，没有哪个父母能完美地调适自己与宝宝的交流，其中有份研究还坚称，即使是那些与宝宝关系亲密的母亲，在面对宝宝的第一次表达时，她们的错误回应概率也高达70%。这说明母亲并不能在一开始就给予宝宝良好的回应，但重点在于她们愿意一遍又一遍地去尝试，直至最终可以成功地理解宝宝的表述。

当然，一位母亲在疲惫不堪或不知道该怎么做时，很难坚持这样的尝试。因为难堪重负、心有他想、心情沮丧或者无法集中精神，一些父母根本无法弄懂宝宝的需求，很多还因自己没有多少资源、社会支持不足以及过去问题的影响而无法解决这一问题。如果父母无法安慰自己，那么他们会更难给予自己哭闹的宝宝所需的安慰。还有些父母不仅很难将自己的宝宝视为有着自己节奏、自己情绪的小小人，甚至还会把他们当作自己所需的某种安慰。

每个宝宝都有一个最大的兴奋度，超出那一水平的活动不仅会对宝宝造成过度刺激，还会令宝宝心烦意乱；反过来，低于那一水平的活动又会对宝宝刺激不足。父母必须学会理解自己的宝宝。只有把宝宝当成一个完整且独立的生命看待、回应他们的感受而不是把自己的感受强加在他们身上，父母才能将认可传输给宝宝；而这样的认可经过吸收，又会慢慢转化成为宝宝内心的自尊。

当你再次看见某个成人在与孩子互动时，你可以观察一下顺应孩子兴奋度的那种回应，与将成人情绪强加在孩子身上的那种回应，二者之间有着怎样的不同。假如粗心大意的父母忽视了孩子闪耀光芒的双眼，接下来你会目睹令人伤感的一幕——这种粗心大意会慢慢地令孩子的热情像没浇水的花儿般慢慢枯萎。

看够了办公室那些没浇水的花儿，我可不想自家出现这样的花儿。记得有一天黄昏，我蹑手蹑脚地走进了女儿的房间。当时正应该是女儿小睡的时候，但女儿并未入眠，我的本能告诉我：此刻我的女儿最想要的并不是睡觉而是被人大力地抛向空中，然后像不带降落伞一般迅速坠下，最后再被爸爸从鬼门关一把拉回来的感觉！呦吼！

此时我的小家伙已兴奋得说不出话来，她开心地睁大双眼，小脸上泛出了一抹可爱的光。

过度的热情或许能让人情绪不那么低落，却也未必就能让人做出更多的反应。我们都见过成人那种"像婴儿一般的爱"的表达，比如捏着嗓子说话、用词甜蜜蜜、发出惊叹声等。面对很小的宝宝，这样的表达基本都是由感而发的，而且会提高我们反应的强度。但当成人的兴奋度超出了宝宝的感受阈值时，"断档"的情况就会出现。成人若关爱宝宝，他们就会与宝宝共情；假如成人理解错了，他们就会继续尝试。

**传递爱与认可的，并不是洋溢的激情或其他的情感，而是被理解与被认真对待。**

当宝宝不在状态时，即便父母再怎么挠他痒、轻戳他、摇晃他，他也只会像被父母忽视般独自沉浸在自己的世界里。是的，即便是在早期阶段的宝宝，也可以感觉到自己作为一个人并没有得到理解与认真对待，而这样的感觉就是孤独感与不安全感的根源所在。

在母亲节收到成年子女送来的鲜花，埃莉诺很感激，但她更希望他们可以找时间多打电话给她。

泰德告诉凯蒂自己很累，想要待在家里看电影，而凯蒂则说两人一起出去走走或许能让他感觉好些。

尼基对父亲说，公司里有位年龄比她大的同事常在员工会议上打断她的讲话，但她并不想把事情闹大，只希望能在会上把话讲完。而父亲告诉她，下次要是那个人再打断她，她就该跟那个人说自己还没讲完，让对方闭嘴。尼基对父亲的建议表示感谢，但之后她便转换了话题。

上述这些案例有一个共同点：当我们以自己喜欢而不是以对方喜欢的方式进行回应时，对方会觉得我们并不真正了解他们，并不知道他们是怎样的人，也就是说，他们觉得我们没在用心倾听。

## "宝贝，我觉得冷。你难道不想穿件毛衣吗？"：
### 个人自我感 (7—15个月)

婴儿大概1岁时就能意识到自己有一个装着欲望、感受、思想与记忆的私密的精神世界。这些东西是他人看不见的，但宝宝可以尝试去展示它们。这种展示能否实现，就是决定人类最大幸福感与焦虑感的来源所在。

设想一下，假如你是一个还没学会说话但想要一块曲奇饼干的宝宝，你看到了那块饼干但够不着，这时你会怎么做呢？很简单，你会让妈妈来读懂你的心思。

"读心"这一说法或许听起来言过其实，但交流说到底不就是读心吗？对于宝宝来说，他必须以一种让妈妈可以接收、理解的方式来表达他的心思，以赢得妈妈的关注。

像"我想要饼干"这样简单的信息，无须语言就能传递与接收。若信息较为复杂，那宝宝（包括我们每个人）就得费更多的功夫来表达自己，同时他也会希望自己的倾听人能做出足够的努力来理解自己。

　　能否分享经历不仅意味着能否对自己的可理解性、可接受性进行确定，它还让通过满足理解与被理解这一欲望来拉近交流双方的亲密度成为可能。关键是，对内在的经历哪些可以分享、哪些不能，我们必须明确。

　　**被倾听让你清楚自己是被认可还是被孤立。**

　　与他人分享自己的思想也是有可能引起误解的，就比如宝宝，他们可是欲望极高的探索家。当一个宝宝坐在父母膝头时，他可能会用手指去探摸父母的口鼻，也可能会试着想扯下父母的一缕头发。此时若父母将宝宝这样的探索行为看作一种挑衅，可能就会恼火，会觉得宝宝是在跟自己对着干，进而会以某种方式如斥责等来拒绝宝宝，但其实宝宝做的这些无非是这个阶段的孩子自然而然都会做的事罢了。

　　此时因为父母的斥责而难过、害怕的宝宝，对父母没能理解自己而疑惑不解，他可能会觉得他们也许弄错了，于是这个小小的探索家又拽了拽母亲的头发，希望以此来弄清自己的困惑，又或者想看看母亲这次会有什么不一样的回应，说不定他会更用力地猛拽那缕头发来看看之后会发生什么。这一次，母亲若没能找到宝宝为什么这样做的理由，那她很可能就会相信自己先前对宝宝的（错误）判断正确、会确信宝宝就是在对自己进行挑衅。

假如这样的诠释一遍又一遍地在类似的尝试中重演，那么父母对宝宝的错误解读就可能让宝宝（及之后长大了的孩子）最后认定并接受这样的看法——探索就是挑衅、探索是不好的行为，而宝宝也会因此把自己看成一个具有攻击性甚至充满敌意的人。他人的肯定看法就这样变成了他们自己的肯定看法。所以，误解不仅会破坏你对他人的信任，还会破坏我们对自己看法的信任。

对于分享经历有一种比较复杂的叫法，即"主体间性"。当然，普通的"交流"一词也能表达同样的含义，之所以要采用这么复杂的表达方式，是因为它让我们不要忘记理解是双方合作的结果，让我们记住理解是一个一方努力表达所思、另一方努力进行解读的双向的过程。就孩子而言，对他们思想的解读，始于对他们的调适。

调适，是父母分享孩子情感状态的能力，它存在于各种各样的亲子互动中，具有强大的影响力；它是人类同理心的开路先锋，也是人类理解的本质所在。调适始于父母在参与、展现孩子情绪的过程中所给出的直觉回应。譬如当孩子兴奋地伸手抓到玩具时，孩子兴高采烈地"啊"了一声然后望向自己的母亲，此时的母亲则会通过微笑、点头并说"太棒了"等善意的回应来肯定、认可孩子的那份兴奋。母亲表现出的这种对孩子情绪与理解的参与，就是调适。

孩子对调适性回应的需要还可以通过"无表情回应"试验得到证明。试验中，假如母亲（或父亲）在与孩子的互动过程中一直板着脸（不动声色、面无表情），孩子就会面露悲戚，也不参与互动。此外，试验还表明，对此试验反应最为强烈的，是两个半月大以上的孩子。一开始，他们会四处张望、眉头紧锁、笑容渐失，之后他们就会不断地尝试用笑容、手势和呼叫得到母亲的回应。假如母亲到最后还是面无表情、毫无反应，他们就会转过身去，脸上写满了难过与困惑。与人交流，而对方却不做回应，这太让人伤心了。

### "不，我不要睡觉！我要玩！"：
#### 口头表达里的自我感 （15—18个月）

说话为孩子与父母创造了一种新的连通方式。传统观念认为，语言习得是一个人在独立身份发展过程中仅次于学习活动的重大一步。在实际成长过程中，经历这一步发展要比传统观念所认为的都更加复杂，因为语言习得也是促进人际互动与亲密关系的强大动力。

语言不仅能提高孩子获得倾听与理解的能力，还能提高父母理解孩子的能力。说话可以让孩子明确表达自己的需求（比如他们会说"要吃饼干！""把我摇高！"等），进而减少父母对孩子意图的误解，但前提是，父母必须对孩子想说的话做出回应。

在情感上不做回应不仅会造成孩子情绪表达受限、交流尝试减少，还容易让孩子避开与他人的互动。换句话说，一个说话得不到他人回应与认可的孩子，最终会放弃与他人的交流，有的会变得内向，有的会试图以挑衅性行为来激起成年人的肢体性回应。

见到某人伤心或难过，我们会猜想是哪里出了问题，而这个问题说不定就是因为没人倾听而产生的。

有的孩子在学说话时会像个小话匣子，起初这会让人觉得非常可爱。而他们之所以会咿咿呀呀说个不停，原因之一是，他们很开心自己获得了说话这一奇妙的技能，这让他们终于能够大声说出自己的想法了！另一个原因则是，这是一种一般会由两个及以上成员参与的交谈游戏，他们说话而其他成员回应，于是他们就会不停地说，直到有人对他们做出回应。

倾听孩子所说的话的能力，准确来说是对孩子试图要说的话进行准确倾听的能力，就是同理心。同理心，不仅意味着要理解他人所说的话，还意味着要理解他人的感受。同理心之下，你要站在对方的角度来考虑对方的经历而不是去考虑你自己在类似的情况下可能会有的感受。当你集中精神、以开放和接受的态度用心倾听时，你就具备了同理心。假如你感受到了对方的痛苦或喜悦，你还需要努力理解产生这些感受的原因。面对哭着从学校回到家的孩子，任何父母都十分清楚同理心是怎样的一种感受，此时他们的内心充满同情，他们对孩子悲伤的感受，仿佛那份悲伤是他们自己的一般。出于关心，父母会很用心地去了解孩子难过的原因，但不管是多么贴心的父母，他们还需要了解那些原因是如何影响孩子的。

同理心的传递通过将理解转为话语来实现，这样的话语尽量以详尽和做过修正的为好。由于同理心的理解还会经过我们思想与感受的过滤，这就使得我们的理解有时会出现困惑，譬如当碰到的是某件能让我们产生联结的事情时，说不定我们就会纠结：这是我的感受还是你的感受？就好比我在面对一位向我诉说苦恼的患者时可能会这样琢磨："这件事让你难过、愤怒吗？我听着倒是有点难过。"但即便我揣测错误，这种想要弄清状况的要求也意味着我是真的在用心倾听，是真心在试着去理解这个人。

## 被倾听会让孩子变得自信

待到孩子长到四五岁时，父母对其同理心的给予或缺失对孩子性格的影响就会明晰可辨。此时，得到了良好倾听的孩子会期望他人在他需要时能在身边给予倾听，这一点从他在幼儿园时会向老师进行诉说这一表现上就能得到证明，比如碰到问题时他会很积极地向老师寻求支持；反之，安全感不足的孩子在碰到这样的情况时是不会去找老师的。某个小男孩因为被人伤害了感情而抱着双臂、噘嘴生气；某个小女孩因为摔倒而擦破了膝盖，却走到一边一个人待着；想到暑假即将到来，某个小孩很难过，他坐在豆袋椅上，面无表情、一动不动……这些都是未被倾听的小孩常会做出的反应，对他们若没有更多的支持，待大些时候他们大多还会呈现类似的表现。

拥有同理倾听经历的学龄前儿童一般都比较有安全感，与同龄人在一起时的互动表现也更强，而且更容易相处；他们会觉得互动就应该是积极的，所以对互动会抱有更多的渴望；他们大多能交到更多的朋友，个性也更开朗；此外，他们还能给出很好的倾听表现。对于没有同理倾听经历的孩子来说（没有同理倾听经历不一定就指遭到过辱骂或虐待，也可以指在情感理解上的缺失），他们到了四五岁时就会显得比较孤立，而且没有安全感；此外，由于容易遭到拒绝，他们对陌生人与未经历过的事还有惧怕心理。

### "他从不跟我说话"

对于一些男性来说，他们的沉默寡言大多与他们在一切有关性别的固有问题上不曾得到过同理回应的经历相关。要想让寡言的人开口说话，倾听人必须付出更多的努力来表明自己对他们的感受（包括对他们不想在此刻谈论某事的感受）的认可。面对不曾有多少机会练习交流技术的人来说，耐心的倾听有助于让他们将自己尘封的感受化成语言表达出来。

设想一下，从小就有理解经历的5岁的塔米告诉玩伴瑞恩幼儿园里某个霸道小朋友的行为。"他推了我一把，抢走了所有的蜡笔！"她说。

听到这里，瑞恩的小脸上布满了阴云。他可不喜欢爱欺负人的坏蛋，但他又不愿就这样同情地听着，因为那是胆小鬼才会做的事。他自信地想，要是他被惹恼了，一拳就能将一颗葡萄打得稀烂！于是，他向塔米做出了这样一个强硬的建议："他那样做时你应该往他头上抹颜料，然后劈他一掌。"

至此，两个想法相近的小朋友最终达成了完全的相互理解。"谢谢，"塔米感激地说道，"我妈妈在喊我了。很高兴跟你交谈。"

需要注意的是，倾听在建立安全型人格的过程中起到的塑造作用可能会让人们认为：待到成年时，我们的安全感就会定型，但就像孩子需要倾听与理解来发展白我的安全感一样，成人也需要倾听与理解来维持他们的安全感。

之所以会有这样的需要，部分源于我们对维持自我重要感的深切渴望，而倾听人的理解就满足了我们对关注与认可的需要。但我们也不能就此认为倾听就是一个人在给予另一个人某样东西的过程。这样的看法是不全面的，因为倾听还涉及非常关键的一面——相互性。

## 倾听——连通你我的桥梁

相互感是与他人一起时的被理解感与分享感，在这里，"我"与"我们"同样重要。我们的经历是因为与他人的分享才变得更加充实。

许多社交网站之所以能成功经营，很大原因是它们为我们提供了一个分享的平台。在这样的平台上，我们不仅会分享生死之类的重大事件，还会分享政治观点、天气图片、心爱宠物的搞笑视频、抓拍的朋友懒洋洋地躺在沙滩上的照片，以及自己此时此刻的感受，等等。我的一位美食家朋友吉塔就经常在脸书上发些配了丰盛晚餐图片的帖子来晒她的"幸福感"。

虽然人们有理由不参与社交媒体的分享，甚至有人为了给自己多些自由，干脆放弃了对社交媒体的使用，但对于那些会发帖子、推文、博客或者上传短视频的人来说，这种告诉他人自己对生活的渴望的方式，就是另一座在网络空间里将他们与朋友、与自己的支持者连接在一起的桥。这种连接带来的满足感或许比不上面对面交流的效果，但渴望交流的冲动在本质上是一样的。

当我想与他人分享自己十分看重的某个想法或某种感受时，我要的是被理解、被认真对待与被认可（只不过在社交平台上这样"分享"可能有做作的意味，而且社交媒体还可能令这样的分享淡而无味，因为我们真正需要的，是表达自我与被倾听）。此时需要认可的，是我这个人。假如我一看到《纽约客》（*The New Yorker*）上某个特别好笑的卡通图片，就想将它分享给我想到的某个人（此处说"分享"是恰当的，因为分享人寻求的是相互、共同的经历），我的目的既不是在寻求赞赏，也不是希望借此引起他人对我的重视，而单纯就是希望分享欢笑而已。

相互性在人类体验中充满力量却常遭忽视。当我们风华正茂、活力充沛时，生活不断撩拨着我们敏感的神经，此时最能表现我们对相互关系渴望的，就是我们对灵魂伴侣的渴求。为此，我们会去寻找或者创造出某个我们能与之分享轻松时刻和心里想法的特别的人。

相互性还表现在我们的日常交流中，譬如我们对总统最新失态事件所做的评论、对天气的抱怨，以及针对日常事情的闲聊，等等。没什么大事发生时，我们也会聊生活，会聊人的共性。我已成年的女儿就曾发给我一张她的小狗从罩子下探出头的照片，她这么做是因为她想到我，知道我会喜欢这张照片。我有一个客户是这样理解相互性的："那就是为什么我会在出差工作了一天之后要打电话给丈夫，告诉他会开得不错，跟他聊出差的城市下雨了，又或者向他抱怨自己忘了带双好鞋，等等。"我女儿也好，那位客户也罢，她们并不需要任何东西，其所为单纯就是对她们的日常所见、快乐、观点以及抱怨等的分享而已，否则她们只能独自去面对与承受。

大多数有关人际关系的理论讲述的都是人际关系当中的某一个方面，譬如相互分享、有人支持、感受拥抱、依恋或者关爱等，这些也都是教我们打破隔阂、走向彼此的关系模式，但归根到底，语言才是连接你我的最重要方式，倾听才是实现理解与认可的最重要途径。所谓"理解"，是指对方对我们自身看法的观察与接受。当我们谈论起自己低落的情绪时，告诉自己我们有多棒是毫无帮助的；我们要的是对方能感知我们的不满，是对方可以明白我们的想法、可以感我们所感。

偶尔，当我们被错误判断或内心感受到的伤害伤得更深时，我们的内心就会再次响起"没人真正懂我"的声音，毕竟旁人见到的是他们可以看到的、愿意看到的我们，他们知道的也是我们告诉他们的。剩下的，则是私密的、他们所不知道的那部分。

人们对我们的理解是通过同理性的回应来实现的，在这样的回应下，倾听人通过说话人的表情、语调或措辞的延展理解我们试图交流的信息。优秀的倾听者会认可我们，会原封不动地接受我们所表达的感受与思想。在这样的过程中，我们感受到的，就是被理解、被承认与被接受。

同理心，是人与人之间的共鸣，是人类情感健康中不可或缺的一环。随着时间的推移，他人给予的充分反响就会形成我们真实、活跃的自我的一部分。被倾听与被认可的孩子会有更好的机会全面成长；而被倾听与被认可的成人不仅更有可能继续得到他人的倾听与认可，他们也更能回给他人以倾听与认可。

## 未得到分享的思想会削弱我们

一些人很擅长得到认可，但可能会为此付出太多。由于他们展示给别人的并不是全部的自己，他们得到认可的也就只是他们展现给别人的那部分。抚慰对于藏了太多秘密的人来说起不到多大的效用。

那么，为什么一些人会那么不情愿敞开自己的心扉呢？

答案在于，生活教会了他们要忍而不发。当我们将自己认可的那种单纯的渴望带到我们最初的人际关系之中时，我们就必须承担这样做的后果。一些人很幸运，能得到他们所需的关注，这使得他们可以以相对自信的态度来面对生活；还有一些人就没那么幸运了，因为没有得到他们需要的倾听，他们会避免向他人坦露心迹。有时候，很多人羞怯是因为他们不想暴露内心的旧伤疤，还有一些人则将自己对认可的需要化成了个人抱负或者帮他人做事。

不被倾听是残忍的，所以我们会启动防御机制对自己的理解需要进行不同程度的掩盖。

一些人十分擅长避开他人，培养独处的能力，而独处的魅力则在于，它为我们提供了静歇片刻与反省的空间，让我们有时间审视自我，进行创造；因为独处，我们才能在喧嚣的日常社交生活中获得喘息之机。那么，独处是如何让我们有机会倾听自己内心的呢？答案请见我在后面章节中所做的分析。这里要说的是，某些人的独处是出于防御心理，是为了保护自己避免因得不到倾听而受到伤害。这种塑造个人孤独性格的防御心理会让人形成"凡事皆能靠自己"的幻觉，但只要你看看他在反思自我感受时的所思所想，就会发现他的默默独处之中往往装满了各种各样臆想的对话。

社交媒体的出现却为回避型的人提供了可暂时脱离孤独的别样机会。譬如某人对亲密感到不适，线上交友可能就会让他觉得比在实际生活中交友更为安全，会让他产生一种线上关系风险较低的错觉。在线上，他可以一边将脆弱的自我保护起来，一边向他人展示自己谨慎的形象，只不过说不定这些也正是他人同样在做的。

问题是，试图用网络社交来代替现实社交的人，未必真能像他们所希望的那样可以很好地保护自己。近期的研究表明，这些做法实际上进一步加重了人们的孤独感与不自信。假如现实中的关系让你失望并伤害了你，不断在社交媒体上投入时间也未必就能让你获得你所渴求的重视与倾听。这看似矛盾，但事实是：当你用这种"安全"之法来坦露自己时，你坦露得越多，最终反而可能越孤独。

在莎伦的眼中，唐是一个很有魅力的人，因为他不爱说话，而且总是一副很冷静的样子。办公室里的人动不动就会有各种抱怨和争执，但他总是一声不吭地忙着自己的事情。她从没见唐与任何人起过争执。

一天上午，莎伦无意中听到了新员工埃伦在唐的办公室与唐的一番对话。对话中，埃伦问唐是不是因为什么事生她的气，唐则用一种几乎难以平静的语调回答，他不喜欢埃伦在员工会议上与他事事争论，埃伦随后便讽刺地应了一句："喔，那你想让我做什么，赞同你说的每件事吗？"唐瞬间就失去了冷静，暴怒地指责埃伦自从来到公司，就没给过他任何尊重，说她从不认真考虑他的意见，他讨厌也受够了她事事都跟他唱反调的做法。在一浪高过一浪的声调中，他说埃伦是个令人讨厌的人。与此同时，埃伦走出了唐的办公室。

莎伦心想：唉，看来唐也不是那么镇定自若啊！他与那些人一样，都是借着表现得与世无争来让自己平心静气。

未得到分享的思想会压制我们的活力，正如我们之前所说，它不仅会让我们变得不真实、不完整，还会吞噬我们。压抑不可能像我们锁在柜子里后就会忘掉的东西那样，相反，它会不断地消耗我们的精力，慢慢地侵蚀我们的生活。

不被理解，是人类最痛苦的感受之一。不被认可、得不到回应，会消耗我们的活力，削弱我们的生机。面对不听我们说话的人，我们的心是封闭的；但与对我们有兴趣、会给予我们回应的优秀倾听者在一起，我们就会振作起来，再现活力。被倾听于我们意义之重，就如同爱与工作一样，能让我们保持对生活的热爱；同样，做一个优秀的倾听者也是如此。倾听是多变的，了解这一点能帮助我们深化、丰富自己的人际关系。在此过程中，我们要学会撇开自身的情绪，接纳真正的同理心所赋予我们的一切。当我们的倾听被他人所引发的情绪所阻断时，会造就我们的孤独，但我们不必让事情发展到这一步。

## 习题

**1.** 你身边是否有一个会用心倾听你的人？若没有，是什么阻碍了你们之间的交流？你对对方更用心的倾听会对你们之间的关系产生怎样的影响，又会如何影响对方对你的感受？你的同理心表现会如何影响对方对幸福的感受？

**2.** 请列出你认为不值得你倾听的场景，譬如总会在车里打开电台广播、与不喜欢的人在一起、接通你不愿接的电话、不看窗外却看电视、没完没了地刷油管视频、宁愿听音乐也不肯听听自己的心声，等等。

**3.** 你能想到某个因其特有的回应方式而让你避免与其就某些事情进行沟通的人吗？请就这一点预先准备好温和的建议，以便对方下次再那样做时向对方提出。需要注意的是，若对方因此发怒，你必须不带情绪地应对，如此既能避免交流升级为一场冲突，又能向对方指出其令人不快的倾听习惯。另外，在评论对方对你的回应方式时，注意重点不要放在"对方哪里做错"上，而要放在

"你期望得到怎样的回应方式"上。

4. 你所成长的环境,如家庭、学校以及其他环境等,让你对倾听有着怎样的认识?你认为倾听对于成年男性、成年女性和未成年人是否各有不同?若有不同,又表现在哪些方面呢?你觉得自己的家人中谁是你最好的听众,谁又是最不愿意听你说话的那个?请给出你的理由。

5. 你在什么时候会有特别需要倾听的感觉?造成你有如此迫切需要的原因都有哪些?什么时候你心里会有没被倾听的感受?这背后的原因又是什么呢?

6. 请描述一下你作为最佳听众的一次经历,想一想,是什么推动你这么做的,你又在什么时候当过最差的听众?对此,你认为可以做哪些方面的改进?

7. 什么时候你会犹豫是否该说出自己的想法?对这样的犹豫,你认为是成长经历中的哪些因素造成的?

# 3

■

# "人们为什么不听呢？"

## 交流障碍是如何出现的

凯莎发现，整天待在家里带两个孩子要比自己之前想象的更加艰难。她原本计划待孩子出生之后就重返工作岗位，但最终还是决定把孩子带到他们可以上学再重返职场，因为她认为孩子的成长更加重要。她很想出去工作，因为工作让她可以与形形色色的人交流；她现在每天听到的，只有孩子们这个想要饼干那个要上厕所的声音，这让她觉得日子枯燥无比。就连她的丈夫也不懂得同情她，虽然他也会在周末时帮忙哄孩子睡觉、花时间跟他们待在一起，但平时下班回到家，对凯莎讲述的生活日常，他甚至连假装感兴趣的表现都没有，这让她很受伤也很愤怒。

凯莎告诉我："我知道拉马尔工作辛苦、需要休息，但我也很辛苦。我要的不过是成人之间几分钟的交谈。如果我在他珍贵的6点新闻时间跟他讲话，他就会发飙。这太不值了，我受够了。"说到这里，她泪如雨下。

## "你听到我说的话了吗？"

他/她为什么会不愿意倾听呢？就这个问题，人们随口就能给出很多答案，但原因大多都在倾听人的身上。（要说什么身份的倾听人没有同理心，做丈夫的可谓首当其冲）对拉马尔的不愿倾听，凯莎的说法倒没有那么尖刻（"我知道他需要时间放松"），但拉马尔是整个问题的焦点。是他，表现出了倾听上的缺位。

事实上，听（或不听）是一个由两个人共同参与的过程。据拉马尔说，与凯莎谈论孩子是很让他心烦的事。"她总在抱怨。她说孩子们不会让她一个人待着，就连上厕所他们也要跟着，可她明明就是鼓励孩子们这么做的呀! 她不允许他们单独玩耍，又不肯给自己留些独处的时间和空间。最恼火的是，她总是护着小一点的泰瑞，觉得他做什么都是可爱的，而贾马尔做什么都是错的。要是我说了些什么，即便口气很温和，她也会大哭着说我是在挑她的刺。那我干脆闭嘴好了。"

对凯莎来说，拉马尔不听或不怎么帮忙的态度就是对自己的忽视，而且他对她似乎就只会提建议。在这当中，凯莎的问题在于她不肯接受拉马尔的看法，拉马尔则因为自己与凯莎不同的甚至是批评性的立场让他很难去听凯莎讲话。不幸的是，要想解决两人因为某件重要的事情所发生的冲突，双方至少需认可对方的看法，否则冲突很可能令双方的关系走向破裂。

你是否有某个对你很重要的人让你觉得他/她没在听你讲话的经历？

若想让这个人能更容易地听到你说的话，你会如何改变自己说话的方式？

拉马尔觉得凯莎日常抱怨的那些问题是她自己造成的，认为她的抱怨以及她不肯接受自己看法的表现就是对自己的轻视，但他自己既没设法去听听凯莎的说法，也没能让凯莎明白自己的看法。假如他能将倾听与建议分开对待，或许凯莎就能得到他对她的感受的一些同情，而他自己说不定还能就自己的看法与凯莎进行更为有效的交流。当然，对拉马尔来说，他是很难给予妻子足够长的时间，不顾自身感受去倾听妻子讲话的，碰到某些会让他反应强烈的话题时，情况就更是如此。但即便如此，这样的理由也还不至于让作为丈夫和父亲的拉马尔以避而不听的态度对待自己的妻子。

碰到人们不听我们说话时，我们不禁会认为错在对方，觉得他们就是自私或者不懂得体谅自己（可轮到我们自己不听别人时，原因就变成了：觉得无聊、觉得累、不喜欢他人趾高气昂地说话，等等）。真正的问题在于倾听这一过程的复杂性。无论什么样的倾听失败，其结果都只有一个——不被倾听的痛苦，但造成人们不听的原因，却是多种多样的。

几年前，有一对年轻夫妇因为交流困难来到我这里进行咨询。当我询问他们问题出在哪里时，丈夫说："是我妻子的问题，她这个人很无聊。"（看来男性也不是对自己的感受三缄其口啊！）这个回答很不好，但我压制着自己对此反应的冲动让他给出解释。原来他是一名正为州长竞选担任竞选顾问的律师，他每天的工作就是开战略会议、准备演讲稿、与候选人会面、接受电视采访、安排候选人在全州各地露面，以及保护候选人不受反对派的攻击，安排反击计划，等等。整日的兴奋与焦虑下来，他已是晕头转向。到了晚上，回到家的他跟妻子咕哝一声算是打过招呼，然后就会瘫倒在沙发上，喝杯酒，看看新闻。

首先，我问他为什么不想跟妻子谈谈自己一天的经历。他说他的妻子是名平面设计师，她对他的工作没兴趣，她根本就不关心政治。

他的妻子反驳，称自己虽然并不了解州长竞选中的各种细节，但她对他以及他所做的事是有兴趣的，可他表示不信。

接着，我让这位丈夫去想一个对竞选感兴趣而且能与之相谈甚欢的人，他与那个人一起时他的表现是否有所不同。他给出了肯定的答复。之后，我让他回家后进行一周这样的试验：假装妻子就是那个对他和他的工作感兴趣、让他大有谈话激情的人。他同意一试。

一周后，夫妇俩笑眯眯地来到了我的面前。"你猜怎么着？"他说，"她没那么无聊了。"

当人们不怎么说话时，多数并不是因为他们没什么想法，而是因为他们觉得对方不愿听到这些想法。我给出的让这位男子假装视妻子为对他和他的工作感兴趣的人的建议，其实就是在鼓励他打破自己的沉默。但真正打破避免谈话这一模式的，是他靠近妻子的热情以及他与妻子交谈的兴趣。事实上，当我们假设倾听方对话题感兴趣时，我们自己就会变成更有趣的一方。一如这一案例所表现出的那样，当我们发现倾听方对我们产生兴趣后，倾听方自己也就变得更为有趣了。

## 你认为你说清楚了，可为什么某人听不懂呢？

有时人们不听我们说话是因为他们度过了很糟心的一天，我们说话时他们说不定满脑子都装着某人做的一些令人恼火的事情，或者想着必须要额外做的工作；某些念头也可能掐灭他们听我们说话的欲望，比如他们可能会觉得我们想要交谈，无非是因为我们想要什么东西，又或者是想给他们"上上课"，他们也有可能认为我们并不是真的关心他们；另外，人们不听还有可能是因为他们猜得到我们会说些什么，他们无法撇开自己的需要，或者他们觉得我们要说的话会令他们感到焦虑；等等。总之一句话：虽然我们会因为受伤轻易将倾听失败归咎于他人的固执，但其实人们有各种各样错综复杂的理由让他们不去倾听。

当交流出现问题时，努力沟通的我们会认为对方说话言不由衷或者没听进自己说的话，而这种情况也常出现在双方都有误解的时候。碰到这种情况时，我们应该多想想人际关系专家约翰·高特曼（John Gottman）说过的话：说者与听者之间，还隔着两道理解的过滤网。

说者是具有交流意图的一方，说者交流时所释放出的信息，会对听者产生影响。

良好的沟通意味着它能产生你想要的影响，也就是说，意愿与影响之间是对等的关系。只不过在这一过程中，每一条信息必须先后经过说者的清晰表达与听者的认真倾听的两重过滤。不幸的是，很多沟通到最后并没能出现意愿与影响的对等，其背后原因是多种多样的。

产生误解的原因，有的十分简单，对此我们只要学会某些交流技巧就能得到改善，譬如倾听人可以通过给出反馈的方式告诉说话人其信息所产生的影响，让说话人有机会澄清自己的意图；但还有很多原因由于其表现形式并不那么直白，简单的解决办法根本不适用，比如之前案例里那位年轻律师认为妻子对自己工作不感兴趣的误解，就说明了倾听在心理上的复杂性。

你是否曾有很难理解某人对你说的话的时候？

何时、何地你曾听到过类似的话语："我说的不是这个意思！你没听我说话吗？"

## 当我们听到自己预期会听到的话时

当说话人开始将某些期望强加于倾听人时，这种动态心理在心理分析中被称作"移情"。对于移情，有一个简单的概念：移情时，患者会将一声不吭的心理分析师看作自己父亲或母亲的一个翻版，认为分析师会像自己的父亲那样严厉批评自己或者会像自己的母亲一般痴迷于他的成就。事实上，移情指的是对一个人在一段关系中所有经历（包括过往的经历体验、期望、敏感点、希望以及恐惧等）的主观塑造。移情并不局限于心理治疗领域，也不仅仅是心理扭曲的一种表现。

从我们出生的第一天起，我们的实际经历与各种关系内在的运作模式就在构建着我们的每一种亲密关系。这些运作模式不仅在某种程度上帮助我们理解各种关系，它们还是对我们实现自我的预见。譬如，若我们曾有说话遭人驳斥的经历，那我们很可能就会将这样的预期带入我们的关系之中。如此一来，我们可能就会在感觉自己未被倾听或遭到轻视之时，无意间过滤互动中的信息，特别关注那些符合自己的关系运作模式的东西。

克里斯从小与姐姐一起长大，但他姐姐因为争强好胜且嫉妒心强，时时刻刻都在挑克里斯的错。她会问克里斯一些听上去无关痛痒的问题，但她最终得出的结论不是"克里斯不对""克里斯蠢钝"，就是"克里斯又蠢又不对"。到如今，克里斯只要碰到女朋友就自己正在解释的事情提问，他都会觉得那是对自己的攻击。

**移情**：说话人在不知不觉中根据预设的期望组织自己对倾听人所述内容的体会。

妻子茱莉亚没完没了的质疑与批评，使丈夫赫克特厌恶至极，无论他说什么，她都会质疑与批评，最后赫克特便不怎么说话了，但茱莉亚认为赫克特过度敏感。赫克特虽也承认妻子的看法有一定的道理，但他坚持认为妻子就是喜欢质疑人、批评人、控制人，他说："她总在告诉我该做什么，就是不肯放过我。"假如赫克特这些抗议的话让你联想到了某个青少年对自己家长的抱怨，那说明你对移情具有一定的认识。

无论什么时候茱莉亚让赫克特为她做事，赫克特都觉得她就是在用"老板腔"对他，茱莉亚就这样被贴上了"喜欢控制人"这种标签，而这样的"帽子"对很多女性来说并不陌生。该怎么办呢？这是个难题。有一种解决方案是建议女方在谨记男方容易反应过度的前提下，小心不要提出任何看似抱怨的话题。实际上，赫克特的妻子茱莉亚也是这么尝试的。在此过程中，她意识到丈夫有多么敏感，她一度连续数周不向他提出任何要求，但打理房子、收拾后院终究让她苦不堪言，最后她还是提出了他需要承担一些家务的要求。因为经过了长久的压制，此时的她已很难抑制语气中的不满，结果赫克特再次因觉得自己遭到责备而气愤难平。一切重现！

还有一个办法是向倾听人保证自己并不是他/她心目中那人。当然，这并不是要让茱莉亚用责备的语气对赫克特说："我不是你妈！"她需要发自内心地与赫克特谈谈自己不堪重负的感受，同时她还应该向赫克特询问自己该怎样做才能让他记住——甚至是在他表现出感觉"她就像自己的母亲"这样的反应时——自己是其伴侣这一身份。

移情通常被认为是对经历的一种扭曲，但我们将期望强加于他人的方式也受到当时说话人对倾听人的需要的影响。比如，一位跟人闲聊自己在油管平台上看到某个视频的女子可能并不会向对方施加任何特别的压力；但假如她刚经历了一场车祸，那她可能就会将自己对同情这一回应的需要投射到听她说话的人身上。在第一种情况中，这位女子会享受倾听人告诉自己类似的经历；但若是第二种情况，她可能希望对方能在认可她的感受之余不要打断她说的话。

反移情是倾听方无意识被激发的复杂情感反应的心理分析术语，它指倾听人对对话感受的主观扭曲。与移情一样，反移情也不是简单的经历扭曲，因为我们的期望会真实地塑造、再塑造我们的关系。一个预计男人只会谈论他们自己的女性，除了在对话中会透露出这一看法之外，她可能还会向说话方询问更多这方面的信息，而这又会进一步肯定她的这一预期。一个已婚男子若预计妻子的日常叙述让人提不起兴趣，那他可能就不会向妻子提出能让他感兴趣的问题，最终的结果就会是他对双方的谈话投入多少，他从中获得的就有多少。

你在什么样的情况下发现自己听到了某个人的声音？

就该怎样安排父亲的葬礼这一问题，桃乐茜建议兄弟罗恩问问母亲的想法，罗恩却愤怒地回复："我没办法撂下一切飞过去，更做不到一个星期就那么干坐着。我这边有事要做，有一堆人要照顾。"罗恩的反应让桃乐茜始料不及，她想不通他为何会对自己抱有那么大的怒气。

反移情，指倾听人影响其倾听他人说话的情绪反应。在反移情的控制下，倾听人的各种理性反应，如同理心、洞察力、幽默感、思维智慧，以及对说话人的关心等，都会因情感棱镜的作用而发生扭曲。

虽然"移情"和"反移情"这两个词并不能告诉你任何你所不知道的东西，但它们会让你认识到：无论是说话人还是倾听人的期望，都会对倾听造成破坏。事实上，我在前文中对二者的区分（除非你对我之前所说的有所误解）多少有些武断，毕竟交流反映了对话双方在实际情况下的行为与互动的过程。换种说法就是，我是出于方便才将说与听分开讨论，但实际上，在一段关系中，对话是由倾听人与说话人共同塑造的一个动态过程。

倾听人之所以会对信息进行过滤，一般是以下几大主因所致：倾听人心有所思、预设性的观点、情绪反应。

### 倾听人心有所思

作为一名优秀的倾听人，你必须在足够长的时间内放弃自己的所思，倾听对方的所想。虚假的关注是没有用的。

还记得杰伦和那个在结婚后与杰伦关系日渐疏离的朋

友德里克吗？假如杰伦能在不责怪德里克或不强迫德里克给出解释的情况下将重点放在对自己感受的坦承上，那他还是可以展开与德里克的交谈的。也就是说，假如你能在不强求对方的情况下向对方坦承自己的感受，那么你就更有可能得到对方的倾听，也更有可能听到对方的感受。

多年来，韦恩一直都听不明白詹尼斯希望改变两人关系的要求。在他看来，詹尼斯对什么事都是一副闷闷不乐的样子。韦恩像很多面临这种情况的男性一样，觉得詹尼斯希望他能做些什么来解决问题，但这样又会让韦恩觉得詹尼斯的不满是对自己的威胁，于是他的倾听就显得不情不愿。其实詹尼斯若真的想让韦恩做些什么，她就会明明白白地提出来，她只是觉得韦恩并不在乎自己的感受。

在詹尼斯的母亲患上了帕金森病后，两人之间的关系出现了一些变化。碰到詹尼斯谈起自己的担忧，此时觉得责任并不在己的韦恩反而可以给到詹尼斯所需的同情，因为他能感受到她的脆弱，且能去倾听、安慰詹尼斯，这让韦恩感觉很好。

韦恩与詹尼斯之间关系的改变并不是他们之中的哪一方刻意为之。对于韦恩，一旦他意识到自己并非造成詹尼斯难过的原因之后，他就能成为一名更好的听者；至于詹尼斯，她则因为能对自己脆弱的感受做出更直接的表达而使得韦恩更容易理解自己。两人之间的关系本该如此良好，却曾陷入困境，这不禁令人喟叹。韦恩并不需要因为照顾詹尼斯的感受而担责，所以当詹尼斯表达自己对母亲的担忧时，他终于可以用心地倾听詹尼斯的感受。

有时人们在难过时并不需要他人给出什么解决方案，也不愿意他人教自己怎么做，他们唯一需要的是与人交谈。要想更好地倾听他们，一句"你是只想谈谈还是想要一些建议……还是先谈谈后建议呢"就足够了。一旦对方给出了答案，也就清楚自己该如何有效地去听他们接下来要说的话了。

## 预设性的观点

大多数人到了青春期就会有自我保护意识。此时，清楚自己敏感点的我们不会动不动就暴露它，我们会选择性地敞开自我；面对不善的遭遇，我们还会像任何有软肋的生物一样选择撤离，但我们也有来不及缩回到自己壳里的时候。当我们因为情绪压力向某个我们认为信得过的人坦露心迹时，对方的不理解会让我们像被抢劫一般遍体鳞伤。

当儿子贾斯汀说他准备从大学辍学时，父亲赛斯竭力掩饰着内心的失望。难过之下，他觉得自己必须找人谈谈。想到自己的兄弟或许能理解他，赛斯便给他打了个电话。其实对赛斯而言，向人谈论自己的感受并非易事，所以在电话中他先是寒暄了几分钟，之后才说起贾斯汀辍学的事，并表达了自己万分失望的心情。可电话那头的人只顿了一下，之后便聊起了其他事，这让赛斯惊愕不已，他想不通自己的兄弟怎么可以这么不通情理。一番挣扎之后，他质问兄弟："你难道没听到我说的话吗？"结果兄弟回答，他从没想过赛斯会需要情感上的支持。

此刻正是两兄弟可以进一步理解彼此的机会，只要他们敞开心扉、倾听彼此，就能重建多年前的那种亲密感，但这一幕并没有发生。

我们可以有很多办法创造我们需要的倾听，带着期望靠近他人就是其中一种（后文将谈及）。但这一靠近并不是一个能简单地用交流与倾听将双方连结的行为就能概括的过程，而是一个通过"技能训练"、利用假装的兴趣或其他精心的策划来不断完善的过程（当然，对话是可以简化为某种行为分析的，但也只能通过淡化相关人的感受、忽略表象之下的动态交流来实现）。两个人之间对话的形成，既需要听、说，也需要用脑、用心，此外，它还是一个涉及各种会让对话复杂化的多因素过程。

抱着理解的态度并不是让你肆意揣摩他人的想法与感受，而是让你带着开放的心态去倾听和发现。

## 情绪反应

在开篇中我说过，我们每个人都有针对特定关系的情绪反应方式。关系越密切，我们就越容易将听到的话理解为某种拒绝或者攻击，即便说话人其实并不是那个意思。关系的千变万化以及过往的经历所教会我们的预期，让我们变得心存戒备，而戒备又会令我们无法倾听，无法理解对方原本要说的话。

对父母从不指望其能做对任何事的某个人来说，一句简单的"你把垃圾带出去了吗"会被曲解为斥责；过度反应之下，他可能就会这样回击——"你能不能不要管我！"

当然，造成反应过激的也并不总是倾听人的防备心理，有时说话人的挑衅也会造成倾听方出现过度的反应。

将一句"你可以将垃圾带出去吗"说成"你怎么什么事都要我叫你三遍才会去做"，这几乎就会不可避免地引发对方的戒备反应；事实上，就算是一句"你还没有把垃圾带出去吗"也是能挑起对方的情绪反应的。总之，你若不注意自己说话的方式，那你会很容易激怒你所爱的人。

还有一点要注意的，说话人之所以会以那样的说话方式提出要求，原因可能是其本人在孩提时代未被倾听这一经历所埋下的焦虑与沮丧的祸根；而其一定要一再重复某个要求的举动，则可能是因为早期自身需求没有得到父母的重视，所以他必须不断地重申，直到对方听到为止。

此外，一些敏感的话题也是能让人一点就爆的，譬如我在本书的第6章及第9章中讲到的不利伴侣关系的几类话题：金钱、孩子、话语权、姻亲以及性。其中任一话题的建设性讨论，都需要双方付出特别的努力。谈话中，你不仅要留心自己说什么、怎么说，还要注意讨论的场合、时间以及背后的原因。

这并不是说我们必须提心吊胆地与对方过日子，这些讨论是在提醒我们：要想达成对彼此的理解，我们必须退一步、静一静，想想是什么让我们生气，生活中的哪些方面会让我们产生那么大的反应，又是什么让我们会与沟通的人置气。

若我们无法了解彼此，交流大多就会在类似"你这个泼妇！""啊，成熟点吧！"的口水仗中，伴随着其中一方的摔门而去变成一地鸡毛。

# 了解倾听法则：超越线性思维

受自身观点的限制，我们通常不会停下来反省生活里自己会有的误解模式。误解让人痛苦，我们碰到误解时，总会倾向于向外界寻找原因，将过错归咎于他人。除此之外，我们看待问题也会用线性思维，譬如人际互动出现问题时，我们常简单地搬出性格论，说"他不听是因为他只想着自己""听她讲话很费劲，因为任何事到了她那里就会说个没完"等，有的人还会把错怪罪到自己的头上（比如会想"或许我就不是那么有趣的人"），但一般人们更容易看到的，都是他人的问题。

将对方对自己的不理解归咎于他们的性格问题，这其实是在掩盖自己的无知与麻木。有的人会对身边大多数人不断重复恼人的举动，这并不能证明他们是不爱回应人的性格，只能说明：他们陷入了一场自编自导的不和戏码中，且引导对方也参与其中。

这种以性格定调的立场认为，让人们做出改变要么很难，要么不可能，无论什么情况下，人们都只会按自己的方式行事，但关系的改变并不是通过改变他人来实现的。若想改变关系的模式，必须改变关系中的自我；再者，性格也并非固定不变的，而是不断变化的。当我们发现双方可以改变对彼此回应的方式之后，我们看待自己、理解双方关系的方式也会发生变化。在相互理解的过程中，我们并不是受害者而是实际参与者，我们的参与会深深地影响双方关系。

有效的参与则意味着我们必须对倾听法则具有一定的认识。

记得我第一次看棍网球（lacrosse，又称网棒球，起源于北美洲）比赛时，满脑子都是问号。那时，从我的座位处望去，我看到一部分小孩围在场子周围，另一部分小孩满场跑来跑去，其间他们会用球杆来回传球或者击打对手，整个过程给人感觉就像"道路战士"（Road Warriors，职业摔跤队）在踢足球一般，只不过有很多地方我看不懂。譬如，球被打出界外时，球队为什么有时会将球救回来有时又不会呢？一个小孩猛击了另一个小孩，为什么有时我听到的是观众的欢呼而有时又被裁判判为犯规呢？原因有两个：其一，当时我所坐的位置让我无法看到比赛的全局；其二，那时的我并不了解棍网球的比赛规则。

而类似这样不见全局、不懂规则的问题，同样影响着我们对交流成功与失败的判断。

前文中我说过，倾听是一个由两个人参与的过程，但即便是这样的阐释也过于简单了，因为就算是一场并不复杂的交流，它实际上也是由倾听人、说话人、所说的话、言外之意、交流的背景、双方关系，以及倾听人的回应（毕竟交流不是一个说者针对听者的、信息单向流动的过程）等元素组成的。若未达到良好的互动效果，稍作思考你就能看到，除了单纯指责对方倾听不力之外，还有容易造成误解的其他原因。

### "你究竟想说什么？"

这句话是想让说话人表达其讲话要点，只不过就所说出的话而言，有时它表达的并不是说话人的本意。

有一位父亲受朋友的邀约，准备带一家四口到这位朋友的湖边住宅共度周日的下午时光。这时，他十几岁的女儿问是否能带上一位自己的朋友同往，父亲回答说："我们是受邀赴宴，我认为我们不应该再带客人过去。"女儿听了很难过，妻子却对丈夫说："你这是在说傻话，他们从来都不介意有更多的客人。"妻子的话让他很生气，他不再吭声。妻子总站在孩子一边，从不顾及他的感受，让他愤懑不已。

这场对话出现了我们常见的一个问题：说话人说出的话并没有表达出说话人的本意。不幸的是，因为要"以礼待人""做人莫自私"，对自己的想法，我们学会了不做直接表述，于是"我想……"变成了"或许我们可以……"或者"你想……吗"，就好像驾车途中饥饿感来袭，我们只会说："时候不早了吧？"

成长让我学会了这样一个道理：客人不该给主人带来任何麻烦。假如身处某人家中的你想要喝一杯水，你不会直接提出要喝水的要求，而是做出很渴的样子。这时候主人若提出请你喝些什么，你会礼貌地表示婉拒；只有在对方一再坚持的情况下，你才会表示接受（一个礼貌周全的孩子会在对方至少两次提出要给他一杯水之后才会表示接受）。

假如你也像很多人一样在类似这种非直接表达的习俗下长大，那你对习俗一般不会产生误解，譬如听到房间里有人问"你冷吗"，你想到的可能就是"我们要不要开暖气"。假如对话涉及情绪较为强烈的情况，非直接的表达就有可能引发误解。比如上例中的那位父亲，他不想让女儿带朋友赴宴的想法可能是正确的，因为那样做会很不礼貌；但他妻子的看法可能也没错，因为宴请方说不定真的不介意他们多带个客人过去。而这位父亲反倒因为什么原因介意了，或许他是想让女儿能更多地参与到家庭之中而不是只跟她的朋友待在一起，或许他是因为觉得谈论孩子要比谈论自己更容易，所以他想让女儿参与到成人的对话之中而不是让她与朋友单独相处。总有一大堆的"或许"，而这就是非直接表达带给交流的困扰。

当我们因为自己的某些需求而与对方产生冲突时，我们可能会在（正确或错误的）猜测中认定对方是在拒绝倾听我们的需求，如此一来，就更别说让他们认可我们的需求了。非直接的表达会给我们带来太多的误解，弊大于利。譬如就是否搬去另一个城市这个问题，夫妻俩若是偏题地在去或留哪个会对孩子更有利上进行争论，那么这样的争论就不是如实的争论。[1]

我们之所以会在争论中感觉他人似乎否定了我们的感受，其中一个原因就是我们混淆了自身的感受与事实之间的差异。案例中的那位父亲未直接表达"我不想让她带朋友赴宴"的原因，其实就是在借此模糊他的动机、稳固他的论点，所以他才会在妻子就他的话而非他的本意提出观点时产生了遭人拒绝的感觉。

**每位倾听人都是通过对方的所言（或自己的所闻）与所问来衡量对方对自己本意的判断的。**

作为说话的一方，我们要的不仅仅是被听，更是被听明白；我们希望他人能理解我们说的话，听懂我们真正要表达的意思，但对话往往陷入这样一个死胡同：我们坚

---

1　也有不彻底坦反而最能有效表达自己所需的时候。譬如对那些很难对他人说不的人来说，与其让他们费劲地向人解释自己不想做某事的原因，一句"我很想，但我做不到"表达起来更为容易。

持认为自己说的是这个意思，但倾听人听到的是另一个意思。与其继续坚持我们"的确"说过的话，一句"我的意思是说……"岂不来得更为干脆？

### "你干吗不直说呢？"

含蓄的表达不仅会告诉我们除表面信息之外的更多信息，还会告诉我们该以怎样的方式来接收信息。不同境况下，"到了吃午饭的时间了"这句话表达出的意思就会不同，它可以表示"我饿了""我愿意和你一边吃饭一边聊天"，也可以表示"不，我不想跟你一起吃饭""请你现在离开，我很忙"，等等。类似"我爱你""抱歉"这样的表达，其含义的千变万化更是众所周知。了解对方会很容易地破解含蓄的信息，但去猜测对方的动机就是在给解码增加难度了。

格雷戈里·贝特森 (Gregory Bateson) 是家庭疗法的创始人之一，他认为所有的交流都包含两层含义：信息陈述与博得回应。信息陈述 (或信息) 是指通过文字所传达出的信息；博得回应 (贝特森称为"元信息传递") 是指处理信息陈述的方式，它是对交流双方关系性质的证明。

玛拉责备室友希拉里不该在洗碗机还半满时就启动它，希拉里嘴上说"好吧"，但两天后还是照旧。对希拉里未能听取自己的建议，玛拉或许感到恼火，因为她并不是说着玩的。但实际情况可能是，希拉里并不喜欢这个元信息，因为她不喜欢玛拉像自己的妈妈一样教她怎么做事。

在尝试理解言外之意时，我们会通过身体动作、面部表情和语音语调来确定信息的含义。譬如"你是故意那么做的？"这句话，当我们在句尾用升调时，它的含义就从责备转向了疑问；句中强调用词的不同也可以影响句子的含义，例如"你是在告诉我那不是真的吗？"与"你是在告诉我那不是真的吗？"；此外，说话人在说话时的停顿、说话人的手势以及目光等，都能帮助我们诠释其话语的含义。或许明白"元信息传递"这样冗长的术语对我们并没有多大的作用，但有一点我们应该清楚：我们对信息应当如何处理的错误认识，是造成倾听出现问题的一大主因。

通过信息是很难进行元信息传递的，因为在听不到对方语调的情况下，人们很难推敲说话人话语中各个词的含义。此时能让人们依靠的，就只有单个词或短语的断句以及信息的编辑方式，同时人们还要一边琢磨文字有没有经过电子软件的自动修正，一边猜测夹杂在信息中的那些小小的表情符号所传达的含义；此外，人们还要努力让自己紧张的大脑对像"嘿！"这样含义模糊的表达进行揣测。

有一年冬天，我因为工作非常辛苦不禁暗自神伤，便发了封信给一位富有同情心的朋友，开玩笑地说此时自己正在逃往没有人烟的加勒比海岛，准备在那里的沙滩上享受两周。问题出在我当时是通过写而不是说来表达这句话的意思的，结果朋友没看出我话里的自嘲意味。我发出的信息因为媒介未能表达出我的语调或面部表情而变了味，到头来我不仅没能得到我（通过间接方式来表达的）想要的同情，反而迎来了一条朋友满带牢骚气的回复，说很高兴知道有些人还有钱有闲，可以好好地放纵一番。

我们知道自己说话的意思，但当我们期望别人也知道我们说话的意思时，问题就出现了。我们该进行一场怎样的交流，是闲聊，还是一场情绪的宣泄？当倾听我们的人未能意识到我们的难过情绪以及我们需要倾听的感受时，我们该将过错归咎于谁呢？

一位女子告诉男友，她老板说的话让她担心自己会在工作上遇到麻烦。男友觉得情况不会如此，可他说出来的话不是那个意思。之后，女子就怨他没好好听自己说话，结果两人都生气了。女子恼火是因为男友没能听懂她的感受，男友伤心则是因为他觉得自己听了，但他偏偏没有意识到她是多么难过。假如他意识到了的话，那他说不定就会努力去安慰她，告诉她事情并不像她所想的那般严重。

可能对某些人来说，这位女子的难过是显而易见的，比如她的某个朋友或许就能意识到她需要得到认可而不是否定，但此时与她在一起的并不是那位朋友，而是一个未能自动理解到她强烈的倾听需要的男人（面对同样的事，一些人可能会做出谨慎的澄清性的表述，如"我很担心，需要谈谈""我需要一些建议""我只需要你听着就好"等）。

短信式的通信如此便捷，以至于人们常会将个人心情以短信的形式发给某个正处于商业心态的人。

例如，某对恋人异地而居。一天早晨，男方发短信对女友说"早安"，女方正忙于工作便没回复；之后，男方又发了条带有具体问题的短信，女方就问题进行了回复，这下男方就在回复中伤心地说她连道声早安的时间都没有。其实问题就出在他们的信息表达含义不明上，因为那些信息既未能传达出"我在家""感到孤独""我想你"这样的感受，也未能给予"我在忙，这周末我就会去见你"这样的表达。

偶尔我们还会碰到在交流中某句含蓄的表达要求说话人去做某事的情况，不过这样的情况并不像大多数人所认为的那样经常出现。譬如十几岁少年的一句"我饿了"就不是随便一句闲聊（十几岁少年的胃口可不是随便就能打发的）。不过一般情况下，藏在话语背后的感受才是含蓄信息里最重要的内容。

在我们很小、尚不懂得要用掩藏感受来表现成熟时，我们的交流所表达出的，是满满的难以掩饰的情感。当一个孩子说"我的床下有怪物"或者"没人想跟我玩"时，不用语言学专家的帮助你也能清楚孩子这句话背后的感受，而且你更清楚自己该做出怎样的回应；但若是一个成年人说"我明天有个会要开"或者"我打电话给弗雷德想问问他是否想看电影，但他没回电话"这两句暗示同样情绪的话时，由于表述不似孩子的话语那般清晰，其话语背后的情绪就会显得十分隐晦。要想提高我们对对话的理解，最有效的办法之一，就是明白隐藏在人们话语背后的感受。

很多交流是含蓄的，一旦人们的思维处在同一波段，含蓄的话语就会被我们自动解码。我们经常碰到的情况是我们自以为表达清晰但于他人而言含蓄得指代不明。不过，一旦我们学会了认可他人的观点、对未表达出的含义进行理解，那么很多误会就可以迎刃而解。

### "时间合适吗？"

交流需要考虑诸多因素，这其中就包括时间、地点，还有哪些人在场，以及交流难以一言以蔽之，等等。一般我们会根据情况自动调整我们的表达与倾听，譬如我们不会在对方刚刚进门时就告之坏消息，不会在公共场合大声打电话，也不会在孩子面前争论。

可有时即便我们选对了时间，也会碰到对方没有耐心听我们讲话的情况。假如一位丈夫在妻子上班时在电话里跟她说一大堆无关紧要的话，那他妻子会比在家时面对同样的对话更容易变得不耐烦；但反过来说，就算是丈夫在外忙了一天，但面对他在平板电脑上消遣的情况，做妻子的也可以通过表达自己的需求（譬如"亲爱的，我需要跟你谈谈"）来成功获取他的关注。

遗憾的是，在很多关系中，人们偏好的谈话时间是不同的，譬如男方比较喜欢在忙完一天的工作后立刻回家谈论，女方喜欢在两人观看网飞节目或准备睡觉等晚一点的时间谈话。在错误的时间寻求对方的理解，就像想在正午时分抓鲑鱼一般，难！

何时交谈：
不要在伴侣需要一些独处的空间或时间时交谈。

不合适的时间会影响我们倾听的需要，这显然让人痛苦。更糟糕的是，当双方的需求出现冲突时，不被理解这一后果所带来的痛苦也是不言而喻的。对许多伴侣来说，工作结束之后的时光尤其难以让人进行交谈，因为此时双方都已力倦神疲，此外还有准备晚餐、给孩子洗澡、监督孩子做作业、为明天做准备等一大堆的事要处理。对大多数家庭成员来说，竭力让他人开心、参加让人头脑发昏的会议、挤公交、回答没完没了的问题等已经让人精疲力竭，一天下来，人们很难再有精力去倾听彼此了。

讽刺的是，人们因为太过疲累而无法参与其中的家庭对话，偏偏是人们需要的情感补给。事实令人不快，交谈与倾听能让我们重新振作，可假如我们将倾听视为理所当然，那就意味着我们希望在乎的人能在我们想交谈时随时来当我们的听众。可良好的倾听并不是自动出现的，它离不开恰当的时机。

环境对倾听的影响不言而喻，譬如环境的私密度、噪声大小等，另外，环境所包含的制约性暗示信息对倾听的影响也同样不可小觑。熟悉的环境，如理疗室、朋友家的厨房等，是有助于人们敞开心扉、予人慰藉的，但像自家厨房或卧室这类过于熟悉的环境并不利于谈话；另外需要考虑的是，有的环境可以勾起人们对曾经被误解的记忆，还有的则含有一些容易让人分神的东西，譬如狗被淋湿之后身上所散发出的气味。

人们在交谈时也会遵循不同场合的一些不成文的规定，其中有些还是不言自明的（对大多数人而言）。比如在鸡尾酒会上，人们会不停地改变交谈的对象，谈话的内容可以温馨，可以坦率，但交谈的时间都很短暂（所以谈话才会显得温馨、坦率）。若是在这样的场合进行长时间的交谈，那你会让听话方觉得你有失礼仪。

在智能手机出现之前，礼仪规则是以恰当作为基础的，而这最早可能出自对实际情形的考虑，譬如不干涉他人、对特别的地方要表示尊重等。公共场合与私密场所是完全不同的，所以在教堂内、火车上或者电影院里大声喧哗会引人不满。[2]由于礼仪规则所具有的含蓄性与广泛共识性，遵守它在人们的眼中就成为一种理所当然的存在。但现在情况不同了，街道上你能看到人们为了家事大声争吵（仔细观察，你会发现他们并不是在自言自语，而是在通过蓝牙耳机交流），观影时你能听到人们不停地说笑，火车上你能见到人们开着手机免提与人讨论自己的肠镜检查结果……这些杂音的出现并不会提高人们对各种噪声的容忍度，但有一点值得注意的是，个人设备、有线电视与流媒体服

---

[2] 对在观影时大声喧哗者不满的人既不会想到正是DVD、有线电视和流媒体的出现让电影院与家庭起居室有了越来越趋同的观影环境感，也没能考虑到情境优先这一点会让电影院交谈变成一种可理解的行为。是的，尽管人们观影时讲话，那也是情有可原的。

务的出现已经切切实实地模糊了公共场合与私人场所之间的界限。

除了一般性的礼仪规则，大多数人对能让自己进行舒适交谈的场合或方式也有着各自的偏好。比如一些人就比较喜欢利用电话或视频进行交谈（至于为何我也不清楚，但新冠疫情的暴发无疑限制了人们可采用的交谈方式），一些人喜欢开车外出时交谈。当然，我们也可能在某一特定场合的某一刻会有交谈的心情。此外，有的孩子喜欢在上床关灯后交谈，有些人会在来回扔球时变成个话匣子。要想获取他人对自己的关注，最好的方式一般是邀请对方离开他们熟悉的环境，比如邀请他们一起散步、一起去餐厅吃饭，等等。大多时候人们对场合的偏好是清晰易辨的，这让我们可以据此进行主动调整，比如我们清楚我们不会选择在傍晚或清晨打电话到某些人家里，我们也会知晓在何时何地能让我们更有把握地获得我们需要的倾听；但得不到倾听时，我们会觉得自己受到伤害。对我们来说，我们会因为自己受到伤害而责备他人；但对另一方来说，在他人不方便的时间对他们做出考虑不周的强求也让他们觉得委屈。

有第三者在场的情况下，倾听就容易变成一个在某些方面得到强调、某些方面遭到压制的过程。例如当一对夫妇单独外出晚餐时，女方会比在家里时更用心地倾听男方谈论自己工作上的问题；但假如他们还带着孩子，那夫妇俩对彼此或彼此所说的话可能就不会那么用心了。不过有时带上孩子也是刻意为之的行为，这样一来，情势既能让人避免孤独，又能让人避开某些不合时宜的亲密。

多数人都碰到过在与某个看似对自己说话感兴趣的人谈话时，另一个人或者对方出现手机响铃而导致谈话中断的经历。"等等，"她说，"我要接个电话。"这样的干扰有时不可避免。比如操心十几岁孩子乱窜的父母，或朋友出现紧急状况的人，他们可能就有回复短信或者接打电话的需要。假如对方动不动就走神或表现得注意力很不集中，那就是另外一种情况了，而这一点，很多人都没意识到。

碰到两人一起吃午餐时有第三人加入的情况，私密性的谈话是无法继续下去的。不过也有说话人在谈论要事时希望倾听人拒绝干扰谈话因素这样的特殊情况，比如说话人可能会希望倾听方关掉手机或者希望对方就说句"抱歉，我在忙，暂时无法交流"等；另外还有两人在公共场所密谈时，其中一方碰到另一方与碰巧经过的熟人打招呼但不会邀其加入谈话的情况，这种情况下两人的谈话不会被打断。

第三方的出现对于亲密的交谈来说，会如同野餐时碰到了下雨一般令人扫兴。

有时第三方的出现还会起到一些不一般的作用。譬如在与孩子对话时，一位成年人可能会因为其他成年人的旁观而让自己在对话中表现得更为生动有趣；在与其他夫妇一同外出时，一位在家经常打断妻子说话的丈夫会给予妻子更多的尊重；看到自己喜爱的亲戚出现时，正在饭桌旁无精打采、一声不吭的少女可能会活跃起来，积极地参与互动。

记得有一次我接受电视台一个晨间栏目的采访，采访时那位女主持人对我的作品表现出兴致盎然的劲头。她40岁出头的年纪，魅力十足。节目进行时，她坐得离我很近，双眼一直盯着我，对我的提问也恰到好处。对自己能得到这样一位富有魅力而且对我所言彻底投入的女性的采访，我感到喜出望外。广告休息时间一到，她脸上的兴奋之情霎时就不见了，那速度快得就像相机被摁了闪光灯一般，这让我的存在感刹那间荡然无存。当采访恢复时，她的身上又洋溢出那股兴致盎然的气息。她的这种假装，而且是当着全体观众（以及敏感的我）的面的假装，实在让人感到不舒服，但对采访对象表现出兴趣，不正是她的职责所在吗？

# 为什么有些人讲话就是让人听不下去

有时即便你按照规则倾听，一些话就是让你很难听得下去。这种情况有时是因为他们的叙述充满了各种细节性的东西，而且长得犹如《荷马史诗》一般。你问他们度假的情况，他们会跟你讲装车的物品、讲如何迷了路以及路上他们走的每个错误弯道，他们会说天气，会告诉你谁说了些什么，他们在哪里吃的午餐，晚餐又吃了什么，等等。他们会说个不停，但他们就是想不到"得体"二字，直到有什么事打断他们；还有些人根本不谈自己而是大跑题地说起了别人，好像所有不懂得体贴的人都是他们生活中的大问题一般；另有一些人则没完没了地逮着政治、某部网飞连续剧、刚读过的一本书、比特币的起源、自己比较了解的历史事件等一切只有他们感兴趣的话题大谈特谈。

不断讨论自己所关心问题的人，同样也很难让人听下去。譬如，除了讨论孩子难带基本不说其他的母亲，满脑子只想着卡路里的节食者，不停地说自己要破产的潦倒推销员，以及总抱怨自己坐骨神经痛的男子，等等。当一个人不得不倾听对方翻来覆去的叙述时，对方厌倦的事就会变成他的。让我们厌倦的不仅仅是对方重复的讲述，还有我们面对对方强行塞给我们一个没有解决方案或者即便有解决方案他们也不愿实施的问题时的无助。

有些人跟每个人说话都会滔滔不绝，但通常情况是，不管我们喜欢与否，他们中有的会与我们说个没完是因为他们与其他人几乎无话可聊。想一想，一个没有朋友的男子除了自己的伴侣，还会跟谁说话呢？一位负担过重的妻子除了向自己的闺蜜倾诉，她又能跟谁聊聊自己的负担呢？兄妹两人之中，假如妹妹的朋友不多，那她说不定几乎天天都会给哥哥打电话"报到"。此外，若有人需要我们的关注但对话一直都是单方面进行的，那有可能是我们的回应表现得过于被动所致。

有时说话人的表述很难让人听得下去，是因为他们不清楚自己说了些什么，或者是因为他们没有意识到自己说的话里蕴含着某些让人恼火的东西，于是当听讲话的人对话里暗含的意思做出"过度反应"时，说话人会很自然地因为被听话人的反应刺伤而显得愤愤不平。当一位母亲问自己十几岁的女儿"你就穿那一身去学校吗"，女儿带着哭腔回应"你总在责备我"时，这位母亲可能会因女儿的过度反应而抗议说："我不过就问了句'你就穿那一身去学校吗'，你至于为这么简单的问题那么难过吗？"其实像这样简单的问题，父母无须质疑，孩子也不必反应过度。

我父亲总喜欢用短短一句无伤大雅的话来表达他满满

的贬低之意，这让我很抓狂。要是我告诉他某件事情是这样的，即便这件事情其实并没那么特殊或并不具有争议性，他也会动不动就回一句"也许吧"，真气人！想必他这么做，是因为他不愿明着与人争执，不然对你告诉他的某件他不知道或他不确定的事也不会来一句"也许吧"这样的回复。可对我来说，这样的回复比双方吵一架还要糟糕，因为起码吵架还能让我有论点可争，而一句"也许吧"给人的感觉只是轻视，而这样的交流最终让我走向了固执。因为受够了父亲对我的怀疑，如今的我无法忍受自己在陈述事实（譬如我曾以为尚普兰湖就是五大湖之一）时别人对我的不信任。

是不是发现我现在的讨论重点从说话人转向倾听人了呢？你的感觉没错。虽然从抽象的角度来说，说话人与倾听人是可以分开的，但在实际中这两者交缠难分，因为倾听是一个由说话人与听话人双方共同决定的过程。

有些人很难让人听得下去是因为他们说得太少，少到难以体现个人特质。如果说希望向具有同理心的人讲述自己真实感受的冲动是人类的基本动机之一，那为什么还会有那么多麻木、沉默的人？因为生活让他们尝到的是蔑视、伤害、残忍、嘲弄和耻辱，而这些都对他们的内心造成了伤害。

我们带着受到的伤害面对各种关系：我们渴求关注，但并不总能得到它们；我们希望被认真对待，可得到的是争吵或忽视；我们需要与人分享自己的感受，可得到的是责备或者自己并不需要的建议。这种敞开心扉却得不到回应甚至遭到他人评判的感觉，就如同人在黑暗之中撞到了墙一般。假如这样的状况频繁发生，那我们就会关闭心扉，为自己竖起一道围墙。

虽然说话人的少言寡语或许是内向之人的人格特质，但更多时候这样的表现是一种基于过去人们对关系的预期形成的行为习惯。

**人们不与我们交谈，是因为他们没指望我们会倾听他们。**

分析治疗师在碰到患者不愿畅所欲言时，会展开"防备心理分析"，通过这一分析来确定患者隐瞒的情况，分析他隐瞒的方式（如谈些不重要的小事），并推测他的所思所想及其防备的原因。相较于普通人，治疗师有资格询问这些具有探索性的问题。当然，询问朋友是否因为某种原因难以敞开心扉或指出对方似乎并不怎么谈论他自己这一点也是合规的，毕竟我们是通过交流来塑造关系的。

**"没有，一切都挺好……"**

当你询问某人是不是出了什么事，对方却给出了并不怎么让人信服的"没事"这类答复时，你会如何应对呢？大多数时候人们会回应"可你看着不对劲"，这可以说是一种展开谈话的邀请，可它给对方的感觉未必如此。强迫寡言的人敞开心扉或因对方没这么做而生气，等于在说对方没理由不告诉你出了什么事，但人们不做什么事，自然有他不做的理由。

当有人并不情愿告诉你是什么让他烦心时，你可能会因为他不愿讲述自己的想法而胡乱猜想："他是害怕我会有什么反应吗？""是有什么他不愿谈论的吗？"

对这个不怎么愿意向你坦承的人来说，他有理由相信你关心他的所想所感，相信你不会打断他的讲述，相信你能容忍他有不同的看法、容忍他有愤怒的情绪吗？敞开心扉，是双方互动的结果。

## 男人来自火星吗？

人们曾经认为男女之间存在先天差异，而且这样的观点还被用于为各种各样的不平等事件进行辩护。为了打破各种自成一派、不公平的类别划分，早期的一批女权主义学者在经过多年的努力之后，又提出了性别差异这一他们曾经为之奋战的主张，譬如吉恩·贝克·米勒（Jean Baker Miller）就强调回应能力与同感能力对女性在人际关系中的至关重要性，卡罗尔·吉利根（Carol Gilligan）则认为关爱与关系的好坏从根本上决定着女性在人格、个性与道德上的发展。吉利根对男人与女人的看法是：男人是建塔者，女人是织网人。

20世纪六七十年代，女权主义学者的努力，给后世带来了旷日持久的影响，这其中包括对性别差异论的重新肯定（不过现在对女性心理构建的影响却是积极的）。南希·乔德罗（Nancy Chodorow）在著作《母职的再生产》（The Reproduction of Mothering）中指出，男孩、女孩虽然主要由母亲抚养，但他们在成长中对依恋与独立有着不同的定位。就男孩来说，但他们一定会离开母亲去寻找自己的男子气概，所以到了一定年龄时他们就会避开母亲的拥抱，此外，像"娘娘腔"和"妈宝男"这样的称呼至今也仍是很有杀伤力的骂人话。女孩却不一定非得通过拒绝母亲的关爱与母女间的联系来成为女人，她们可以学着通过人际关系来成为自己。

20世纪七八十年代，几本讲述男女交流方式不同的书得到了大量读者的追捧，其中广受欢迎的就是约翰·格雷（John Gray）的那本认为男人需要空间、女人渴求陪伴的《男人来自火星，女人来自金星》。假如我们能学会理解，共同生活的两个人之间会不可避免地产生各种差异，并从性别而非固执或恶意的角度来看待那些差异，这未尝不是一件好事；若我们再学会以同理心来应对伴侣说的话，那无疑就是进步。不过，我们最需要做的或许并不是学习怎么应对这些假设性的观点，而是要学会不要反应过度、要学会倾听。对弗洛伊德的著名疑问"女人需要什么"，或许最好的答复就是："你为什么不去问问（她们）呢？"

进入21世纪，"男人这样做，女人那样做"这类的社会性别构建论持续推动着两性关系走向毫无必要的对立，此外，男女平等的看法对男女互补这一旧有观点的取代也在不断造成人们各种各样的痛苦。如今的社会，绝大多数女性都奋战在工作岗位上，绝大多数男性则越来越多地参与到家庭生活之中。由于旧规则不再适用，配偶之间就谁该做什么梳理不清，双方冲突的增多似乎不可避免。

你的倾听方式会因说话人的性别而有所不同吗？如果有不同，原因是什么？

假如你不是男孩／女孩，你认为你的父母待你会有怎样的不同？

继南希·乔德罗与卡罗尔·吉利根之后，社会上紧跟着出现的新的男女观认为，由于女性与男性在社会化方式上存在巨大差异，女性比男性会更懂得倾听。于是在认同这一观点的人的眼中，生活就成了简单的存在，两性关系中的一切复杂状况都能用这样一个说法解释：男人就是会这样做，女人就是会那样做，没什么好说的！

这种以性别之说对事情定性的论调风靡一时，从当时这类书籍的受追捧程度就能看出。这些书对男女之间对话的每一点细微差异、每一个相左看法的阐释，都简化到了"男人寻求权利、女人寻求关系"这一性别差异点上。可悲的是，即便真实的数据并没给出相一致的结论，这种观点也依然深入人心。

早在2005年，美国心理学会就基于数十份以性别差异为主题所做的调查发布一份汇总研究报告，该报告的开篇就说："火星－金星性别差异说就好似'月中人'一般荒诞不经。"此外，主笔人珍妮特·希伯利·海德（Janet Shibley Hyde）也在报告中称，从大量心理层面的因素来看，男性与女性之间有着很多相似之处。

那么，男女之间有哪些差异值得我们关注呢？研究者约翰·高特曼（John Gottman）认为，女性因为在生活中面临着比男性更多的忧虑而更易受到惊吓。遭到惊吓时，女性会表现得焦虑，男性则在本能地表现出愤怒之余还会燃起一股报复的欲望。面对争执时，男性又比女性更有可能出现难以自制的生理及情绪反应（虽然女性也会出现这一现象）。据此，高特曼建议夫妻间的对话要以"柔和开局"，以免对话还未开始就让人徒增压力；对话过程中若出现冲突，男方应顾及女方的压力感与安全感，女方则可以在男方因难以自制其生理、情绪反应而关闭心房时选择放慢谈话的节奏或者停止对话。

还有一点也很重要：在"接受影响"这一方面，男方远不如女方，而这一能力对夫妻关系的健康与持续发展至关重要。从高特曼的研究来看，夫妻间，女方一般较容易接受来自男方的影响，容易让夫妻间出现离婚苗头的往往是丈夫而不是妻子对对方影响的抗拒。由此看来，这一是否接受对方影响的问题不仅对特定的婚姻关系形成了挑战，从更广泛的意义来说，它还对我们如何看待权利在人际关系中的作用形成了挑战，譬如伙伴关系里的权力决策人（谁有发言权、谁有决定权）既可以是政治性的也可以是个体性的。倾听，用心地倾听，需要你具备允许他人影响自己的思维与感受的能力。

在 Me Too 运动（一项呼吁所有曾遭性骚扰女性挺身而出的运动）带来的发人深思的影响之中，有一项是关于开展新型对话可能性的讨论。在对话中，女性能为自己寻求权利，这是一种可以让女性说"不"、鼓励她们讨论自己的经历、让她们说出自己在恐惧之下默默背负了多年的痛苦的对话。女性这种对躯体自主权与话语权的寻求，不仅影响了社会秩序，还引发了男性对自身的各种关系及其将来能发展怎样人际关系的深思。

Me Too运动在社会上引发了各种强烈的反响：因为这一运动，正派的男性不得不背上一些犯错男性甩出的黑锅；部分参与Me Too运动的女性未能充分区分公共场合的拥抱与私人猥亵的表现，也让一些人感到愤怒；它使得职场新问题出现，让运动参与人对自身的行为是否为社会所接受感到困惑；它对长期以来男性所享有的权利带来了突如其来的挑战。但同时这一运动也表现出振奋人心的一面：它促使人们展开更多的对话，让人们开始跨越性别，更多地倾听彼此，还让很多男性意识到并痛悔于自己在生活中带给他人的不幸。

当男女双方都能彼此倾听并坦然面对亲密生活下的权利与义务时，双方的联系就会向纵深发展。但这并不是说男女之间在对话中顾全亲密关系与权威的能力就不存在性别差异了，而是说现在或许正是让我们停止夸大、吹捧性别差异的时候。

那么，为什么会有那么多的人那般相信男女之间就是有着巨大的性别差异、觉得不同性别的人就是在各说各话、认为命运就是在带着不同性别的人走向不同的方向呢？女性真的就是天生会体贴他人、天生喜欢寻求与他人的联结吗？男人的天性从根本上来说，真的就是在寻求独立与权力吗？这些反映着我们的文化对世界塑造方式的差异，人真的就那么需要被认同吗？

有时我们也可以从社会与政治的角度来看形成所谓性别差异的根本原因。譬如就代表性别差异之一的"体贴"这一特质，我们是否可以将其更充分地理解为是一种来自权力低位者的商榷呢？一些人之所以会表现出体贴，或许是因为其在其他地方缺乏个人权威而产生了取悦他人的需要，而一位与丈夫发生争辩时会迎合丈夫的体贴的女性，或许就在与孩子的争论中会强调规则。同样，提倡体贴特质的还有根深蒂固的社会观，它的存在让女性很难认识到某段关系对她们自身利益的破坏。对男人来说，经历了一天让他们感觉人微言轻的团队协作工作后，回到家的他们或许就想利用自己在家的优势来摆脱那一感受，所以他们既不怎么做家务也不愿意带孩子。或许更有效的解决办法并不是为性别差异说找借口、进行道歉或鼓掌，而是通过彼此间的交谈（而不是谈论彼此）来拉近我们与伴侣的关系。

倾听彼此，或许真的能让我们自身以及我们的关系更平衡。令人振奋的是，如今已有证据表明，相对于那种认为女性爱纠缠、男性要距离感以及女性谋关系、男性求自立等性别差异极化的观点，近年来有越来越多的人逐渐意识到男女之间相互依存的重要性。如今，很多在"无私奉献令人幸福"这一信仰下成长的女性，都学会了对自己的奋斗与独立获取成就的能力给予更多的尊重；原先认为只能通过成就来发展自身的男人们，也养成了更多被忽视的特质，如尊重、体贴与关心等。在社会开始逐渐放宽对男女的特质差异、权利与义务等硬定义的过程中，我们既能看到为了安抚肚痛的婴儿，抱着他在客厅里走来走去的父亲，在女儿的高中毕业典礼上激动恸哭的父亲，也看到了一边要应付工作和朋友、一边积极参与政治，同时还要确保冰箱里有奶酪棒以便能给家人做第二天午餐的母亲。

在我们放下那种认定性别差异就是固定的、既定的这一具有误导性的不健康性别差异论的过程中，我们可以将男孩子培养成一个既认同父亲的权力也认可母亲的养育与关爱的人，一个懂得女孩也是人的人，一个能更好地实现自我、能成为更好的父亲的人；而对女孩子来说，某种程度上，她们的前途会更加光明，她们会比男孩子们更容易认可自己的父亲与母亲，会不断地要求自己成为一个独立的、具有想法与远大抱负的、能发出更强音的人。

将不被理解归咎于他人的固执、冷漠或性别差异，这种做法或许能给你带来些许慰藉，但事实上人们不肯倾听的原因要比这复杂很多。当你明白很多时候性格与关系中的问题才是阻碍我们倾听与被倾听的原因时，你就能找到通向理解大门的钥匙。

对倾听不断变化这一特性的认识越充分，我们对彼此的倾听就越容易。只不过我们有必要去仔细研究每一个误解，有必要通过信息、潜台词、上下文、说话人、听话人以及交流中的回应等来分析吗？当然不必。我们要做的，就是暂时放下我们自己受伤的情感，想想对方的观点，这样的举动简单却也充满了英雄气概，它本身就是功德一件。

那么，误解为什么会让我们如此敏感，以至于我们很难看到对方的想法呢？为了回答这个问题、让我们的倾听更进一步，请看下一章中有关影响倾听的情绪因素的讲述。

## 小测验

为了帮助读者更好地了解自己的倾听习惯，请读者认真回答以下问题。鉴于我们对不同的人会有不同的倾听方式，请在回答过程中参考一个与你有关的特定人物。当然，你也可以分别以自己的某个家人、某个同事/朋友作为参考，多做几遍小测验。

# 测测你的倾听水平

在与人交谈的情况下，你会：

1 ——几乎从不　2 ——有时　3 ——经常　4 ——几乎总是

1. 让人觉得你对他们及他们所说的话感兴趣吗？

2. 在别人说话时想着自己要说些什么吗？

3. 先认可说话人所说的话，再提出自己的观点吗？

4. 在他人话未讲完之前就插嘴吗？

5. 任由对方抱怨吗？

6. 在对方让你提出建议之前就给出建议吗？

7. 在对对方的讲话做出反应之余，用心琢磨对方想要表达的意思吗？

8. 阐述自己的类似经历，而不是鼓励说话人对他们自己的经历进行详细说明吗？

9. 让对方告诉你很多有关他们自己的事情吗？

10. 在对方话未说完之前就猜测自己知道对方要说什么吗？

11. 对信息或指令进行重复，以确定自己的理解是否正确吗？

**12.** 去判定谁值得你倾听、谁不值得吗？

**13.** 协同说话方，将焦点放在说话人的身上并努力去理解他/她要说的话吗？

**14.** 在对方侃侃而谈时分神，而不是尽量融入其中、让对话更为有趣吗？

**15.** 不做防卫地接受对方的批评吗？

**16.** 认为倾听就是本能，而不是一种需要付出努力去学习的技能吗？

**17.** 鼓励对方说出他们对事情的想法与感受吗？

**18.** 没倾听时假装自己在听吗？

**19.** 尊重对方要说的话吗？

**20.** 听人抱怨时觉得很烦吗？

**21.** 利用提问来鼓励对方说出他们的所思吗？

**22.** 在对方说话时进行评论会让人分心吗？

**23.** 觉得自己在别人的眼中是一位很好的听众吗？

**24.** 告知对方自己明白他们的感受吗？

**25.** 在他人向你发火时，能做到保持冷静吗？

# 计分方法

单数问题的答案计分:"几乎总是",4分;"经常",3分;"有时",2分;"几乎从不",1分。偶数问题的答案计分则正好相反:"几乎从不",4分;"有时",3分;"经常",2分;"几乎总是",1分。回答完后请计算你的得分。参考结果:

85—96分 优秀

73—84分 中等偏上

61—72分 中等

49—60分 中等偏下

25—48分 不及格

假如你的得分很高，结果很理想，那么恭喜你，请继续下一章的阅读，巩固你现有的倾听技能，说不定你还能从中获得更多的进步；假如你的得分不够理想，结果不尽人意，那就一次挑出一个坏习惯来，找人进行针对性的练习。练习过程中，你要让对方说完他们要说的话，然后告诉对方你认为他们都说了些什么，再告知他们你的想法。只要完成这一步，就能大大提高你的倾听技能。

请在做完这个测验之后的几天内挑选几段对你很重要的关系，就这些关系确定影响你倾听的数个干扰因素。常见的干扰因素包括试图一心二用、对说话人有负面看法 (譬如觉得 "他总在抱怨")、对话题不感兴趣、想谈论自己、想提出建议、想与对方分享类似的经历、带着评判的心态等。在确定出自己的数点不良倾听习惯后，请利用一周的时间练习并去掉其中一个习惯；注意，对话必须是具有重要意义的。

# 第二部分

# 人们不听的真正原因

# 4

■

# "什么时候轮到我说啊？"

## 倾听的核心：
## 竭力压制自己的需要

　　45年前，我在研究生院开始学习倾听，当时的课程叫"基本临床法"。课程中，我们学习了眼神接触、如何就开放性问题进行提问，以及如何用治疗师的常用遁词"你为什么要问"来避开个性化的询问等内容。通过相互练习，我了解到很多同学身上有趣的事情。之后，我们去了州立医院实习，结果这次经历让我有了一种自己或许并不适合干这份工作的感觉。

　　那是我第一次走进精神病院，当时的我既好奇又恐惧，想着自己会不会在那里看到一个"斧头杀手"或电影《毒龙潭》（The Snake Pit）里的某个场景，毕竟在那个镇静剂尚未得到广泛应用的年代，一些病房就是疯人院。不过我被派去的病房里大多是刚收入院的、情绪非常低落的患者。

　　我接待的第一位患者是一位年轻的母亲，她在生了第二个宝宝出院回家后就抑郁了。她当时衣冠不整，孤独的样子看着都让人难过。我问她为何会来到医院、为什么会感觉那么绝望，还问了她从小长大的地方以及其他类似的问题。她也回答了我的问题，可面谈并没得出什么结果，因为对我每次提出的新问题，她虽会答复，但都答得十分简短，答完后她就等着我说些什么。可我并没什么可说的，所以那种等待显得十分尴尬。

　　这是我第一次与患者面谈，不见成效让我很失望。后来我学会了不去询问患者太多的问题。若是碰到患者话不多的情况，我不会绞尽脑汁地向他们提问而是就他们的沉默做出评论，并鼓励他们进行解释。不过我第一次面谈的真正问题与这样的技巧运用并没有什么关系，因为那时的我对那位女患者并没有真正的兴趣，我更感兴趣的是心理治疗师这一角色。

这一经历让我难安，它展现出了倾听最关键的难点：真正的倾听需要倾听人对说话人及其要说的话产生兴趣。

就"产生兴趣"来说，一旦这一表述被赋予感情色彩，人们就很容易将它与真诚或关心画上等号。真诚与关心是很优秀的性格品质，但倾听既不是性格上的事也不是善良之人会自动做的事。要对他人产生兴趣，我们就必须压制自己的兴趣。

**倾听是我们运用同理心来走近彼此的艺术，被动式的关注是没有用的。**

倾听不仅仅是一个主动的过程，它还常需要我们刻意抑制自身的需要与反应，譬如布里安娜的母亲（第一章里的案例）就克制住了自己的情感，给足时间让自己去倾听女儿内心的强烈不满。一名优秀的倾听者必须抑制自己说话的欲望，克制打断他人或与说话人争论的冲动。

自从找到了健身伙伴玛丽莲之后，吉安娜去健身房更勤了。玛丽莲不仅很懂锻炼和拉伸，她说的事情也非常有趣。两人之间的友谊美好、轻松，不过目前还只限于在健身房内。

一个雨天的上午，玛丽莲很晚才去健身房。她告诉吉安娜，来之前她家里的地库漏水，她在与装修工预约维修服务。吉安娜本打算告诉玛丽莲她家也有漏水问题，但她压着没说，而是等玛丽莲把话说完。

接着，玛丽莲又从地库漏水的问题说到了她与自己孩子之间的问题，健身结束之后，玛丽莲又问吉安娜和她的伙伴是否愿意与她一起共进晚餐。看到玛丽莲向自己敞开了心扉，吉安娜很开心，觉得两人的友谊向密友的级别又靠近了一步。至于她自家屋顶的漏水问题，原本吉安娜也没那么强烈的讨论需要，现在她很欣慰自己没有说出来。

倾听这一行为，要求倾听人在倾听的过程中忘却自我，沉浸到说话人的世界之中，但这并不是轻易能做到的，毕竟在给予对方关注的同时我们可能会因为忙着劝导或纠正对方而无法以真正开放的态度去看待对方的观点。比如父母，假如他们无法遏制自己想要纠正孩子错误的冲动，那他们会很难做到对孩子进行倾听；此外，就算是理解能力超群的心理治疗师，他们也常会出现因忙于纠正患者而无法用心倾听的问题（遗憾的是，大多数人并不愿意让不理解自己的人来纠正自己）。如果治疗师在倾听中抱着自己的理论不放，那他就无法让自己持续沉浸在患者的世界当中。像其他对话一样，这种理解失败其实也常出现在心理治疗领域，而且常常被忽视。

虽然相较于非专业人士，心理治疗师打断他人说话的可能性很低，但一些治疗师因急于让患者看到自己富有同理心的一面，而没有给予患者真正的同情。他们会用眼神告诉患者："喔，是啊，我理解你的感受。"需要注意的是，不管是否具有同理心，这种恩赐式的善意与倾听所传达的善意是不可比拟的。只把善解人意当成表面功夫的心理治疗师不需要倾听患者，因为倾听之前他们就知道自己会说"喔，是的，我明白"。真正的倾听，是一种无需言语的用心付出。

**表现感兴趣与真正感兴趣之间，有着天壤之别。**

当然，压制自我并不是失去自我，而这正是某些人担心会出现的现象，否则他们也不会坚持不懈地重复自己的论点。其实对他人话语的简单认可，就能让彼此迈出相互理解的第一步，这就好比用"我理解你说的话"来表示"你对了，我错了"，或者在给予对你发火的人一次公平的倾听之后，用"我明白你为什么生我气了"来表示"我投降"。具有讽刺意味的是，当你因为太担心自己没机会讲述而不听人家把话说完时，这种担心到头来会成为你对自我的一种预示。

玛蒂娜希望扎克明白，若自己为某事生气，她只需要他在身边听她讲话而不是对她问东问西。

她说："我觉得我难过时，你从来都不会安安静静地听我说话。"

"是的，可假如我弄不清楚是什么让你难过，我又怎能帮到你呢？"扎克说。

"我不需要你分析状况，"玛蒂娜说，"有时我只需要你听我说说就好。"

"我很乐意听你说啊，"扎克说，"可我要是不明白你为何难过，就不会真正知道问题出在哪里。"

你能看出对话中的玛蒂娜和扎克都很好地表达出了自己的感受，却谁也没能好好地倾听对方吗？

关于该如何打破这样的交流模式，本书在第7章中给出了实操性的建议，但首先我们必须对倾听这一简单的技能所具有的难点有更多的认识。

真正的倾听需要对自我进行压制，但这并不是我们总能意识到的，这不仅仅因为我们视倾听为一种本能、一种理所当然，还因为对话一般都是一个双方轮流说话的过程。不过你可能也发现了，在对方还在说话时就开始"预演"接下来自己要说什么的时候，你虽然管住了嘴巴，但并不是在倾听。要做到真正的倾听，你必须在压制自己的所思所想、忘掉自己想说的话的同时，集中精力去做一个愿意接受对方信息的载体。

说话人对倾听人对自己所做回应的（至少暂时的）主观体验，是其获得被理解、被认真对待的感受的关键。这样的倾听压力，倾听人是可以感受到的。

## 倾听的负担

倾听之于倾听人，是一种负担，是对方的倾听需要带给倾听人的一种压力。压力之下，倾听人必须付出专注。

对此你可能会表示反对，你会想：同理心不就是一种自然而然的回应吗？倾听不就是我们人类会主动给予彼此的东西吗？答案既是，也不是。同理心是一种主动的参与，当我们关注对方的倾诉时，倾听是很容易做到的；可我们的注意力难免会转移，此时我们会失去对对方的关注或者生出打断对方说话的冲动，而我们也是在这个时候就需要我们对此进行压制。

真正的倾听意味着我们至少要在一小段时间内对自己的记忆、欲望与意见摁下暂停键，去为他人而存在。

压制自己说话的冲动说起来容易但做起来难，毕竟你有自己的想法；而高质量的倾听则意味着你在谈话中必须做到不反对、不给意见、不讲述自身的经历。从这个角度来说，倾听至少是一种短暂的单向关系。

日常的对话可能不会让你注意到倾听的负担，但当对方需要的不仅仅是几分钟的谈话时，你就能感受到给予关注所带来的压力。就算你很关心对方、对对方要说的话也很有兴趣，但你也摆脱不了这一压力，因为你需要静听、需要无私、需要敞开自己的内心，还需要同理待之。

为了能有机会在母亲不在身边时与父亲多些私人的交谈，多琳邀请父亲一同到餐厅去吃午餐。可两人才一落座，多琳的父亲就老生常谈地开始对官僚作风的抨击，说他的上司们个个都是"蠢蛋"，说同事们只关心"退休前该怎么投入自己的时间"。这些说辞多琳之前都听到过，此时的她虽然冲着父亲点着头、一副很感兴趣的样子，可脑子里却想着自己要应付的那场即将到来的销售大会。有那么一两次，她很想打断父亲，但父亲这次不同以往的更多的情感表现却让她心有所动，于是她停下了对销售大会的考虑，开始用心去听父亲说的话，结果她听出了父亲挑剔话语背后的难过与失望，她突然意识到了父亲的孤独，这令她伤心不已。父亲的不快与他在工作上碰到问题并没有多大的关系，反而更多的是因为他的不断抱怨已让家人不愿再听他讲话所致。多琳之前对父亲的烦躁，此时已变成对父亲强烈的同情，她的心也因此与父亲的心连在了一起。生平第一次，她看到了父亲是如此孤独。在她告诉父亲自己的这一感受之后，父亲的眼眶湿润了，他说他感谢多琳听到了他的心声。

当我们被人们的诉说深深打动时，倾听自然而然就发生了。譬如面对冲进房间说"猜猜发生了什么"的孩子，你的倾听毫不费力。

我还记得多年前有一天，儿子生病没去上学。我在午饭时间打电话询问他的情况时，轻松地撇开脑子里正做的事情，全神贯注地听他向我报告情况。假如换作其他处在我位置的人，情况也许会一样。我关心儿子的感受，愿意去听他倾诉，于是我就这么做了。事实上，我们每个人一天中都有数十次可以轻松做到至少倾听几分钟的机会。

但通常情况下，倾听并不容易，因为大多数时候倾听需要我们付出努力。

还是那天，我在忙完工作回到家后再次询问儿子的状况，可这次我的倾听就没中午那般轻松了。儿子当时正躺在沙发上看电视，可他还像平常一样不是没穿汗衫就是没穿袜子，这让我不得不压制想念叨他的冲动；此外，他观看的两部少年级别卡通片里面的人物就只会说"酷"或"烂透了"，这也让我有种他看的都是蠢片的想法，而这一点，我也得竭力忍耐。此时的我脑子里不仅装着想要讨论的事，还想着要查邮件、之后还要准备晚饭等其他事。这些都是些平常事，并不会给人太大的压力，假如儿子只需要我小谈几分钟，那这些事情只需我稍费点劲就能克制；可假如他需要的时间不只这么一点，那我就必须多费些心思来压制自己对这些事情的考虑，否则就无法做到对他真正的倾听。

当然，放下自己需要考虑的事，也并不只是给他人腾出说话的时间。换句话说，如此做的目的并不是让你在他人说话时只是等时间晃过去，然后在对方说完后你再转回到自己考虑的事上，你同时还要倾听。

我们不会被那些不安分的自恋者装出来的专注所愚弄，他们留给我们几分钟说话的时间，只不过是为了等待掌控局面而已。若从另一个角度来阐释，那就是：当我们向某人敞开心扉时，我们期待的是对方的关注；但若对方听了一阵之后就将话题转到他自己身上，那我们就会觉得自己遭到了背叛，那种感觉就好像被人扇了一巴掌，它会让我们觉得对方并不在乎我们所说的话。

很久以来，艾琳娜都很想重返校园攻读硕士学位，而且她的一位已经拿到学位的朋友大卫也一直在鼓励她这么做。但离开校园六年之久又让她担心失败，于是她开始向大卫讲述自己的这份担忧。可大卫却因她最终决定踏出这一步而兴奋地插嘴，说艾琳娜能为她自己这么做是多么出色，还说她做了一项很好的规划。听到这里，艾琳娜便不再多说话，还转移了话题。大卫的鼓励没能起到多大的激励作用，因为艾琳娜需要的是大卫对自己担忧的理解。这次谈话对艾琳娜不仅毫无用处，还为她的内心平添了很多压力，因为自此艾琳娜又多了一个需要去满足的、来自他人的期望。

大多数人都像大卫一样，觉得自己很会倾听，但实际并非如此。最好的倾听者，是先让对方陈述自己的情况，再对对方所言做出自己的解释；最差的，则是别人话还没说完，就开始了自己的"演讲"。

大卫认为自己在倾听，但他既没能克制住自己说话的冲动，也没能听完艾琳娜的讲话让艾琳娜看到自己对她的支持。有很多人很难静下心来倾听，分担他人的不安与不确定的心情。面对这样的情况，我们需要说些能驱走对方内心焦虑的话。

好的倾听，需要倾听人解读说话人的需求，并根据情况做出回应。

例如，当父母问孩子"你今天在学校都做了些什么"时，孩子常会回答"没做什么"，之后双方的对话就在父母提问、孩子回答几个字的模式下进行。父母想听听孩子在学校的经历，但他们却没能听懂孩子真正在说的话，他/她想说的可能是："这一刻我什么也不想说，我只想一个人待着。"

学校里的孩子全天候地处于暴露的状态之中：同学们会对他的穿着、和他在一起的人、他说的话、他的发型以及任何他做的事做出评判；老师会查看他是否做了家庭作业、上课是否精神集中，会看着他不让他在大厅弄出噪声或在大厅嬉戏。经过一整天这样的监督之后，某些孩子回到家只想一个人待着。他们说的"没做什么"，既不是忸怩作态也不是有话不说，而是自我保护的表现。

父母会与孩子展开这样的对话也不难理解。他们想知道孩子生活中的经历，想知道孩子是否一切安好、是否做着他们应该做的事情，总之一句话：他们不想被孩子拒于心房之外。

不过有时孩子的一句"没做什么"实际却是在表示他们的确有事要说。此时你要做的，应该是通过向他们表现你对他们的真心关注来引导他们开口。在询问他们一天的经历时，尤其要注意问些具体的、能表现出你对他们关注的问题，同时还要做好认真倾听的准备，如此你获得的，就是他们向你分享内心更重要的问题。

对于他们的经历，你可以问些带有好奇心的问题，如"她那么说的吗""接着发生了什么"等，但别指望你能听到包含所有细节的答复。尊重他们以自己的方式进行回应的权利，如此既表达了你对他们感受的尊重，也表达了你对他们的关心。当孩子感受到的是父母听他们讲话的兴趣而不是招惹、盘问或者窥探时，他们就会在自己准备好了的时候向父母敞开心扉。

### "出什么事了？"

以下是一些既能表达兴趣与关心又能帮助话不多的人敞开心扉的问题：

| 无效问题* | 有效问题 |
| --- | --- |
| 一切都好吗？ | 你做的那个项目进展如何？ |

你这一天过得怎样？ 你最近还头疼吗？

有什么消息吗？ 你儿子足球踢得如何？

*注意：大多数无效对话其开场白都是可以用"是的"、"不"或"没什么"这类表述来回答的。

面对自己的孩子我们都很难克制情绪，那么面对不需要如此迁就的成人，尤其是当我们自己也有问题时，克制情绪会有多难就可想而知了。

有时因为在其他事情上付出了太多的精力，疲惫会让我们不再想为倾听而努力。当工作让我们筋疲力尽时，我们就会专注于自己的感受而忽略对他人的关爱。而当我们觉得自己并没有得到所需的关注时，倾听更加难以进行。比如下例：

某位女子一天的工作都不顺，此时她巴不得能在家与5岁的孩子待在一起。想到自己当大学教授的丈夫可以在这个暑假整天在家陪着儿子，她不禁羡慕不已。回到家，她并没有向丈夫抱怨自己糟糕的一天，而是询问丈夫在家的感受，丈夫却抱怨逗5岁的儿子开心是负担，还说他很难安排好自己一天的时间。女子听了一两分钟后不耐烦地说道："你干吗要抱怨？你有那么多空闲时间多幸运啊！还是想想你能做什么事情吧！"女子的话让丈夫很受伤，因为她先问了他这一天过得如何，接着却因为他的回答对他进行指责，而且她自己还一副不满的样子。案例中的这位女子无法倾听自己的丈夫，因为她无法压制自己的感受而给予丈夫足够长的说话时间。在向人谈论了自己的这段经历之后，这位女子觉得自己需要更好地消除或缓解工作带来的压力（更合理的解决办法，或许是让她认识到：在经过了糟糕的一天回到家后，她应该先与丈夫说说自己这一天的经历，然后再去听丈夫的）。

一名优秀的倾听者需要撇开自己的需要投入到对方的世界之中，但彻底的无私并不能造就出优秀的倾听者；你还要通过倾听自我来释放自我，让自己成为一个积极倾听的人。

## "可我在听啊！"

无私忘我地倾听是很难坚持的，所以我们会通过各种办法来让自己觉得自己确实在听，但事实上我们并没有在听。

**"这让我想到了那一次……"**（潜台词："我的经历可比你的有趣多了。"）
当几个朋友坐在一起闲聊时，他们会就某个特别的话题轮流讲述自己的经历。记得有一次我与朋友们在一起时，卡萝尔说起了她的达克斯猎狗，说它冬天不会到外面大小便，因为它的爪子只要一碰到冰雪，它就会"嗒嗒嗒"地跑回门边，哼哼唧唧地想要回家；默里则说了他的俄罗斯猎狼犬萨沙在鬼门关躺了两天的事，说他们后来在它长长的光滑毛发里发现了一个小刺果，而萨沙在他们将这个小刺果去掉之后神奇地恢复了活力；而我说了我的猫拉尔菲最新的探险趣事（至少我自己觉得有趣）。

在交换友好信息时，大家轮流讲述是没有问题的，而且一个讲述休闲轶事的人并不需要他人的贴心回应。但当人们有重要的事情要说，在有机会完成自己的叙述并得到一些认可之前，他们是不想听他人的讲述的，他们要的是倾听人给予自己一点时间与关注。假如一名女子的车刚被拖走，在讲述这件事的过程中她是不想被你三年前的类似经历打断的。

这种打断别人的讲述去讲自己的一次类似经历的举动，也是倾听人未能克制自己的一种常见表现。当你打断他人说话，将谈话的焦点拉到自己身上时，你那一句"这让我想到了那一次……"显然让人非常恼火，不过大多数人在他人明显很需要交谈时是不会这么做的。如果有人需要交谈，我们就会给予倾听。但有时碰到说话人对他人的关注需要并不明显的情况时，我们的倾听就不是一种积极的回应，而是一种出于自身需要的回应。比如，在一个朋友告诉我们她碰到的一场事故时，我们为了表示同情就打断了她的讲述，讲起自己也曾经历的事故，就算我们经历的事故发生在6个月前，为它而感到难过的是我们自己而非那位朋友。或许我们想要表达的是"你可以将你的经历告诉我，因为我有特别恰当的立场让我可以理解你"这样一种心意，只不过最终让对方感受到的未必如此。

"我也是。"

"我昨晚几乎整宿没睡。"

"我也是！我翻来覆去地折腾了一个晚上。"

听到人们讲述他们的经历，你会很自然地联想到自己的经历。你知道当你在叙述经历时，谁经常会说"我也是"吗？这样的回应是在什么时候发生的，它又是如何让你觉得那是对你的同情、让你感到自己被理解了？你在什么时候觉得谈话的焦点从自己的身上转移到了另一个人的身上？

那么，人们为什么要打断别人，去讲述自己的经历呢？因为大多数谈话都是交互性的，我们会参与对话，而我们说的话大多又会触发对方经历的一些东西。我告诉你我父亲做的一些烦人事，你可能会联想到你父亲做的一些烦人事；我对自己初恋的讲述，可能会让你想到你的初恋……这样的分享给予我们双方都在寻找彼此之间共同点的感觉。而倾听则意味着你要听对方把话说完，也就是说你要给予对方足够长的时间来让他讲述他的所思所想，同时你还要给予其充分的关注以跟上他的叙述，要认可他的经历。

**"噢，太糟了！"** (潜台词："你这个无助的小可怜，我们该怎么办呢？")

倾听者无法克制自己的另一个表现，就是给予说话人过分同情的回复，但相较于被同情的接受方，如此举动一般会让同情的施予方感觉更有意义。与将话题转到自己身上的做法相比，这种夸张的关心表面看上去或许没那么自私，但表示心疼并不等于倾听，因为倾听意味着对信息的理解而不仅仅是接收。

真正的倾听要求我们做到与说话人同频，它展示的是对说话人经历的解读与认可，而不是那种可以糊弄小孩但在成年人看来就是施舍和虚伪的情感流露。面对一个总会对你的所言大惊小怪的人，他/她的关心就像背景音乐一般没有太大意义。

说来说去，问题还是在倾听人没能克制住自己这一点上，因为这一类倾听人在你说话时没有给予你足够长的倾听时间，而是在用过分同情的回应来打断你的讲述，他们的这种举动无异于在说："喔，我懂……"（潜台词：你不用再说下去了。）

**当你听得用心时，谈话的重点就会落在说话人而不是倾听人的身上。**

现在的克里斯汀不像以往，碰到不对劲的事情时不会再打电话给母亲寻求安慰了。多年的经验告诉她，假如她患了流感，又或者家里的哪个孩子弄伤了一根手指，若不想看到母亲上演夸张的关心秀，唯一的办法就是瞒着她。她很想将那些或许并不会造成多么严重后果的事情告诉母亲，但她并没有这么做，因为母亲的一句"喔，那太糟了"和对一切大惊小怪的态度，会让她有种得不到理解的感觉，让她觉得母亲好像才是那个有问题的人。到头来母亲没能帮上她，反倒还要她去照顾母亲。

**同情性的回应是大多数时候你都在静听的一种专注，**

它需要你跟上而不是引领说话人的叙述，它是对说话人更深入探究自身经历的鼓励。

造成这种倾听失败的部分原因在于倾听人混淆了同理心与同情心。相较于同理心，同情心更具局限性，它意味着你虽然同情他人的苦难，但未必真的需要理解苦难；而同理心也不像很多人所认为的那样意味着你要给予对方关心、称赞，要让对方开心，要感情充沛，要去安慰甚至鼓励对方，等等，它意味着理解。

**"嗯，假如我是你的话……"**（潜台词："别用你的抱怨来烦我，去做点什么吧！"）

一些专家认为，在表达关注时，男人会自作主张地主动提建议，女人会分享自己的经历。自作主张地主动提建议这种做法是会惹人心烦的，因为它会让人觉得对方要么是在教自己做事，要么就是在暗示：若说话人按提出的建议来做，那他/她现在就不会有那样的感受了，其实这是对说话人感受的不合理暗示。

用自己类似的经历来回应说话人的做法同样也不受欢迎，特别是当对方话还没说完你就打断他/她，或者你对他/她所说的话不做认可就继续说下去的时候。当我向某人讲述自己的一段经历或某个问题，对方却主动向我提出建议时，我会说："谢谢，但我不需要任何建议，我只希望得到倾听。"（至少我是愿意这么说的）

那么，男性是不是会比女性更爱主动提建议呢？或许吧，但我不是这样的，也许你或你认识的男性有这种情况。

几年前，我一反常态地加入了某个男士群体。这是一段很棒的经历，因为圈子里的人都非常有趣也很有想法。有一天，我们就谈到了当朋友向我们说出问题时我们该如何回应的话题，让我惊讶的是，圈子里的大多数男士都说他们通常会尝试提出建议。可我认为，是朋友就不会那么做，他只会一边听一边努力去理解对方。给建议这一招，估计我是学不会的。

当然，有时人们也的确需要对方给出建议，只不过也有这样的人：他们时时刻刻都需要别人给出建议，会觉得别人那里应该有能解决他们苦恼的答案，觉得别人就该帮他们减缓痛苦，因为这样的情感需要，他们会对建议满怀期望。此时，就算对方的建议不管用（或未得到实施），其提出建议的举动也能表明对方认真对待他们的问题。

倾听真正的关键并不在于我们是否给予对方建议，而在于我们是否能回应理解、回应他人的感受，并简单处理我们的自身感受。告诉碰到问题的说话方去"做些有建设性的事"，这一做法反映出倾听方无法容忍说话人的焦虑态度；此外，像强迫对方"说出感受"，或类似"你应该就此与他对质"等带有祈使语气的话，也有类似的暗示。倾听的好坏，在于倾听人是在做积极的、响应式的倾听，还是在回应自身所想、将话题引向自身所想。无法为了他人而克制自己，就是在模糊对话双方之间的界线。

### "你听说过那个关于……吗？"（潜台词："我才不在乎你说的话，你关心的事很无聊。"）

还有一类比较常见的不能克制自己的人，就是他们常爱开玩笑，这是因为他们的妙语连珠虽无法让他们与说话人同频，但总能让他们缓解自己的焦虑，并将谈话的焦点拉到他们自己身上。这种很快就能让人笑场的朋友有时会让你觉得非常有趣，让你不会介意他的玩笑；但碰到你想认真交谈时，他的玩笑话就会让人心烦了。在需要真心投入情感的场合，爱开玩笑的人的俏皮话是一种会让人分心的、华而不实的修辞表达。当你正与某人交谈，爱开玩笑的人的掺和大多会让你生出这样的分心感，你会想：要是没他的掺和该有多好！在掺和的过程中，这样的人不会投入到你所说的话题之中，但会利用你话语中的某些东西编些笑话。

总喜欢开玩笑的人有多会开玩笑，他们就会有多烦人。对他们总开玩笑的行为，我们可以这样理解：生活让内心充满大量紧张能量的他们学会了利用开玩笑来抵抗枯燥。而这样一种动辄用开玩笑来打断我们谈话的人，就像其他让人无法克制自我的因素一样，也是会让人心烦意乱的。

**"别提了。"**（潜台词："我不想别人感激我，这让我感觉很尴尬。"）

还记得上一次你因某人帮的一个大忙而非常感激，想以某种特别的方式来表达感谢的情景吗？或许你会通过送花，或者送上一瓶不错的葡萄酒来表达自己的感激之情，又或许你会将自己的感激汇成语言。那么，对方接受了你的谢意了吗？他对你说"那没什么，别客气"之类的话了吗？或许你能感受到对方因被重谢而生出的尴尬，也让你有一丝丝好意被驳回的感觉。（对方的表现就好像在说你不必用这样的感谢来表达你的感激之情一般。）向对方说句"谢谢"，然后对方回句"不客气"，这样不是挺好吗？

**"别那么想。"**（潜台词："别用你的难过来让我难过。"）

类似且程度更为强烈的被驳回感，也会出现在当你告诉某人自己对某事很生气或很害怕，她却安慰你说没必要那么想的时候。

有很多失败的倾听就出现在你告诉对方别那么想的时候，因为用这样的回应来应对我们的忧虑、愧疚或害怕很让人气馁。或许你这样说是出于好意，但实际上是在哄骗对方去否定自己的感受。准确地说，大多数让人脱离烦恼的尝试都是一种打发人的表示，意味着"别用你的难过来让我难过"。

父母经常巴不得自己的孩子有不一样的表现，但谁又能去责备孩子呢？一个举止得体的孩子自然会让生活过得容易些，但大多数时候孩子需要的不仅仅是安慰与纠正，他们也像我们一样需要倾听与理解。

在爱丽丝要跟母亲讨论为父亲找护理院的事时，4岁的艾米或许感觉到了妈妈的焦虑，她不停地捣乱。于是，爱丽丝告诉她，不要打断自己与外婆的谈话。但艾米还是不停地吵闹，因为她想到另一个房间去玩拼图。最终爱丽丝发了火，她厉声斥责艾米，将艾米打发到她自己的房间。

换一种情况再看看：在爱丽丝要跟母亲讨论为父亲找护理院的事时，4岁的艾米或许感觉到了妈妈的焦虑，她不停地捣乱，之后爱丽丝就让她到另一个房间去玩拼图，可艾米不为所动，于是爱丽丝弯腰将艾米抱了起来，问：
"怎么了，宝贝？"

"我怎么一直都跟外婆说不上话？"艾米问。

"妈妈知道宝贝很爱外婆。"爱丽丝答道，之后她拉着
艾米的手来到她的玩具旁边说，"你在这里先玩10分钟，
之后你就可以和外婆到外面荡秋千了。"

孩子不是为了烦人才哼哼唧唧的，他们这么做自有他
们的理由。他们的哼哼唧唧是因为他们不能以一种更成熟
的方式来表达自己。他们也会沮丧、会疲惫，但他们还不
成熟。父母一句带着惩罚腔调的"别发出那种噪声"，是
在无意间向孩子发出争吵的信号；而忽视孩子的牢骚等于
在说"你难过时我不想听你说话"，甚至是表达"等你特
别难过时我再听你说话"的意思。

当有人焦虑或难过到需要与人谈话时，即便他只是个
4岁的孩子，认可他的感受也是最好的回应。告诉对方没
什么好担心的，又或者让他想些别的事，这样的安慰并不
是对对方的回应，而是对倾听人自身不安的回应。

假如有人告诉你她对未来很担心，你若能安慰好她就
尽你所能去安慰，否则就听她把话说完。即使你知道（或者
说认为自己知道）问题终会（在将来）顺利得到解决，你也不必将自
己的这一（对未来预测的）看法说给对方听，因为这并不能抹去

对方（现在）的担忧。当你给予对方的是安慰而不是倾听时，或许会让对方在思想上放松一些，但它带给对方的，却是更强烈的、未被得到认真对待的不安感。告诉某人不用担心并不能让她停止担忧，却能打消她告诉你自己感受的念头。

避免将这类情况复杂化的最好办法，就是告诉对方：假如我告诉你不要这么想，那我就是没在倾听，请你就此打住。不过，出言安慰也有让人感觉很好的时候，譬如你对自己新剪的发型不是很满意，这时有朋友说"不会，这发型挺好看的"；或者你因为自己的目标没有完全实现而心情很糟，这时有人列举出你已实现的种种……这些安慰会让你感觉舒服很多。需要安慰与需要倾听之间的界线并不是总能轻易区分开来，若说话方越是以提问或试探的方式来表达对自我的怀疑、忧虑或担心，他需要的就越可能是安慰；若说话方表达出的感受越强烈，那他越有可能期望得到的，就是他人的倾听与认可。如果你确定不了，那就给予倾听。

**"我们之前不是谈过这个吗？"** (潜台词："你怎么还揪着这个不放？")

同样的抱怨很难让人听完一遍又一遍。我的建议是：去责备那个把你变得不耐烦的人吧。试着不要去想对方不停谈论某事有没有可能是因为你未能全面认可他的感受，更不用想你的心烦是否与你觉得你们之间的交谈并未让对方感觉好些有关。当你不确定时，就将自己的感受归咎于他人好了。

无论怎样，我们都希望自己的建议可以得到实施。毕竟我们给出的建议很棒，不是吗？当发现自己的智慧结晶被人彻底忽视时，我们甚至还会生出小小的挫败感。在有些情况下（什么样的情况心理治疗师是最清楚的，因为他们太常碰到类似情况了），甚至连向我们寻求帮助的人似乎都觉得有必要告诉我们建议为什么不起作用。这就像在做双向飞碟射击，我们扔出自己的智慧，对方将这一智慧给"毙"掉。事实上，我让自己的心理专业见习生们不必太担心是否给人提出了好建议，反正不一定有人会听。所以，当生活中我们已经尽力来为对方解决问题，而对方还是不断向我们重复着同一个悲伤故事的时候，我们就会有种要举手投降的感觉，因为我们已很难继续听下去了。

但有一点是很明确的：我们改变不了他们的经历，却可以改变自己倾听经历的方式。无论我们喜欢与否，人们对我们老生常谈这一需要的背后，一定有一个站得住脚的理由，而这样的谈话也根本不是以寻求解决方案为目的的。当一位男子因10年的婚姻以妻子离开而收场濒临崩溃时，他需要比一两次更多的机会来向他人讲述自己的痛苦与迷惘；若一位母亲有个年轻但患有狂躁症的儿子，她会时刻担心他的安全，这样的担心无论于谁都无法控制，而她能想到的只是不断地倾诉；再比如一位生活独立的女子因为一项诊断而意识到自己之后数月都将需要他人照顾，想到自己的生活瞬间被颠覆，她也难以自制地需要一遍又一遍地向他人倾诉自己的感受。我们也想让情况变得好些，可我们又能做些什么呢？那就带着同情之心去倾听他们吧！比如那位母亲，虽然你无法让她的儿子好转，但你可以为她的痛苦做个见证，而这就是你给予她的安慰。

还有一个原因会让人们翻来覆去告诉我们同一件事，简单来说，就是我们一直没能明白这件事对他们来说有多难受。所谓"没能明白"，意思是说我们未能对他们的境遇感同身受，未能理解他们的痛苦。但凡他们觉得自己被人理解了，他们是可以放下执念继续前行的。他们需要被理解的感受，而不是别人给他们一句"我懂"。

未真正了解问题就给出建议是对他人的伤害而非帮助，毕竟若问题真那么容易解决，对方早已自行解决了。

**"你猜怎么着？"** （潜台词："我才不在乎你脑子里的事，我想到的事绝对更有意思。"）

杰克正跟盖尔讨论工作上的事，这时伍迪凑过来说"你猜怎么着"，之后他就开始说些与杰克和盖尔所谈话题毫无关系的事。至于杰克与盖尔有没有完成他们的讨论、他俩对伍迪说的话是否感兴趣，谁知道呢！反正伍迪肯定不知道。

如果说伍迪这种打断他人讲话、谈论自己所想的举动是明显不恰当的，那我们在不确定对方是否话已说完时就改变话题的做法，与这又有什么不同呢？

## 走过场式的倾听

优秀的倾听者是会让你期望能与之相处的。这样的倾听者不仅会留意你说的话，还会鼓励你细述自己的想法与感受。

一名优秀的倾听者不管怎样组织自己的话语，他的回复都会让你觉得自己得到了理解，会让你愿意陈述得更多。

我们都希望别人眼中的自己是个很会倾听的人，所以有时候我们会装装样子、走走过场，会在自己并不真正感兴趣时一边点头一边给出"嗯嗯"之类的回复，就算没用心倾听，我们也会耐心地等着对方把话说完。人人都有偶尔假装倾听的时候，只不过有些人偏偏就将这样的假装变成了一种习惯。

生活中我们会碰到各种各样用心不诚的倾听人，来看看以下几种你可否熟悉。

### 伪装者

这些人会假装对你关注。你说话时，他们会目不转睛地看着你，但那种凝视会给你一种他们在听但实际并没用心的感觉。若你从未遇到过这样的伪装者（恭喜你!），那就去见见政客或者看看电视上的政治家；还有一些Z世代[1]的人也非常擅长这类伪装，甚至有一个叫作"低头症"的词就是用来表示他们所具有的这种技能的，他们能一边直勾勾地看着你、冲你点头（但其实根本没给你任何关注），一边还在智能手机上打字。瞧，你因为一部手机而遭到某个假装听你说话的人的冷落（说不定这个人就是你十几岁的孩子）。

---

1　指1995年至2009年出生的人。

## 自我意识型倾听者

这一类倾听者希望让对方看到自己在倾听，但他们更关心的是自身的表现而不是倾听这一行为本身。他们的眼睛看着你，脑子里却是"我的表现还好吧""我看着还可以吧""对方会不会觉得我很聪明"等念头，而这些只关注自己的想法无法让他们集中精力听你讲话 (此外，用心倾听这一技能还在新冠疫情期间面临着更多的挑战：视频聊天更加普及，可整个聊天过程中出现在我们面前的，往往是镜头下的自己)。

## 非专业的心理治疗师

非专业的心理治疗师或许很渴望自己能扮演好倾听者这一角色，但问题是，让他们更感兴趣的是心理治疗师这一角色而不是倾听这一行为，而这样的人会将倾听者的支持作用错用为领导作用。

在治疗的过程中，年轻的心理治疗师 (经验不足) 会经常重复客户所说的一切。虽然这样的重复听起来与我所说的作为良好倾听要素之一的"认可"相类似，但它实际上常是心理治疗师根据自身的兴趣模式将说话人所言进行分类嵌套的尝试，其所为并不是关注说话人的感受，而只是对说话人所述事实进行的某种带有分析性的总结。

卡门在向姐姐玛丽安娜讲述自己在安排工作会议上的

烦恼，过程中玛丽安娜并没有让卡门解释情况、陈述感受，而是不断地做些评判性的小总结，如"是的，这些事本可以提前安排好""看来你的上司并没管事""明白了，不该有那么多的人牵涉到这个规划之中"等。玛丽安娜应该是想帮忙的，可卡门觉得她的评论让自己分心。在这样的对话中，玛丽安娜说的都是她认为事情应该怎样的话，但她并没对卡门的感受做出回应。

非专业的心理治疗师在对话中发表评论的这一做法，其问题并不在于倾听人未能认可说话人所说的内容，而在于倾听人将重点放在了对说话人的帮助而非说话人的感受上。他们常会说"我知道哪里不对了""这是我的专业分析"之类的话。

### 积极的倾听人

积极倾听是一种非常管用的技巧，它能够让倾听人重新阐释说话人所说的内容，帮助倾听人专注于倾听并认可对方所言。但不幸的是，当"积极倾听"被认为就是对说话人所言进行简单的总结时，倾听的重点就从说话人的讲述转到了倾听人对讲话内容的洞察上。

积极倾听这一行为并没有任何错，因为对别人所说的话进行认可是良好倾听的要素之一。可问题是，当倾听被简化成了一张列着"怎么做"的清单时，一些人就会将更多的精力放到去表现倾听这一行为而非真正的倾听上。对说话人保持眼神交流，点头，以"嗯""啊"来回应说话人说的每一句话，等等，都是机械性的倾听技巧，是你在用心倾听时会自然流露的行为，但关键是，你要将重点放在倾听而不是表现倾听上。

有这么一则老笑话，是关于一位抑郁症患者与一位学习积极倾听的治疗师之间的对话的。

患者说："我郁闷。"

治疗师附和道："你郁闷。"

患者又说："不，我说真的。我是真的郁闷。"

"你真的郁闷。"治疗师道。

这下患者被激怒了，他说："我郁闷到想死。"

"你想死。"治疗师说。

"我这就死给你看！"患者说着就站了起来，走到了窗边，然后跳了出去。

治疗师来到窗边，探出头去，片刻之后说了句"扑通"。

重复这一行为的机械性有多强，机械性的积极倾听又是多么令人痛苦，这则笑话展示得一清二楚。积极倾听，并不是让你去总结别人的话语，而是理解对方的感受。就这一点来说，那则心理治疗师最后说的一句话，应该是"哎哟！"（表示疼痛）。

### 过度同情的倾听人

还有些人会将倾听变成一场同情秀，他们会说"啊，是的，我懂"。一个用同情的话语来打断你说话的人未必在用心倾听，其频繁的同情用语与表述实际表现出的，是一个高度敏感、爱同情的人对自我的一种坚持，虽然这对说话人并不构成竞争关系。这一类人多是"予人以支持"的人，他们不会说"你看，我多棒"，而是说"你看，我支持你"。有时，这种感情满溢的干扰会令说话人深陷其中而无法自拔，使其无法以自己的方式感受自身的情绪、讲述自身的经历，而这其实是对说话人倾诉机会的剥夺。

当人们谈论感受这种既让人兴奋又让人困扰的话题时，他们需要的是倾听与认可，而不是建议或者听他人讲述类似的经历。他们希望倾听人能花时间倾听、认可他们的讲述，而不是将谈话的焦点转移到倾听人自己身上。

## 只关注自己的倾听人

所谓糟糕的倾听，不外乎如此：这一类人在倾听时会始终将焦点放在自己的身上；他们看似在倾听，但其实不过是在等着讲述自己经历或提供意见的机会。譬如：

说话人说："我讨厌我的上司。"

倾听人说："我也是。我的老板就一副颐指气使的样子……"

### 如何克服对自己的关注

抱歉，这可没什么奇妙的答案。你唯一能做的是集中精神听人把话说完。你想说的话或许完全有道理，但太快说出来会让你无法听完对方的讲话，让你错过认可对方讲话的机会。

假如有人说"我讨厌我的上司"，而你也想说你讨厌自己上司的话，那就等着轮到你时再说。譬如：

"我讨厌我的上司。"

"呀，那太糟了。他做了什么？"

给予对方机会完成自己的诉说，之后才轮到你说。

但假如你需要获得倾听的需求非常强烈，这样的努力注定会是无果的尝试，那么就去获取你也需要的倾听吧！

# 习题

**1.** 找一个你信任的人训练你的倾听技巧。训练时要等对方说完了想说的话之后，你再对他/她说的话做个总结，这可以让你清楚自己通过倾听了解对方所要表达意思的程度。重要的是，这一总结不仅是对对方说话内容的重复，还是你对对方表达所做理解的陈述。

当你无法很好地理解对方要表达的意思时，想一想是什么阻碍了你，是因为做白日梦、想着该如何回应、对某事持批评的态度，还是因为你觉得无聊或者想着其他的事？又或者，你只关注到对方所言里某些让你感兴趣的细节却未能关注其想要传达的要义？这些都是不好的倾听习惯，你需要克服这些才能成为更好的倾听者。

**2.** 请根据下列人们对自我感受的陈述选出你通常（而非你认为你应该）可能给出的回复：

**a.** "整个下午我都头疼得要死。"

    **(1)** 也许你该服些阿司匹林。

    **(2)** 也许你不该喝那么多咖啡。

(3) 呀，那可不好。

(4) 呀，那可不好！是什么时候开始的？

(5) 我也头疼，也许是气压变化造成的吧！

**b.** "我决定不了该穿什么。"

(1) 你干吗不穿……

(2) 没人会在乎你穿什么。

(3) 明白，是挺难决定的。

(4) 我知道那种感觉。你之前想要穿什么？

(5) 我懂你的意思。我也决定不了该穿什么。

**c.** "我昨晚几乎整宿没睡。"

(1) 也许你需要多点锻炼。

(2) 你几乎每晚都是在电视前睡着的，怪不得你昨晚睡不着。

(3) 那太糟糕了。

(4) 那太糟糕了，知道是为什么吗？

(5) 我自己昨晚也没睡好。

**d.** "我讨厌开员工会议！"

(1) 你开会时是坐在那里犯困，还是努力参与其中？

    **(2)**    那可是你工作的一部分，不是吗？

    **(3)**    对啊，我知道你的意思。

    **(4)**    这样啊，那你们的员工会议都是怎么开的？

    **(5)**    我们这边开员工会议，人人都要发言两分钟。

**e.**    "我的工作量比其他人多一倍，可我却没得到任何的认可。"

    **(1)**    也许你该少做一些。

    **(2)**    那是你自己的错，你总在帮其他人做事。

    **(3)**    那不公平。

    **(4)**    这种情况有多长时间了？

    **(5)**    我明白你的意思。在我公司里，我总是去得最早、走得最晚的那个。

**f.**    "我今天在那个项目上几乎没取得任何进展。每次我着手时就有事情发生，那让我分心。"

**(1)** 你干吗不试试关上办公室的门、关掉手机呢?

**(2)** 要是你由着自己被打扰的话,你永远也完成不了那个项目。

**(3)** 那太糟糕了。

**(4)** 是一直都有事情让你分心吗?

**(5)** 我最近也是这样,一旦有重要的事情要做,我就会发现还有那么多其他要做的事。

就上述例题,选项(1)表示提出建议;(2)表示提出批评;(3)表示给出同情性的评论,同时也是结束对话之意;(4)表示给出同情性的评论,同时也是展开对话之意;(5)表示谈论自我。你的回应一般是哪种模式呢?

同情性的评论是让他人给一些详细叙述或深入叙述的鼓励,请练习这一类的评论。

# 5

## "你只听到了你想听到的"

### 隐藏的猜想如何让倾听变得具有偏见

现在我们知道倾听是需要付出努力的，但有时候人们这样的努力被偏见遮蔽了。换句话说，我们的偏见让我们对自己所听与回应的方式进行了过滤，而这些偏见就表现在我们的预期与防御反应上。本章就我们对所听的预期如何过滤我们的实际所听展开讲解，下一章则就情绪反应进行讨论。首先我们要清楚这点：就像人们并不总能轻易区分说话方与倾听方中，谁才是造成误解的一方一样，对干扰倾听的猜想与情绪，人们并不总能进行理智区分。

## 我们对说话人的态度如何影响我们的所听

要想了解影响倾听的各种因素，有一个办法是从听说双方的角度来听同一段经历。

爱莎是一名从事特殊教育的教师，她认为自己遭到所在学校校长的羞辱。为了能让新来的阅读课老师有地方上课，校长发了一份备忘录给爱莎，让她转去位于地库的一间之前用作仓储的小房间上课。爱莎觉得自己善于变通并以此为傲，但被赶到地库上课让她觉得这不仅是对自己的羞辱，也是对自己所负责的学生的不尊重。

之后，爱莎打电话给校长，准备就自己对这一安排的不满与校长进行讨论。校长与她约定下午4点见面。当爱莎4点赶到时，校长已去参加另一个会议，留下便条建议两人迟些时候再见面。待到校长终于空出时间与爱莎交谈，已是10天之后了。此时的爱莎不得不压住心中的怒火，以尽可能平静的语调向校长说明自己无法接受转到地库上课这一安排。校长明显决心已定，她不仅不听爱莎的讲话，还驳斥了爱莎。当爱莎抗议说孩子们现在用的特别教室一直都是她的屋子时，校长还"高明"地回了句"喔，那你是把屋子从家里搬过来了吗"。爱莎最后是哭着离开的。

一到家，爱莎就打电话给母亲去世后自己唯一的亲人——姐姐卡特琳。电话这头，爱莎向卡特琳说着情况，那头的卡特琳却不断地提问，打断着她的叙述。她问爱莎："你说了什么让那个女人那么戒备？你肯定说了些什么，不然她的反应不会那么大。"爱莎难以相信卡特琳竟会如此对待自己，她不仅没有支持自己，还将这件事说成是自己的错，这就好像姐姐扇了自己一巴掌。"卡特琳，你就听着，行不行！"爱莎抗议道。这句话一时让卡特琳闭上了嘴，但爱莎可以听出自己的姐姐既没同情之意也没用心在听，于是干脆说了再见，挂断了电话。

两天后，爱莎向我讲述了这件事，说自己的姐姐在她需要时没给予支持。当然，从她的讲述来看，情况的确如此。但命运发生了奇妙转折，一周之后，我从卡特琳那里听到了她对同一件事另一版本的叙述。

按照卡特琳的说法，与爱莎交谈是她这辈子的难题。她说："我们的谈话从来都是以爱莎为主。她热衷于谈论自己，几乎从不会听我讲任何话。假如我有一分钟不吭气，她立马会评论或批评我。"不过最让卡特琳烦心的，还是爱莎的抱怨。"她总在告诉我她与别人的争执，学校的其他老师、邻居、超市工作人员……她甚至与中餐外卖店那个挺好的老头也起过争执，而且她一说起来就都是别人的错。以前我会努力听她说，她毕竟是我的妹妹，但随着年龄的增长，我现在没时间听她诉说对别人的否定了。"在卡特琳看来，爱莎的讲话之所以让她听不下去，是因为爱莎已经耗尽了自己的信任。

说话人因为自己的低信用而不为人倾听，这种情况并不少见。比如，要想知道一名父亲在倾听上的信用度，我们可以看看他的妻子与孩子对他的看法，他们觉得他是一个会关注家庭的人还是一个只知埋头工作和自身爱好而不知家中情况的人呢？假如他有外遇或者喝酒太多，那就算他的建议不错，他们可能也会因为缺乏对他的尊重而不愿听他讲话。另外，其社会地位也会影响他人的倾听信用度，譬如一位下岗失业的母亲可能就没有什么倾听信用度，这并不是因为她的家人会批评她，而是因为自认为失去自尊的人常会以一种刻薄的方式来表达自我，而这样的人很难让人倾听。毕竟，倾听从来都是一个由听说双方共同决定的过程。

对有些人，你在拿起电话听到他们声音的那一刻就会心生戒备。虽然他们问候你近况如何，但你等着他们切入正题，因为你知道他们只会在有需要时才会打来电话。就算你想表现得像朋友一样，但这种努力也不能让你支撑多久。当你接起电话，他们说声"嗨"之后，他们可能就听出你嗓音里那份热情已冷却。那么，他们清楚这是为什么吗？

你在特殊场合的立场恰当与否，同样影响你的倾听信用度。人们不会倾听一个在他们眼中不关心公司状况的人的讲话，即便他要说的东西值得人们去听；一位母亲若在跟自己已是青少年的子女讲话时仍把他们当成6岁的小孩，那么子女可能会疏远她，并觉得她的担心不合理。

很多爷爷奶奶提出的有关抚养孙辈的建议也得不到自己子女的倾听，这未必是因为他们让自己的子女感觉受到了侵犯，而是因为他们未能理解自己的子女为人父母的那种不安全感；还有，他们的话在他们的子女看来，也是对子女自身权威的破坏。所以，爷爷奶奶们的错在于他们对待子女时所给出的自认为比子女更成熟、更有主见以及更自信的态度。

信息的表达是否清晰、是否切题，同样也会影响我们的倾听信用度。譬如，你爱人的父亲的话语中夹杂错误的用词和不着调的引用，你可能会试着将其看作他与你爱人那边家人交流的方式，但假如要费很大的劲去解读，那你很快就会听不下去；若你的父亲总会在谈话中将话题转移到他自己身上，那么你可能就会改变自己倾听的方式。在我们倾听时，一些人会说个没完或者不停地改变话题，这是对我们倾听的滥用，它会让我们产生一种倾听他们讲话太费劲的预期。既然如此，我们又何必去费那个劲呢？

在说话人已失去了倾听信用，但你们的关系仍保持良好的情况下，即便你不会用心听其说话，你也还会予以关注。譬如你还会出于礼貌地关注一向待你不错的婶婶，即便你对她的尊重并不足以让你去用心听她讲话。但假如对方给出的是对某个信息没完没了的重复，那你可能连那种礼貌性的关注都不会给予，取而代之的是你对其讲话的厌烦或者与对方拉开距离的举动。

譬如听到朋友对你喋喋不休地说她前男友有多棒，你可能会听不下去，说不定还会很恼火——她怎么没个消停；当某个刚离婚的朋友跟你聊他的前妻如何撒泼时，你可能也会有这样的感受。就某些性质特别的谈话而言，我们心里很清楚自己可以忍受的谈话时长。一些人有圣徒般的耐心，还有些人则可能一边劳心地听一边愤愤地想："这些我还得听多少遍啊？"

## 我们的预期如何让我们变得超级敏感

我们彼此间的关系，取决于我们通过在头脑中复制直接经验来超越直接经验的能力，它让我们可以在之后对各种可能进行操控。举个简单的例子，比如婴儿，他们通过记住母亲在场时的经历与对母亲回归的依赖，来学会忍受母亲不在身边的状况。这种关于经历的思维表现，可以决定人对周边环境的适应灵活度，一些人的死板与不会变通也因此使得他们与周边世界格格不入。

从我们出生的那一天起，我们的生命就围绕着与他人的关系展开，而这些关系的残留会在我们的心中留下我们对自己、对他人以及对与他人关系中自我形象的看法。成年的我们在面对他人时，应对的既是他人本人，也是我们内心世界里的那个他人——因为过往的经历与预期，他人留在我们心中的形象。也就是说，如今的我们是基于过去所形成的预期来与他人进行联系的（所以，一个从小就目睹父亲对母亲颐指气使的男人，可能会发誓永生善待、体贴自己的妻子，会在任何时候都不吝批评与忠告）。一个孩子若曾遭看护人的虐待，那他很有可能在未来的生活里对"信任他人"这件事都抱以谨慎的态度，也很可能擅长看穿一个人是真情还是假意、是否喜欢操纵他人，因为这一技能是他赖以生存的关键。

我们现在的关系与早期存储于我们内心世界里的关系，二者循环互动。生活环境让我们维持着内心的预期，而我们也因为这些预期选择生活环境，并通过这些预期来理解自己的生活环境。比如有个女孩很聪明，但长期受人排斥，转到某校高中后，面对新同学的亲切欢迎，她会因为自己过去被排斥的经历而反应冷淡，最终新同学也会离她而去，而她也因此认定：自己不信任新同学的示好是正确的。她对失望的预期，最终也就求仁得仁，变成了现实。

对爱丽森来说，生活中那些依赖她的人有时会让她有种喘不过气的感觉。她的兄弟要远比她住得离父母近，可她却是家里唯一负责照顾年迈父母的；她的女儿30岁了，可每周仍会打来三四次电话向她抱怨琐事或者征询意见；除了工作上有自己的项目要忙，还有几个人也总会请她帮忙做各种各样的事情。只不过爱丽森并不会想到，这一切归根结底在于她自己就是个喜欢帮忙的人。她喜欢帮助他人的感觉，所以她总会寻找机会帮助他人；此外，她从小也是顶着"好女儿"这一光环长大的，如今仍在照顾那两个从一开始就教导她成为"好女儿"的人。对人说"不"于她而言是无法想象的，即便如今的她已因为对人说"是"而心力交瘁。从某种程度上来说，爱丽森已经到达剥夺自己、不给自己空间来倾听自我的地步。

特里是家里唯一的孩子，相较于其他人的父母，他的父母年龄较大且一向喜欢安静，所以特里从小就一个人做事，如一个人做作业、一个人练习单簧管等。如今他早已习惯了什么事情都自己一个人做。作为一名成功人士，他现在的生活非常忙碌，但从没有朋友前来拜访，他也从不觉得自己是哪个群体里的一分子。高中时他参加过学生管弦乐队的演出，但他并不会在演出完后与其他同学一起外出；他的大学生活也没什么不同，虽然他成绩优秀，但社交于他而言是难事，所以大多数时候他是一个人度过的。他在回忆时说到过去的自己或许感觉孤独，但他接着又说闲聊会让他无法处理重要的事情，而这是他无法容忍的。他在年近30岁时前来寻求心理治疗，希望治疗可以让自己懂得如何与他人建立联系，最终他交到了一些朋友。就特里的案例来说，当特里意识到自己需要不一样的生活后，他就必须直面自己"总会独自一人"的预期，反思那些将他滞留在避开他人、独立自处这一环境的因素。与爱丽森不同的是，特里在成长中倾听的大都是自己，所以现在的他必须学会如何在心中为他人留下空间。

**过去活在我们的记忆当中，它对我们生活的影响要比我们知道的还要深远。**

特里是在小心翼翼中撑到这一步的。像我们当中的许多人一样，因为害怕被人看作怪人或者失败者，他一直都在做自己知道该怎么做的事。毕竟你熟悉的恶魔总好过你不了解的恶魔。

无论什么原因使我们受到了伤害，我们都十分敏感。譬如玛丽娜，她跟着一个只顾自己、漠视他人情感需要的母亲长大，而她自己也遭遇了一连串被伴侣欺骗和抛弃的失望经历。这样的她深知爱与痛苦会怎样如影随形。

童年的不幸经历让罗杰既渴望爱情又担心自己不配拥有爱情。成年后，他的人际关系总是在"都很好"和"都很差"的两个极端之间徘徊，因为任何小小的误会都会让他像孩子般发怒。在这里，我们可以将这样的罗杰想象成一个因为受到惊吓而哭闹着要人搂抱的婴儿：此时若没有人给他拥抱，他就会觉得自己的余生毫无希望。所以，即便是人到中年，罗杰在碰到问题时还是会动不动就在这两个念头之间打转：是我哪里不对让你不肯安慰我，还是因为你哪里不对？

儿子迪伦使用手机的习惯让母亲史黛丝很焦虑，每天母子二人都会因为这事——迪伦对手机的沉迷、对母亲的不敬与粗鲁吵个没完。一日，史黛丝对我讲起了她父亲的一些故事，说他那时整天都埋在报纸里，从来都没有时间陪她。假如她需要打断他问他什么事，他就会不高兴。看来迪伦对手机的执念勾起了史黛丝痛苦的回忆，她说就连迪伦听她说话时头都不抬发出的"嗯""啊"声，都很像她的父亲。

那么，为什么一些人会禁不住要去照顾他人，一些人会去攻击他人，另一些人会对身边的人退避三舍呢？那我们就需要看看这些人的家人都是怎么回应他们所需要的关注的。一些人因为行为良好才得到家人的关注，而这样的家庭不会容忍愤怒与好斗；还有一些人因为成就得到了家人的关注，而这样的家庭可能不会允许脆弱与懦弱的存在。若父母举止粗暴，他们的孩子在行事上有可能会非常谨慎并会尽可能地避开他人的关注；糟糕的是，有的甚至可能会做出破坏性的举动以争得自己对之后局势的一点掌控，即便这一做法非常恶劣。

这些情形都有这样一个共同点：人们带着过去经历的残留进入亲密关系之中。表面上看似成长完好的成年人，但内在是发展失衡的。事实上，人人都是被想象中的消极回应而非现实里的他人所威慑的孩子，承认这一点还是有用的。我们的预期始终都在那里，它们会像野狼一般不请自来，但能听得到它们的嗥叫的，就只有我们自己。

## 我们为何变得反应过度

一些我们带入对话的预期是我们从过去与某些特别的人所形成的经历中获得的，而我们听到的一些预期又形成了由我们最早关系的残留所造就的我们性格深处的一部分。要想理解倾听、了解人际关系的过程，我们不仅要考虑人们彼此之间发生了什么，还要考虑人们的内心发生了什么。

不管你承认与否，我们一直生活在自己原生家庭的阴影之下。

虽然人们说出的话与实际要传达的信息之间有时会出现很大的差异，但这样的差异相比说话人的所说与倾听人的所听之间常有的差异，那完全是小巫见大巫。无论什么时候，只要有人的回应出现不合理的情况，或许你就该问自己一个有用的问题：什么才会让人觉得那样的回应说得过去？一旦你从这个角度进行思考（即相信人们如何行事必有其理由），你多少能看到他们的父母如何对待他们投射的影子。

上一次你吃惊地说出没打算说或者不像你平时说出的话，是什么时候？

你认为这背后的原因是什么？你是否以某种你曾发誓自己永远都不会那么做的方式或完全像父母般地说过话？当时的你都说了些什么？那样的说话方式让你有怎样的感觉？

我们的内心之所以会一直带着幼时自己对周边的敏感，而不是在早期发现时就及时解决它们，其中一个原因是我们的成长所需的时间要比大多数人所以为的要长。我们大约从18岁开始进入"成人初显期"，这一时期大概会持续到26岁。我可以非常肯定地告诉你们，大量青年人最终到30多岁时才真正达到传统的成人里程碑：完成学业、成家立业、结婚生子等。互联网的出现为各年代的人提供了越来越多的便捷，进一步改变了人类的成年之路，但成长的问题对人类来说依然存在。此外，人们的成年之路还面临着其他各种混杂变量的挑战，如经济发展的不确定性、房地产市场的遇冷，用以填补父母离开所留情感空白的伴侣关系，也需要用比以往更长的时间才能稳定下来，就连一场全球性的疫情冲击也能将大批处于"成人初显期"的人送回他们儿时的生活环境之中……我们是在成长中摆脱那些长期以来定义我们的、具有制约性的童年经历的，而这样的成长对现在的我们来说，是一个与以往完全不同、进展极其缓慢的过程。

的确，曾经的年轻人在20岁出头时就会离开父母走上自己的成年之路，但这样的"离巢"如今已大幅减少。现在的"千禧一代"喜欢跟父母一起生活，因为这让他们不用担心过快成长带来的压力。

决定要以成人对成人的方式来改善与父母关系的人，通常都是带着失败的预期去努力的。在他们的想象中，自己可以像复仇天使一般纠正长期以来的错误，唤醒沉睡中的亲密关系，之后他们所怀念的但受压制甚至已经变得分崩离析的家庭关系就能在一夜之间重归正常。但事实是：不论你30多岁、40多岁还是50多岁，一旦你回到家里，你就会变得如同自然界的某种低等生物一般，得时刻保持头脑的清醒，避免被家人的情绪所困扰。拉姆·达斯（Ram Dass）说过，若你认为自己的觉悟够高，那你该到家里与家人共度一下周末。

佩吉与父母对勤奋的价值、建设未来的需要、家庭的重要性等方面的看法都相同，这样的共识意味着孩子与父母需要在某些方面一直加以克制。就这一点来说，佩吉几乎每次探望父母时都会有双方争吵不休的状况出现。事情经常都是：双方刚见面时一切都好，头一两天大家互聊着新鲜事，气氛融洽；但之后争吵就一定会像个定时炸弹一般爆发，为期三天的探望每每就这样在盼着离开的念想之中画上了句号。

佩吉不禁想，要是父母不这样该有多好！她爱他们，他们也爱她，她希望他们能真正成熟起来。她的母亲爱吵爱闹又粗暴，渴望陪伴却又总在抱怨，对任何人都没一句好话；相较之，她的父亲则较为安静也很有自制力，但他的冷淡在一些人看来就是漠不关心。他表达爱的方式是不管你需不需要他都会提出建议，不管有没有必要他都会在房子四周修修补补。佩吉觉得自己根本无法与父亲交谈，因为他从来都不会用心听她讲述自己生活里所发生的一切。

对与父母之间的冲突，佩吉不同于那些明白自己会对与家人共度时光深感不安但意识不到对此自身也负有责任的人，她愿意反省自己的过错，她发现了父母所作所为中的一些会让她做出不良反应的东西。她的母亲认为自己有权批评任何人、任何事，甚至还会将最刻薄的言论留给会独自行事的家人。譬如对佩吉的嫂子去某个帮助无家可归者的机构工作的举动，她的母亲会说："她以为她是谁，居然要在那样危险的地方做事！"佩吉的一个表兄弟结束了灾难般的婚姻，没多久又结婚了，她的母亲也毫不支持。还有佩吉的另一个表兄弟带着伴侣参加家庭活动时，她的母亲又说了些考虑不周的话，而且这些话还可能无意间被那个表兄弟听到了。

佩吉发现了母亲焦虑与愤怒背后的狭隘、消极与爱干涉的心理，她甚至预料到母亲的这种情况也会让她自己变得超级敏感这一事实，因为只要母亲开始对人挑三拣四，佩吉就会难过、焦虑和生气。佩吉感觉自己正被强迫加入母亲的狭隘行列；若她抗拒，就会有遭到攻击的感觉。一般情况下，佩吉会尽量不吭声、不抗议，但这样的压抑只会让她烦躁、让她愤怒，压到最后就会迎来一场爆发。她压抑的时间越长，怒气就会越大，这不仅让她自觉无助，同时也会让她鄙视自己。

此外，佩吉还发现，自己虽然对母亲的苛刻怀有抵触情绪，但她也学会了母亲那种为他人的感受与反应担责的习惯。相比母亲的苛刻与控制欲，佩吉的控制欲是良性的，比如她不会只过度担心自己的孩子，也总会为他人做事。其实无论佩吉还是她的母亲，她们都没有分清自我与所爱之人之间的界限，只不过两人在这方面表现不同罢了。佩吉"待人越好、越帮助他人"，她就越希望自己与所爱的人之间没有界限：对自己做得不够的地方，她会感到愧疚；若得到的不够，她会压抑自己的愤怒。最终，当孩子、朋友或者丈夫做了让她觉得自己被拒之门外的事时，她就会像面对母亲那般来一场愤怒的爆发，只不过这样也于事无补。就像我们所发现的那样，泄怒与将自己的感受说给人听所起到的效果是不一样的。在佩吉因自己与母亲的关系问题第一次向我咨询时，她说自己试过了所有的办法，安抚也好、对峙也罢，都试了，但仍没想到静心陈述自己观点这一条。在她最终因母亲的苛刻而开始做出反应时，她已恼火到无法自控的地步。

就放纵情绪这一表现来说，有个词叫作"孩子气"。让我们学会（或未能学会）控制情绪的地方，是我们的家；但我们并不是、也不可能在孩提时代学会克制自己的孩子气。在还是小孩子时，我们视父母为自己的榜样（不过此时有待发展的我们会将一切都视为我们的榜样）；之后，假如父母说了什么刺激或者激怒我们的话，我们中的大多数人要么忍着、要么大哭；十几岁时，我们才开始看清父母，此时面对父母说的让我们生气的话，我们不再忍气吞声，而是做出反击。

很多十几岁的孩子在面对父母做出任何一丝有伤他们尊严的举动时，都会像被闪电击中一般暴跳如雷（家里有十几岁孩子的人应该都明白我的意思）。假如说青春期是一个让人走向自我的成长期，那么"成人初显期"就是一个让子女与父母的关系从孩子气走向成年这一特质的阶段。不幸的是，这样的转变有时需要经年累月才能实现。

虽然继续坚持"18岁就该自立门户"这一错误的观念会让我们省事很多，但如此一来，父母对我们的看法就会一直停留在我们的青少年期。如今处于成人初显期的人，有的读完大学后选择继续与父母一起生活，有的则在建立自己成年生活的过程中时不时回来与父母同住（未与父母一起时则会频繁与父母联系），而这一类更长时间的"留巢"行为，也让孩子与父母之间的关系出现了让人说不清的变化：这一刻是父母在照顾孩子，那一刻又变成了孩子帮助父母摆脱困境；这一刻双方还在爱意融融的友好气氛下做着成人间的闲聊，而下一刻，孩子就因自身权利要求的欲望未满足和自己身为青少年的怒火被父母再度点燃而与他们针锋相对。

电影《超人》(*Superman*) 中唯一能让超人失去超能力的，是一块来自其母星的氪星石；而在现实生活中，即便是一次短暂的看望父母的经历，也同样能让无数成年男女体会到什么叫作无可奈何。超人在接触了氪星石后会变得与凡人无异，成年人在接触了父母后心态会回到他们青少年时。我们之所以会在焦虑时变得像孩子一般，是因为我们从来没有全面学会该如何应对来自父母的挑战。

**父母或许就是我们人生之中最重要的未尽事务。**

## 分裂的自我

让我们面对自身的缺点并不容易，让我们直面自己在倾听上的失败同样也令人痛苦，此时的我们会自然而然地感到气馁，会认为"我就是个糟糕的倾听人""我很自私""我的控制欲太强"等。但我们不该用这样消极的字眼否定自己，或许你应该认识到这一点：让我们的倾听出现问题的，并不是全部的我们而只是部分的我们。试着用一点想象将我们内在的各种潜在人格 (早期人际关系的残留) 具象化，你就会找到导致你倾听失败的根源。当丈夫发现自己听不进妻子对他的更多要求时，一点点的内省可能就会让他意识到此时的自己像个被母亲训斥且听不进母亲责备的小男孩，这些要求让他觉得自己遭到了斥责、受到了控制，所以他就想一个人待着。此时的他需要让自己清楚地认识到：此刻对他说话的人是他的妻子而不是他的母亲，只有如此，他内心里的那个"小男孩"才能安静下来；他要看到即便是妻子的口吻有些苛责，那也不代表她在控制他，其所为不过是在努力向他表达她的孤独和她对他的需要罢了。所以，让我们害怕面对的并不是我们自己，而是我们内心世界里那些让我们害怕的自我。这些自我一旦被触动，它们就会将我们打回到让我们毫无安全感的孩提状态。

　　一些潜在的人格会通过我们的内心争执表现出来，这些与自我形成的争论既痛苦又乏味，而且当中反对的声音一般也只会在我们陷于思想冲突时（如面对困难决定或者很难二选其一时）才会有明显的表现，此时明智的做法是："静则协调，争则分神"。所以，下一次若你发现自己陷入了一场内心争辩时，想一想争辩双方的想法与感受有没有可能不仅仅是由情境因素所致。或许那些争辩之声要表达的东西有很多，或许它们在你一生中都在跟你说着类似的话，又或许它们现在反对的那些声音就是它们一直都在与之抗争的声音，但通常我们会听取的，是代表着我们过度发展的那些人格所发出的声音。请看下例。

　　大学教师理查德每年会到科德角的朋友家度假一两次，而且每次都会待上一周时间。理查德希望自己能利用这一离开工作地的机会来静心写作和放松，但每一次他都会在动身时就假期应该以写作还是以放松为首不断纠结。在纠结中，他脑子里的一个声音说他应该将精力放在写作上，因为这才是他最重要的事，另一个声音则反对他一直都在工作，而那是唯一让他可以享受生活的时候。这样的纠结每一次都会出现，每一次也都让理查德懊恼不已。他很想一举两得，既能完成很多工作又能有几天只游泳、钓鱼的悠闲时光，但经过激烈的思想斗争，最后占上风的始终都是那个让他工作的声音。

　　不管选择如何让我们痛苦，了解我们的人大多能预测到我们最终会做出怎样的选择。譬如理查德，让他继续工作的声音总是会赢过让他玩乐的声音，他的妻子非常清楚这一点。经过多次尝试并失败之后，现在的她清楚地知道：唯一能让她与孩子获取那个喜欢玩乐的理查德关注的办法，就是让那个担心能否完成工作的理查德安下心来。所以，她知道除非能让他在上午做些工作，否则理查德根本无法放松心情与家人共度假期；她也知道，假如自己周末想要与理查德一起去探望自己的父母，就必须帮他找出一点时间让他完成部分工作。所有这些都说明了她考虑周全且富有智慧。

面对夹在两个（或多个）选择之间难下定论的情况，你是否发现其中某项选择总是会赢？这让你看到了你人格中的哪些主导面？这一认识对你有着怎样的帮助，又对你形成了怎样的挑战？

## 向他人寻求建议

下一次碰到你觉得有必要向他人征求意见的情况时，请试着多了解一下你内心的各种反对之声。这种向他人征求建议的需要，说明你内心那些相互竞争的声音同等程度地需要你的关注。想一想：那些声音的本质是什么？那个发出询问的你与那个表示不情愿的你，是否像一个依赖他人的孩子与一个自立的孩子在争论？在向某人寻求建议时，你会想象对方能给你怎样的答案，是吗？有时你也会向那个你内心想听他的答案的人寻求意见，对吗？

在你的心中，是否有个会为朋友与家人提供良好建议的建议官？你是否曾像请求朋友一样请求这位建议官的帮助？

　　所有这些与倾听有着怎样的关系呢？碰到有人向你寻求建议、避开你或者对你不耐烦的情况时，你有必要想想那个人内心中有哪些人格是向着你的，又有哪些是与你相对的；另外，记住这一点非常有用：当你尝试给对方那种明眼人都知道的建议（比如让对方别喝那么多酒、要锻炼身体、要做家庭作业或者要戒烟等），而不是倾听对方希望从你这里得到什么时，你的内心也可能出现冲突之声。想一想：你是否能提出对方预料不到的其他建议？如果不能，与其将对方推向你认为他应该去的地方，不如试着去理解一下他此刻所思！

　　给青春期的孩子提出他们能预料的建议（如敦促他们不再去做不利于他们的事情），是一件大多数父母觉得自己不得不去做但又经常会做错的事。对大多数青春期的孩子来说，父母的"不"是早已熟得不能再熟的话。要想更有效地连接这些孩子（或任何具有自毁习惯的人）的内心，我们应该采取一种偏中立的态度，就其所为将造成怎样的影响而直接问他们。但也存在这样一种状况：假如你抱着急于让他们做出改变的心理询问他们，那他们就不会将其看成一个带有好奇性质的、单纯表示探索的问题。就算你掩盖得再好，十几岁的孩子也能嗅出你所提问题中的操纵意味。

　　面对激烈的争论，从潜在人格的角度去考虑问题尤其有用。此时要想更有效地解决问题，与其想着怎么与人激烈交锋，不如转而想想你内心的哪些潜在人格正努力要改变对方内心的哪些潜在人格。以某个少年晚回家为例，这时他的父亲大多会很生气地询问他为什么会晚回家，但父亲斥责的语气会让少年觉得自己受到了攻击，于是少年做出了愤怒的回击，却因此进一步激怒了父亲。这时少年的母亲出面，希望这位父亲消消火，别对孩子大吼大叫，而这更让父亲怒不可遏，最后父亲离家而去。想一想，假如你是这位父亲，你可能会认为不仅孩子不尊重自己，妻子还干预你对孩子的管教；假如你是这个男孩，你可能会觉得父亲对自己的控制欲太强，但认为母亲与自己站在了同一条战线上；假如你是那位母亲，那你可能会在那天晚上辗转难眠。现在我们换个方式，从各方潜在人格的角度重新看这场冲突，你看到的就会是：男孩内在的叛逆型人格触怒了父亲内在的控制型人格，结果激发了母亲内在的要保护孩子免遭父亲伤害的保护型人格。假如你是这三人当中的任何一个，请想想：自己会多难控制自己的潜在人格。假如这三人中的任何一个能保持镇静，避免让自己被那些会做出反应的潜在人格掌控，这场冲突的结果又会怎样呢？

再比如，就某件困扰你的事是否该质问伴侣，你感到非常纠结，这其实是你内心世界孩提时代这三个潜在人格之间的争执：顺从的孩子、受伤的孩子、愤怒的孩子。其中，顺从的孩子认为自己不该抱怨，否则人们就会生他的气。那么后两个潜在人格之中，哪一个会更害怕说出自己的想法呢？为什么呢？假如你能确定那些难以说出自己想法的潜在人格，你能想到让它们安心的办法吗？将自己焦虑的潜在人格去碰撞难以说出自己想法的潜在人格，对你会有帮助吗？假如你请难以说出自己想法的潜在人格来帮助焦虑的你，你觉得这会让对方更理解你吗？我们可以给自己每个潜在的人格命名并让它们平等表达自己的想法，这种做法有时非常有助于缓解类似冲突带给我们的焦虑。或许你可以这么说："某个我害怕你会生气，某个我感到自己被深深地误解了。我认为这两个我需要跟你谈谈。"

让我们运用潜在人格的概念分析亲密伴侣之间常见的互动场面：妻子很难倾听自己的丈夫，因为他在表达自我时总是长篇大论。那么，她听到的是她所嫁的这个内心敏感、脆弱的男人，还是长期以来不断积压的焦虑与威胁？

又是哪个"她"在倾听，是坚强的、关心丈夫的她，还是那个害怕听到父母因父亲让母亲在人前抬不起头的火暴脾气而争吵的小女孩？

对自己的"部分"了解得越多，我们就越能清楚地了解那些阻碍我们倾听的障碍与约束因素。一旦清楚是哪个自我出了问题又为什么会有问题，我们就能增强自己接受他人的能力，就能将自我从那些约束中解放出来。相较于那种认为自己自私或能力不足的想法，带着好奇心去看待我们内在那些没那么成熟、会相互争论的自我的思考方式完全不同。问题并不在于我们是不是糟糕的倾听人，而在于我们内心各种隐藏的情绪将我们的理解与关心挤了出去。撇开批评、恐惧、伤害等自发的情感反应后，我们就会拥有同情心、好奇心，就会更温柔。我们要做的，不是用"糟糕的倾听人"来责备自己，而是要学会找到那些干预我们的潜在自我，并让这些自我放松下来，如此我们才能解放自我，从而有效地倾听。

# 习题

1.  挑选三个你常与之见面的人，写下你预料到的他们一般会对你说的话，接着再写下你会给出的回应。下一次再见到其中的一位时，你会如何摆脱那些预期，与其展开一场更有深度的对话呢？与所关心的人进行的对话中最令人满意的，是那种以双方的个人问题为主题、可以轮流展开的对话。假如你与某人的对话话题通常不是你关心的（如天气、新闻、其他人等），那就针对你自己更喜欢的话题直接向对方提问。轮到你讲述时，请使用定向性的语句开场，如"我这边有些事"或者"我想告诉你有关……"等。

2.  你从自己成长的家庭中学到了哪些有关倾听的方法？在你的家里一般都是谁在说、谁在听？倾听会不会因年龄、性别、出生顺序或个人性格而有所不同？在你的印象里，你的家人是如何寻求关注的？他们成功的概率如何？就得到倾听这一权利，你从自己的成长经历中学到了什么？相较于你从父母那里学到的，你从自己的兄弟姐妹那里学到的有什么不同吗？你的父亲、母亲以及兄弟姐妹分别做过什么，让你觉得他们没有认真听你讲的事？你从家人那里得到的各种倾听对你现在的谈话方式产生了怎样的影响？

**3.** 下一次你再联系父母时会以怎样一种完全不同的方式与他们展开对话呢？是什么让如今内心仍然是小孩子的你惧怕这么做？你的内心是否有个潜在的、更勇敢的你很想改变原来的你呢？

**4.** 请找出并将以下案例中那些阻碍倾听的自卫型潜在人格具象化（如恐惧、愤怒、受伤等）：

**a.** 伊凡的老板正讲述他们应该如何处理某个特别项目，但伊凡根本听不进老板讲的话，因为在他看来，老板的整个处理方式都不对。

**b.** 莫妮卡和夏洛特正一起在中餐厅吃午饭，夏洛特说着话，但莫妮卡总忍不住想，坐在隔壁间那个大声讲话的男人太令人心烦了。

**c.** "亲爱的，有件事我可以跟你聊聊吗？"托妮问道。"现在不行，我正忙着呢。"罗伯说。

**d.** 罗琳正跟父亲谈自己手头上的一个项目，但父亲打断了她，说起了其他的事。罗琳虽然什么也没再说，但父亲的话她一句也没听进去。

**e.** 你想告诉某人他/她对你有多重要，但又怕那样的亲密表示会让你俩感觉尴尬。

**f.** 贝芙告诉迈克尔她想让他将他买的吐司机换成哪一款的，从谈话一开始，迈克尔就巴不得贝芙不要为吐司机一事这么小题大做。结果等他到了那家卖吐司机的店铺时，他才发现自己竟然不记得要换哪一款了。

**g.** 明迪的父亲在向明迪交代自己保存所有重要文件的地方以及他去世后需要明迪处理的事。明迪知道这些都是很重要的事情，可想到父亲身体依然健康，她就没仔细去听父亲讲的话。

**h.** 莎伦认为，自己与卡拉应该去做夫妻咨询，但她又怕提起这事会让卡拉出现不良反应。

有没有发现在不怎么了解这些人背景的情况下，你很难找到干扰他们倾听的各种潜在人格？本练习的目的并不是要让你给出"正确"答案，而是希望你能通过练习，思考是什么感受造成你与他人在谈话中出现倾听问题。

**6**

■

# "你怎么总会有那么大的反应？！"

## 情绪如何让我们变得充满戒备

情绪反应也会导致人们不愿听人讲话。说话的过程中，倾听人因为说话人话语中的一些东西，触发了其受伤或愤怒的情绪而变得充满戒备并出现理解上的断档。情绪反应的出现就如同打开电源开关接通电流一般，只不过你得到的并不是音乐之声，而是倾听的骤停，是焦虑。

## "你到底在烦什么？"

最难让我们不带情绪反应地进行倾听的，是带有批评意味的信息。我们大多数人都觉得自己可以接受建设性的批评，但同时也清楚有些人做不到这一点。我们不仅需要练习才能很好地回应他人，还要付出更多的努力才能做到对他人毫无戒备地倾听。

某医院精神科门诊的工作人员每个月都要根据患者的病历，评估治疗结果。这种做法看似不错，只是如此官僚性的评估不仅占用了医院能为病患提供更好护理服务的时间，还让病例述评显得乏善可陈。在最近一次述评会议上，员工们发现（主任准备的）述评病历中有几份已在上个月的会议中做过审查。对这一纰漏，主任对管理人员说了句"要不你自己来弄，我又没有三头六臂"之后，就冲出了房间。

你若认为这位主任平时就是这种反应，那你肯定会觉得，她是那种受不得他人批评的超级敏感的一类人；但假如你了解她，知道她平素性情平和，那你可能就会猜想她那天可能只是不顺心。从这一立场来说，你猜对了：那天她因助理生病不得不在开会的头天晚上加了3个小时的班，第二天又提前2个小时来到医院。而这一切就是为了准备述评用的案例，她当然会忍不住发火。

看到有人不同寻常地表现出过度反应时，我们通常会猜这个人肯定碰上什么烦心事了。假如与这些人的关系一向不错，那我们会在假定错不在他们的情况下，试图找出让他们做出如此反应的缘由。有些人会频繁地做出不合理的反应，这样的人又是怎么一回事呢？是因为他们人生不顺吗？

科琳是位非常聪慧的女子，但她就是容不得自己犯错。平时她不仅喜欢在线上阅读《华盛顿邮报》《华尔街日报》和《纽约时报》，还经常会观看娱乐体育节目电视网里的节目，并就自己最喜欢的亚特兰大勇士队这支棒球队撰写博客，办公室的同事都喜欢阅读她的文章。有一次，科琳就该球队明星投手肩部受伤一事准备了一篇草稿，她说假如这一事件像某些内幕人士所猜想的那样，能让某个特定替补投手展现其优秀的投球能力，那么这位明星的肩伤未必是件坏事。之后，科琳还在电话里将这篇草稿读给自己的表兄杜鲁听，杜鲁听了觉得很棒，但也提出那位明星投手是在与匹兹堡队而不是文章中所写的费城队对阵时受伤的。科琳很高兴可以弄清事实，于是更正了错误。可后来她收到了博客平台一位高级工作人员发来的邮件，说他很喜欢科琳的这篇文章，但与那位投手所在球队对阵并让他受伤的，并不是匹兹堡队而是费城队。

这只是个很小的失误，却让科琳感觉如蒙奇耻大辱。张皇失措之下，她号啕大哭，觉得自己像个傻子，甚至第二天都没法去公司上班了。

由于性格腼腆，科琳更喜欢通过写作而非交谈来表达自己。在她看来，被倾听如同自己的文章得到他人欣赏一般，如果文章出错则会使她感到羞耻。她并没有因为表兄给了错误信息而迁怒于他，而因为自己未能将文章内容核实清楚而羞愧万分。没人愿意犯错误，但科琳显然对犯错反应过激了。

再举一个常见的不当反应（这里指的是形式上而非强度上的不当）的例子。连尼作为丈夫，工作勤奋、忠诚爱家；作为父亲，他在做好自己该做的各种家务之余，还做起了女儿所在垒球队的教练，但他的妻子莱拉仍然抱怨他太喜欢批评人。

在为连尼夫妇提供心理咨询服务期间，我发现连尼会用贬低之词指责莱拉，这让我很惊讶；而对连尼的批评，莱拉居然也不做任何抱怨。她似乎很怕他，连尼在她眼中如同她的主人，而她的工作就是要迎合他。当连尼说"你应该在开车之前将车上的雪统统清理干净"时，她弱弱地抗辩说"我当时急着要去洗衣店"，接着连尼又驳斥说"你总是急过了头"，莱拉这时就让步说"我想你说得对"。

经验教会了我在倾听时不仅要听人们说出了什么，还要听他们没说出口的话。很快我就发现了莱拉不怎么抗议的原因。一次，在听到莱拉说"难道你不觉得自己有点不公平吗"时，连尼竟勃然大怒，冲她喊道："我说什么你从来都不听！你不尊重我！你说你爱我，你撒谎！"

这太糟糕了！我记不得连尼那次说过的话，因为说实话，当时的情景太让人难过了。而且，每次莱拉若说了让连尼觉得有批评之意的话，同样的一幕又会发生。

从这两个案例中你可能猜得到科琳和连尼感受中的一些不妥，但他们的反应与强度明显并不匹配当时的境况。我还要告诉你的是，相较于现场目睹给人的感觉，这两个案例读起来要让人轻松多了。科琳绝望的羞愧与连尼的盛怒让人根本无法倾听他们讲的话。那么，是什么让人们会做出如此极端的反应呢？答案是：长久以来的记忆。

对这两个简短的案例，有人可能会认为科琳羞愧难当，连尼盛气凌人；有人会认为科琳在将怒火转向内在的自我，连尼的发怒是男性都会有的表现。但这些看法其实都是毫无意义、陈词滥调般、主观臆断式的普通推论，要想洞察一个人为什么会反应过度，就必须了解其背后的诱因。

**倾听人的情绪反应看似不当，那是因为你看不到他/她记忆中的东西。**

作为一名心理治疗师，看到有人做出“不当”的回应时我就会想，是怎样的情况才能让人做出这样的回应呢？（若是我自己的关系中出现了这样的情况，那我也一样会难过的。）是什么让一个女人因为一个小错就觉得自己一无是处了呢？（提示：我们大都是在跌跌撞撞之中度过童年的，但并不是所有人都能走出自己的童年。）

科琳是家中四个孩子里最小的一个，家庭成员个个才华横溢、抱负远大。她有三个哥哥，但他们“喜欢争风吃醋”“从来都不喜欢妹妹”；她的父亲是个文化人但不苟言笑；她的母亲没什么成就，整日里悒悒不乐、酗酒成性。作为家里最小的孩子，科琳得到的不是宠溺而是忽视，这让科琳很早就认定：要想得到家人的关爱，唯一的办法就是做一个完美的孩子，要温顺、平庸。温顺，是为了不给父母添加负担；平庸，则是为了不让自己成为哥哥们的眼中钉。虽然哥哥们并不会认可她的任何成就，但只要她做一个听话的妹妹，她觉得他们就会接受她。事实上，由于哥哥们自己也不被认可，他们常常会贬低这个妹妹的成就、嘲笑她犯的错误。他们称她为"懒货""猪小姐""蠢蛋""弱智"，任何微小的错误都能引来他们对她的嘲笑。就这样，多年之后，无论自己什么时候犯了错，即便是最轻微的那种，科琳都会因为对羞辱一如既往的极度敏感而痛不欲生。那位指出她失误的男子并没说她"弱智"，但偏偏那就是科琳意识到的。

在你还是个小孩子时，你是很难做出反击的；但作为成人，当有人让你感觉自己很渺小时，做出反击虽然还是很难，但并不是不可能的。

那么，又是什么让连尼能对他人如此挑剔，但轮到他人批评自己时他就无法容忍了呢？他的痛苦遭遇或许并不是你能想象得到的。连尼的父母为人正派、善良，但他们对家庭之外缺乏参与的热情，并且他们对彼此、对孩子都抱有非常大的期望。若所得非所期，他们就会批评、抱怨，不过单就这一点还不至于让连尼变成现在这样。问题在于，虽然连尼的父母本性善良，但他们从来都没有给予连尼那种可以增强个人价值感的同情，以至于到现在连尼脑海中不仅没有爱的回忆，没有被认真对待、被认可的记忆，也没有那种认为自己可以得到他人更多理解的期待，有的只是对自觉毫无价值、令人厌恶的深度恐惧。辛勤工作与奉献家庭可以让他压制这些感受，可一旦有人在讲话中出现任何一丝能让他联系到内心深处的恐惧、让他觉得自己不好的东西，他就会暴跳起来、大发雷霆。

我曾养过一只名叫蒂娜的灰白色猫咪，它待人非常友好，但不知为何它有时会没来由地对人伸爪狠挠。上一刻它可以打着呼噜享受脑袋被人挠的安逸，下一刻它可能就会在你的手背上抓出一道血痕。后来我们带它看了兽医才知道，原来它是髋部受了伤（很可能是它小时候被车撞伤的），所以我们以为对这个部位毫无伤害的触碰，于它而言却是剧痛。

羞愧与不安全感，就是导致人们面对批评反应过激的伤痛。碰到伤痛，有的人选择逃避，有的人则做出攻击。对羞愧极度敏感的人，话语中任何一星半点的批评意味都能瞬间点燃他们心中的怒火。与这样的人一起生活是很困难的，不过用伤害与愤怒来应对批评也是我们每个人都会做的事，只不过我们的反应强度各不相同罢了。

面对批评，我们之所以都会感到脆弱，是因为我们都在渴求爱与赞同；真正希望听到的，是别人给我们的一句

"你很棒"（就算一句"不错"也能让人深感欣慰）。

我们对批评的敏感会因为当时的境况以及对方批评我们的方式而表现不同。在各种各样的批评中，最容易伤害我们的，是那些让我们感觉似乎针对我们某个重要方面的批评，譬如我们的动机、我们的创意成果、我们青春期（有时稍晚）的外表等；而最让我们敏感的批评，则往往来自某个我们会在意其观点的人。也正因如此，一个对的人说错了话，才会像一根针刺爆气球般令人气馁。

电子邮件或短信式的批评同样令人痛苦，有时伴随这种痛苦而来的，还有我们对是不是自己一开始就将事情搞砸了的困惑。若我发给六位同事一封邮件，告诉他们我处理了一个颇具挑战性的部门任务，但我只收到三份回复，那我就会想，没回我邮件的同事是不是觉得我处理得很糟糕？他们这样认为是有可能的，虽然这背后也有他们连邮件都没读的可能，可谁又知道呢？若学校系主任只回了我一句"不错"，那她这是表示满意还是说她在用这种似赞非赞的回复，暗示我的所为并不那么重要呢？假如某个同事回复我"做得好"时并没有加上感叹号，那这只是她一种温和态度的表示，还是说她只是不喜欢使用标点符号呢？这里并不是在向大家展示教授的脸皮有多薄，而是想让大家看到数字时代出现的各种数不清的、能让我们的交流变得错综复杂的因素。在我们期待对方积极回复时，这一点就表现得更为明显。

我们之所以会从电子邮件和短信中读出各种各样的含义，是因为我们很难从发件人或发信人匆匆写下的没什么情感表现或含糊其词的东西中看到多少有关其意图的提示。语境信息缺失之处，就是我们的焦虑形成之地。

### 如何倾听批评

你会经常在某个人还没结束对你的批评时就打断他的说话吗？这样的举动虽能让人理解，但它会剥夺对方被倾听的权利，其实你是不用非得同意听取对方所言的。

要做到不反驳他人，你需要用心地听完他人对你的批评后，以不带讽刺意味的口吻询问对方："还有吗？"最后再向对方提出你对其所言的理解，但要注意，这并不是让你去重复对方所说的，而是要表达你对对方想要表达之意的理解。

### 人们为什么会向我们抱怨？

每次抱怨的背后都有一个请求。你需要听出对方的请求，再询问那是否就是对方所要的。

请本着力求给予对方所需的精神需求，做出接受或另提出建议的回应。

### 怎样抱怨才好

请看下例这两种抱怨的方式：

1. 你从来都不洗碗。

2. 做饭让我感觉很累，你能帮我洗碗吗？

再看这一例：

1. 简直无法相信你又爆糊了爆米花。

2. 你说要是我们用另一款油来爆，爆出来的爆米花会不会更好些呢？

这两例话语都表达了批评以及隐藏在批评背后的请求。你觉得哪种表达会让你更容易听得进去呢？

## 是什么让我们变得无法忍受？

在你努力想弄清自己或某个人为什么会反应过度时，请记住，关于理解还有一大讽刺点：我们能接受自己多少，就可能接受他人多少。这也是那些在自尊自爱的熏陶下幸运地长大的人可以更好地倾听他人的原因，但你无须在你所认识到的自我层面停滞不前。学会尊重他人的感受，因为这会让你学会善待自己的感受；或者你也可以反其道而行之，给自己更多的同情，如此你将看到自己同情他人时的宽容之心。

他人身上不能让我们容忍的东西，就是我们自己身上不能让我们容忍的东西。

倾听时，若我们带着那种认为自己哪里不够好所以不值得他人给予我们爱、尊重及公平对待这样的错误观念，那我们是无法好好地听人说话的。对人格尊严更广泛的尊重来自我们自身，它能增强我们对自己的尊重。容忍、理解我们自己与他人的感受，能帮助我们听到、领会到愤怒与怨恨等情绪背后的伤痛。当我们的感受被忽视时，受到伤害的就会是我们的心灵。

## 是什么将对话变成了争执？

将对话变成争执的首要原因，是人们对对方的话语所做出的情绪反应。

假如你不清楚情绪反应是什么，就想想听到电话铃响冲出浴室接通电话，却发现对方是电话推销时的感受，你的那种因为恼怒、焦躁而恨不得对着话筒尖叫的表现，就是情绪反应。那么，这样的反应有什么不对或者不当吗？当然没有，但它能极大地影响我们的人际关系。因为它，我们会听不进对方的讲话，会无法清晰思考，此外我们还会很难说出自己想要说的话。

情绪反应就像一个在成人说话时捣乱的孩子，它不会很坏但不合时宜。对这样的入侵类情绪，我们既要安抚也要在晚些时候听听它们，想一想：它们为什么会出现？我们的哪些自我在做反应，又是针对什么在做反应？这些破坏性的感受，说明我们的心灵正在告诉我们：我们需要改变或留意生活中的某些东西。我们的反应能将我们导向那些尚无法平和待之的自我，如愤怒与不满的自我、受到惊吓的自我、孤独的自我，等等。

假如科琳对朋友说文章中出现错误这件事让她自觉多么愚蠢，这位朋友可能会安慰她不要担心，说人人都会犯错。说得没错，可问题在于，当科琳犯错时，她能听到哥哥们冷笑着恶狠狠地叫她"蠢蛋！弱智！"，她会再次感受到自己整个成年生涯都在逃离的那种觉得自己又丑又蠢、没人爱，也永远不会有人爱的感觉。

至于连尼，假如你能认识到他内心深处的那种自我低廉感与渺小感，他喜欢批评他人却无法接受他人批评的举动也就不会显得那么不合常理了。面对内心世界那些阴暗、丑陋的声音，他不安地捂住双耳，希望如此就可以不再触碰那个依然像个小男孩的自我，那个觉得自己永远都不够好的自我。

就某些人（母亲是这一类人的代表人物）来说，将谈话变成争执的大多并不是他们内心的什么东西，而是他们被要求（也许一天被要求很多次）去处理与身边人相关的某些烦心事。

我有一位患者不愿听到有关自己女儿生活状况的事，因为那太令她痛苦。她的女儿名叫麦迪逊，15岁时曾因卖淫被捕。之后这位母亲做了各种艰苦卓绝的努力，可麦迪逊还是会不断陷入嗑药、宿醉、与摩托帮厮混等各种各样的麻烦之中；最终在麦迪逊18岁时，父母坚持要她搬去公寓独居并为她支付费用，然后慢慢地才不再扶持她。如今麦迪逊虽做着酒吧服务生的工作，但她的父母依然深信她不仅嗑药，还很可能时不时地卖淫，有几次他们还不得不大半夜跑去拘留所将这个因酗酒和扰乱治安而被捕的女儿保释出来。母亲依然深爱着这个女儿，可她觉得自己必须逐渐疏远女儿，所以现在她很少去探望女儿，也不愿向女儿打听那些只会让她难过得听不下去的生活细节。

就是因为清楚地知道自己的脆弱所在，这位母亲才会决定避开女儿。她避开的不仅仅是自己内心的忧虑，还有每每听到女儿闯祸时的心碎和想要去救女儿的冲动；此外，那种想告诉女儿别再嗑药、别再与危险人物厮混（这些宛如小说里的情节一般）的冲动，也让她根本听不进女儿的讲话，而向这一冲动屈服的结果就只能是两人针锋相对。她既无法解决女儿的问题，也无法冷静地倾听女儿的讲述，所以她能做的只有避开女儿。

情绪反应最糟糕的一点，是它具有传染性。当焦虑从说话人传向倾听人时，它会令倾听人出现一系列行为与反应上的升级变化，并最终导致倾听人出现情感阻断。这种阻断，轻者让某人夺门而去，重者则可能让一个人彻底走出另一个人的生活。

下一次若不幸碰到有两人争执而且谁都不听对方讲话的情况，你可以观察一下，双方的什么行为使他们停止不了争执（若你就是当事人之一，那只观察对方的行为即可，否则你会顾不过来），并留意争执是如何在其中一方选择放弃的情况下结束的。就争执失控的情况来说，当事双方都会觉得自己才应该是把控终极话语权的人。

**这个世界上人人都觉得自己是对的。**

一个人倾听的好坏，取决于他能多成功地抗拒自己因对方立场做出情绪反应的冲动。在一段关系中，你越觉得有必要通过更多的行动来降低或避开自己的焦虑，你就越缺乏灵活性。一心只想着别发火很难让你听到其他东西，你因内心充满恐惧或愤怒，或因情绪汹涌脱口而出的话，十有八九会让你追悔莫及。

我从公共场合这一更宽泛的角度举个例子，再重点看看更容易引起焦虑的个人之间的交流。如果下一次你去听讲座或者参加新闻发布会，请留意观众席中有人提出有敌意问题的情况。你会发现很多这样的"问题"其实根本不是问题，而是提问人在反诘性地尝试证实发言人是错的、自己是对的。请注意发言人处理这类问题的方式。对有些发言人来说，他们通过找到某个双方都会认同的点让自己保持镇静，但有的则会因为自卫而做出反击。

假如发言人认为提问人的目的是要证明自己错误、他们正确，那这位发言人就很有可能戒心大起。事实上，当有"听众"提出"抱歉，但你是不是忽略了（你这个蠢货）"这样的问题时，他们大多并不是真的需要发言人做出回答，而是想要证明自己的正确，但发言人在戒备之下就会试图反击（其实就是压制对方），希望能以"不，实际上……（我是对的，你才错了）"这样的答复来"赢得胜利"。当然，一个聪明的发言人可以凭自己更胜一筹的智慧，或者对话题的认知，成功地压制充满敌意的发问人，但这样的情况并不多见，更常见的情况是：想要表达看法的提问人因为失去发声机会而感觉自己遭到忽视。

交流中，若双方谁也不愿打破那种螺旋反应，两人最终面临的就会是愤怒与误解。

## 如何缓解争执

我不清楚你们怎样看待争执，但我讨厌争执。面对我们说的话，为什么一些人总会唱反调？在这里，我试图理解并列出了他人会与我们发生争执的一些原因。

● 他们记性不好。"我的另一半总和我争论谁有没有说过什么话的问题，我恨不得将我们的对话都录下来。我说了什么我应该是知道的，对吧？"

● 他们自私。"我男朋友非要我们跟他的父母一起过圣诞，那为什么不能跟我的家人一起过呢？"

● 他们无知。"上周我们面试了三位求职人，其中一个我觉得明显是最佳人选，但结果面试组里有2/3的人投票给了另一个，这太让人惊讶了。"

● 他们思想守旧。"我爸没有手机，所以我常得为一条简单的消息往家里打好几通电话，希望这样可以通知到他。

我让他买部手机，而他却说'我干吗要用手机？'。"

- 他们固执。"妻子说那台车我们应该再用一年，再买辆新的。我告诉她新车明年买会更贵，她却坚持认为现在这辆车还能再跑2.5万英里，她说长期来看这样更划算。"

- 他们的想法单纯。"我女儿想在大学学习创意写作，她不知道作家谋生有多艰难。"

- 他们很情绪化。"当我告诉男朋友我们每周周末探望彼此花销太大时，他整个人又难过又愤怒。"

- 他们专横。"我丈夫几乎每晚都坚持外出吃饭。我们为什么就不能在家吃一次呢？"

- 他们没用心听我们讲话。"我的室友不喜欢做家务，就算我告诉他那些家务我们不必马上就做，只要我提起，他永远都听不到'不必'的部分，而且还总会生些无用之气。"

从这些原因我们不难看出争执都有这样一个基本的共同点：争执双方都在强调对方不对。带着这样的想法，我们自然就会认为自己有责任去纠正对方。

那么，注重公平的人可能会想：难道你们从不自私、固执、想法单纯吗？因为我们说的有道理啊！

当然，任何争执都是一个巴掌拍不响的。问题就在于，我们在争执中只顾重复自己的立场，没去听对方的观点。

**紧张的倾听**

急于避开冲突的倾听人是无法听人讲话的，因为此时的他们正忙着将自己保护起来；此外，一心希望通过谈话使说话人远离不快感受的倾听人，或者只考虑自己意愿的倾听人，也会因为害怕这样的对话对自己造成的可能威胁而无法听懂对方所想。就算说话人要说的话很重要，只要他们令对方感到自己遭到了批评或者误解，他们就很难得到倾听；倾听人还可能出于自卫做出愤怒、反击或者退却一类的反应，此时倾听对他而言，就成了他最不愿意去做的事情。最后，当双方心里都只装着对方所做的糟糕事，其中一人或者双方都开始找他人抱怨时，两人间的误解就会成为一种挥之不去的存在。

**沉默的争执**

冲突之中若只有一方讲话，误解与分歧就会一直存在，甚至走向恶化。对有些家庭的被动抵抗方来说，"你并没改变他，只是让他闭上了嘴而已"这句古老的格言就是他们在冲突时出于自卫而采用的有效策略。

他人的想法对自己有多重要，住在同一屋檐下的人们往往有着截然不同的看法。以十几岁的青少年为例，他们面对父母时，可以变成天赋异禀的"沉默的争执方"，而沉默地应对争执大多是他们在观察父母如何处理特定压力与预期的过程中学会的。

托德走进客厅，看见儿子丹尼尔正摊着四肢躺在沙发上看电视。"丹尼，"他说，"明天是收垃圾日，睡前请将这些垃圾拿出去，好吗？"

"嗯哼。"丹尼尔答道。

第二天傍晚，托德下班后回到家中，见垃圾袋还在厨房里放着。他很恼火，这并不仅仅是因为垃圾没拎出去，还因为丹尼尔再一次打破了两人之间的约定。

当然，托德与儿子之间并不是真的有一纸之约。在丹尼尔看电视时，他向丹尼尔提出了做某事的要求，但丹尼尔随意回复的"嗯哼"其实是让父亲别理他的意思。丹尼尔可能并不是故意不把垃圾拿出去，但他也从未真正有意识地答应父亲自己会将垃圾拿出去。假如托德深入想想，那他可能又会无法否认，这件事情中有着他自己多年来在婚姻中沉默地应对争执的影子。你不可能对每件事都争执，但沉默是应对争执的一种受阻最小的方式。

并不是所有的家庭约定都具体清晰。就像托德一样，我们也会在要求他人为我们做事时，在对方并未给出有意识的承诺下认为对方会给自己答复"是"，而对方为了避免被扰可能会用哼哼、耸肩等任何代表同意的表示来回应我们。对于这些沉默争执，一句"好的"并不是在说"好的，我会去做的"，而是在说"好的，我听到了，现在你就让我一个人待着吧"。之后你若质问他们，他们就会说"我忘了"或者"好的，我一会儿就去做"。

假如有人一再让你期望落空，那你可以断定他没有要做你所要求之事的意愿，这种情况一般原因都很明显，但也有原因隐晦的时候，有些人之所以会经常"不记得（做某件事）"，是因为他们觉得没必要或者认为让他们做那件事并不公平。要想弄清根由，办法之一是进行问询。

**争执时沉默，是因为你不相信对方会接受自己的观点。**

"好像我总在提醒你去剪草，你是不是很讨厌做这事？"

"我需要你在8点之前准备好出门，没问题吧？"

"我周四有个会要开很晚。你不告诉我你能去保姆那里接孩子，我想知道是不是有什么原因？"

"你都没抽时间将意大利面放到煮水的锅里。在看了我给你留的让你先准备晚饭的便条后，你都做了些什么？"

## 难沟通的话题

对于夫妻来说，像金钱、性和孩子之类的话题，是出了名的难以讨论，但这并不是因为双方有看法上的不同，而是因为这些不同会引起的情绪反应；就算彼此的反应程度一致，两人的表现也会各有不同。比如一方可能会要求进行更冷静的分析，另一方则可能会因为觉得对方是在示意自己要安静而做出更多忠于自己情绪的表现。对轻视、伤害与批评，人人都很敏感，有的人甚至敏锐到对方还未发出信号他们就能捕捉到的程度。

事实上，真正让夫妻发生争吵的并不是他们所争吵的内容。约翰·高特曼的研究认为，夫妻间的争吵绝大多数都是"不为什么"的争吵。伴侣之间一般并不会直接坐下就说"我们需要好好讨论预算"，对有些冲突来说，它们更常没头没脑地出现在人们讨论其他话题的过程中。一方说了让另一方伤心或难过的事，另一方会想该怎么应对这样的情绪，所以问题甚至都不在吵架本身。事实上，相较于那些一点就着的话题，以及就这样的话题双方所具有的看法上的不同，该如何处理那些愤怒的情绪才是更重要的。

在与香农大吵一架之后，德肖恩会疏远香农，但一段时间过后，平静下来的他会努力做些弥补，会就自己说过的话向香农道歉。问题是，香农从未向他道过歉。面对德肖恩的道歉，她要么表示接受，要么会在特别生气的时候将德肖恩的道歉当作他对她所做的令她难过之事进行批评的许可。德肖恩最不喜欢香农说的一句话就是："你老是那么做，这让我很讨厌！"

终于有一天，德肖恩告诉香农，虽然自己对每次的争吵都真心感到懊悔，而且也常能看到自己的错，但她从不向他道歉这一点让他很不舒服。他说："那会让我觉得我们之间的问题都是我的错，好像你就没有任何错一样，这不公平。"

结果香农愤怒地回答道："那你觉得我该说什么？该说'你那么生气，这是我的错''你不喜欢我开车的方式，我很抱歉''宝宝生病了，我很抱歉'吗？"看见香农这样的反应，德肖恩挥了挥手，走出了房间。

### 是什么让某些人那么难于向他人致歉？

可能的原因包括：

◉ 羞愧感；

◉ 内疚感；

◉ 很难将犯错与做坏事区分开来；

◉ 自恋的人是永远都不会承认自己做了任何伤人的事情或者错事的；

◉ 担心自己一旦致歉，对方就会用它来针对自己；

◉ 自以为是；

● 害怕失去他们曾伤害的人；

● 害怕自己输掉争执、不愿让对方成为争执的赢家；

● 认为道不道歉都不会让事情有所改观；

● 觉得对方既然爱自己，就没必要向对方道歉；

● 觉得道歉会令对方摆脱惩罚；

● 害怕感受自己的脆弱；

● 自尊心不强，觉得自己不值得对方的宽恕；

● 未能分清谦让与羞辱。

由此可以看出，有很多原因让香农难以道歉，但她并不觉得自己无可指责。事实上，在香农的内心深处，她对两人之间出现的所有问题都深感自责。她为德肖恩的情绪自责（觉得自己如果真是一个好妻子，那他应该会很快乐），为无法更多地与他享受性生活自责（她必须压制自己在这方面的欲望），甚至连宝宝生病她也觉得都是自己的错（觉得自己这个妈妈若能做得更好，那任何不好的事情都不会发生在宝宝身上）。由于自小成长于一个充满指责氛围的家庭，香农对任何人说的任何可能触发她自责的话都极度敏感，而这正是情绪反应的本质所在。

让我们反应最大的，是私下里那些让我们感到自责的东西。

# "你怎么谁的话都听，就是不听我的呢？"

伴侣们常抱怨自己的另一半从不听他们讲话，可他们回到家后说的那些刚获悉的很有趣的事情，恰恰是自己已经告诉过另一半的事情。

比如，最近玛丽莲告诉丈夫卡拉，她打算去找朋友的脊椎按摩师来看看自己的背部，卡拉听后气冲冲地说："这么多年来我一直都在叫你去看脊椎按摩师！现在你的宝贝朋友一说，你突然就听了，你怎么从来就不听我说呢？"

玛丽莲怎么也没想到卡拉会如此暴怒，但就算此时她知道自己该对卡拉说些什么，卡拉也不愿再听了。卡拉冲了出去，狠狠地摔上了门。之后，就像我们大多数人会在脑海中给出自己的最佳答复那样，玛丽莲也在自己的脑海中做出了对卡拉的细致答复。

是的，卡拉说过让她去看脊椎按摩师，但玛丽莲并没向他询问过意见。当她向卡拉讲述自己的背部问题时，她想要的是卡拉的关心而不是建议，可卡拉总喜欢告诉玛丽莲该做什么。玛丽莲心想：为什么卡拉就不能好好听听自己的想法呢？

在玛丽莲告诉我他们这次的争执时，她说自己需要的是丈夫的同情而不是建议。当时我以为两人争执的问题仅此而已，但这中间似乎又缺了点什么。结果后来我发现，由于玛丽莲的抱怨所激起的焦虑，卡拉常会以一种很强烈的施压方式来向玛丽莲提出建议；而玛丽莲之所以经常忽略卡拉的建议，不仅仅是因为她并不需要建议，还因为卡拉那种带着情绪压力来表达建议的做法令她充满了戒备。

信息往往就是这样变了味。人们不肯听，原因并不总在于对方说了什么话，还在于话语中暗藏的压力。人们通常能感受到说话人内心的渴望或焦虑所带来的压力，而这一压力就会让人出错，甚至令人改变自己思考问题的方式。本来要缓和自己的情绪反应已经很不容易了，如今又多了一层压力，可谓是难上加难。

### 为什么有些人说话会让我们听不进去

我们都碰到过倾听方因为情绪反应变得充满戒备，或者只顾争执而不听别人讲话的时候。此外，说话人自己的情绪状态同样会阻碍倾听人对他们的理解，毕竟一个带着激昂情绪讲话的人会给倾听人带来焦虑，令其无法倾听。

一些人根本不知道自己的语调能带给对方多大的压力与挑衅，他们就像一个要扑向对方的糟糕的牙医。

最难让我们听他们讲话的人，是不顾我们的感受、语气专横的人。心怀压力的说话人或许并不知道自己给了别人一种怎样的印象，但他们急促、焦虑的语调，表示强调的手势或者时不时一句（暗中要求对方同意的）"是吧"的下结论般的表达，无一不令人感到自己正被他们逼向墙角。

### 一触即发的气氛

说者与听者之间形成的情绪气氛，在很大程度上影响着彼此理解的质量。一般来说，在两人平素谈话气氛都比较平静的情况下，听者能够听懂说者所要表达的意思；但假如气氛里掺杂焦虑或者有强烈紧张的气氛，听者可能就会因太过紧张而无法理解说者的话。听者因为担心受到责备，担心被迫做出改变或者被证明错误而感到焦虑；此时即使说者的话非常重要，但因其发泄情绪的方式对听者造成的逼迫感，而令听者难以听其所言。一件困难的事情在诉说当中能否得到听者的倾听，这取决于说者讲述这件事情的方式。

一段关系的情感状态如何，不仅有赖于个人表达自我的方式，还取决于个体对彼此进行情感区分的程度。

一个能良好区分彼此情感的人，是一个成熟自主的、清楚自己的敏感限度与对方敏感所在的人。假如一段关系的情感区分程度较低，焦虑就会蔓延，双方对彼此的情绪反应就会不断增多，这种情况在碰到敏感话题时尤其明显。对一些伴侣来说，金钱就是这样一种能让他们敏感到一谈就爆的话题。一位母亲若与孩子之间的情感区分程度较低，那么孩子的一句"我不爱你"的还嘴对她就犹如威胁，为此她可能要么做出惩罚性的应对，要么会以一句"但我爱你"来展开一场毫无意义的争论；反之，可以维持良好情感区分的父母不会因孩子那样的还嘴而有强烈的威胁感，因为他们可以让自己认识到孩子的一句"我不爱你"其实是在表达"我很生气，因为你不让我按照自己的方式做事"。要学会情感区分，先要学会对自己的所想与所感进行区分，学会既要做自己也要尊重他人做自己的权利。

若情感区分模糊，个人就会在情绪上变得非常易感，这样的人在倾听时，说话方所散发出的任何一点焦虑几乎都能让他们做出反应。这一界线越是模糊，个体独特性就越难得到较好的定义，其情绪反应也就越发强烈。一般而言，一个情感区分能力不强、反应高度敏感的人，要么会对他人提出强烈的情感需求，要么就会避开他人。

一位"独立型"的丈夫或许可以察觉到"依赖型"妻子的情绪反应，但他对自身的情绪反应浑然不知。他能看到妻子的依赖是因为她直接展现了这一依赖。他想一个人离开，但她反对，于是他说："你太依赖人了！干吗不发展一些自己的兴趣，不再缠着我呢？"她大哭了起来，指责他自私。丈夫认为妻子在情感上很不成熟，觉得她的依赖已经到了他每次抱怨都能让她紧张生气的地步，但他看不到自己其实多么依赖她对他积极的感受，甚至依赖到他无法听她通过抱怨来表达自己感受的地步。她的所言在他耳中是对他自身的一种威胁、对他想法的束缚，于是他离开了，沉浸在自以为是的怨恨之中，怨恨他的妻子无法不带情绪反应地给予他回应。

哈莉觉得自己必须跟利昂说让他帮忙做家务的事了。她知道这个问题非常敏感，毕竟两人都是在那种认为家务活该由妻子承担的家庭中长大的。但麻烦的是，两人既要工作又要照顾几个孩子，一人工作、另一人管家那样的奢侈生活他们担负不起。如今哈莉开始新工作已经有三个月了，其间为了避免与利昂发生冲突，她一直忍着没有向他提出做家务的要求，但她实在无法在孩子们开始闹腾之前就准备好晚餐，所以她必须跟利昂谈谈了。

就这样，那日的晚饭过后，哈莉告诉利昂说自己既要工作又要负责做饭、打扫房间，这样太不公平。她说着说着，三个月来积压的怒火与懊恼一股脑儿地倾倒了出来。

利昂知道自己没怎么承担家务，所以当哈莉说他不主动帮忙做家务让她有多痛苦时，他就听着。接着，哈莉又开始说自己什么都得做、利昂却几乎什么都不做，由于越说越快、越说越急，她的双臂跟着挥舞了起来。利昂听着听着，心里开始恼火起来。

最终，一个合理请求变成了一场滔滔不绝的演讲。此时觉得自己受到攻击的利昂既听不下去也不愿配合哈莉，他开始反击："你干吗没完没了地件件事都要说个遍？你要不要这么夸张，说你什么都做我什么都不做？这个家是谁在真正赚钱养着？是谁让车子能在路上跑，谁将垃圾拎出门？"

哈莉大哭了起来，利昂因再也无法忍受而摔门冲了出去，留下哈莉独自一人在客厅哭泣，此时的她心想：利昂太自私了，他不关心自己，更别说给予她迫切需要的支持了，一切太不公平了！

**很多抱怨被压抑了太久才说出来，结果就变成了质问。**

恐惧会传染。有时说话人强烈的情绪会引发倾听人内心的焦虑，使得倾听人极难去做说话人的信息接受载体。在进行讲述前，特别是在你所处的关系一向较为紧张的情况下，想让对方倾听你的最好办法，是缓和自己的情绪，因为即便你不会犯责备对方的错，但你带有焦虑或压抑意味的表达也很可能让对方产生被攻击的感觉。问题在于，有时人们很难做到不带焦虑、不感到压抑地讲话。

**我们之所以意识不到自己的语调对他人的影响，是因为我们听到的是我们觉得语调该有的样子，而不是别人听到的样子。**

伊丽丝很生气，因为杰对她说的件件事都唱反调。这也是我们常见的一种抱怨。由于大多数的话题具有一定的复杂度、具有两面性，所以当某人指出话题的其中一面时，我们就会很自然地想到它的另一面，比如当你说这个杯子是半空的时，对方会说"不，是半满的"。问题在于，这样的回应会让人感觉非常难受，所以杰动不动就与伊丽丝唱反调的做法，不仅让伊丽丝觉得他不赞同自己的看法，还让她觉得自己遭到了否定。

有一次，伊丽丝说邻居家的门廊栏杆看上去不太结实，认为可能有断落伤人的危险。杰看了看，觉得那条栏杆情况尚可，便说："我不这么认为，我觉得它看上去还可以。"之后伊丽丝说："我讨厌你事事都跟我唱反调。"这让杰觉得自己受到了攻击，他问："是不是你说什么我都得表示同意？"就像很多理智的伴侣一样，两人并没提高嗓门就这个话题进行争论，但也没能听懂彼此的心思。

伊丽丝能够理解杰认为事事都得赞同她并不公平的想法，但这也不是她想要的，她要的不过是杰对自己感受的认可。其实，从某种程度上来说，杰意识到了她的这一需求，但他并不知道该怎样回复。他对伊丽丝说："你说那条栏杆看着要断，可我并不这么认为，我怎么知道你其实只是在表达感受，而且只希望我能认可那些感受呢？你不说，我又怎么知道你想要的是什么呢？"

杰之所以很难听懂伊丽丝，原因之一在于伊丽丝是带着焦虑来表达自我的。就算伊丽丝的信息表达清晰，只要它满载情绪，杰就会对她的焦虑而不是对她说的话做出反应。到头来，杰不仅未能听懂伊丽丝，伊丽丝自己反倒成为杰戒备的目标。

伊丽丝之所以会情绪高昂、提高嗓门，是因为她渴望说出内心积压的情绪。但她一焦虑，杰就会紧张，而且相较于伊丽丝要说的话，他更能注意到自己内心的不安。当听到伊丽丝说他总跟她唱反调如何令她生气时，他进行自卫的原因并非这一信息本身而是伊丽丝所传达出的不快。

不管他们怎么努力，只要争论激烈，伊丽丝和杰就无法聆听彼此。在我与他们展开一对一的谈话之后，两人放下戒备认真听对方所言。结果我发现，伊丽丝的父亲在伊丽丝很小时就要求孩子必须遵守他定的规则，而且他从不考虑孩子们自己的观点；另外，杰和伊丽丝也都记得伊丽丝的兄弟在回复别人问题时，即便双方的分歧再小，他的回答也总有一种宣战般的"你要么站在我这边，要么就是跟我对着干"的感觉。

　　与很多夫妇一样，杰与伊丽丝有时也会对倾听彼此感觉无望。假如你想被对方倾听，你就必须考虑一下自己内在的情绪与焦虑的程度。换句话说，你需要想想在谈论某件事情时你内心有多少情绪会被搅动起来，因为让倾听人做出反应的就是那些被搅动起来的情绪。若你可以降低自己的情绪压力，话题再难你都有可能得到倾听。记住：大多数时候决定对方对你倾听与否的，并不是你说了什么，而是你怎样去说。人们之所以能以更开放的态度来对待自己的解读而不是他人讲的话，原因之一就在于此 (至少我是这么认为的)。

　　让我们再来看看杰与伊丽丝之间的互动。杰之所以听不明白妻子的意思，是因为她的表达带着焦虑。对他来说，妻子的话就像一面面在大风中飘忽不停的旗子，她充满怨气的声音让杰在内心裹紧了自己。此时，他听到的不再是自己深爱着的那个内心充满渴望的甜美小女孩发出的声音，而是一个来自很久之前、告诉他整个下午都不许出去玩、只能待在家里做家务的严厉回声。此刻，听伊丽丝讲话的已不是那个内心强大、深爱妻子的男子，而是一个永远都无法忍受那种严厉回声的小男孩。

那么，将男人变得铁石心肠的，是美杜莎（Medusa，古希腊神话中的邪恶化身）还是他们心中的小男孩呢？

## 受伤的情感与破碎的关系

作为家庭治疗师，我常碰到人们因为关系中的各种僵局前来咨询的情况。虽说在过去的几十年中家庭结构与家庭的作用都发生了很大的改变，但有些东西依然随着时间与文化延续到了今日，比如妻子还会抱怨丈夫不在乎她们的感受，丈夫也依然会埋怨妻子对自己的要求太多；父母永远都在担心子女们过得不开心，兄弟姐妹也仍觉得父母对待自己就是不公；此外，即便成年了的子女，他们仍在哀叹自己要对逐渐衰老的父母负越来越多的责任。前来咨询的人当中有很多是独自过来的，因为与他们问题相关的那些人甚至都不愿讨论这些问题。

迈克尔的妹妹苏珊在痛苦地离婚后，搬去了美国西海岸。一日，她从洛杉矶打电话给迈克尔，没想到接电话的人恰巧是她那顺路拜访迈克尔的前夫。这让苏珊怒不可遏，她觉得哥哥背叛了自己，于是就不再与哥哥说话。发现苏珊不肯回自己的电话，迈克尔难过万分，为了解决问题，第二天他特意飞到了加州。可当他到达时，与哥哥没有谈话心思的苏珊已在那个周末离开了她所在的城镇。迈克尔大为光火，他可以理解苏珊的恼怒，但他并没做错任何事，自己大老远跑来加州，她却不肯见他，他无法原谅她的举动。

要弥合一段破裂的关系，首先要做的是理解对方的看法，为此你要试着弄清对方的感受，说出你对其感受的理解并让对方给予阐释。只有当你认可了对方的立场，对方才有可能接受你的立场，否则你说的话对方或许会听但并听不进去。

当你带着最低的戒心、最少的批评或最微小的不耐烦来展示你的倾听意愿时，你就是在给予对方理解并争取获得回馈的权利。

迈克尔试着向妹妹表达歉意，但他诚心不足，因为他觉得自己并没做错任何事，所以他在说了自己对她的难过表示抱歉之余，又加了一句"我并没做错任何事"。不幸的是，在人们感到委屈时，无论你是多么无辜又带着怎样的善意，你的任何为自己辩护的努力都会抹去你对对方感受的认可。虽然拒绝相见的举动让迈克尔愤怒，但苏珊认为他的言和之举是在强迫她原谅他的这一直觉也没错。假如苏珊不是那么伤心，迈克尔的这种弥合之举说不定就能奏效。只不过当人们太过伤心时，他们唯一想要的是对方真诚的一句抱歉而不是一句夹带着自我辩解的道歉。或许谦逊的伟大之处，就是让我们学会以不为自己的无辜做辩解的方式，对对方说句"抱歉，我伤害了你"。

在几个月的时间里，我与迈克尔共见了三次。第一次会面时，我犯了自己在本书中列出的一个错误：我没认可他的愤懑，而是建议他与妹妹取得联系。但当时的他已经这么做过了而且遭到了妹妹的冷落，所以他拒绝了我的这一建议。

我们的第二次会面是在五个月后。在这段时间里，迈克尔继续着自己的生活，对兄妹的关系问题已能平静待之。时间与距离磨平了他的痛苦，此时的他已准备好接受能弥补关系的任何建议。这一次我建议他准备一封手写信，让他在信里认可苏珊所感受到的伤害与背叛，并为此表达歉意。之后我又提醒他，信里绝对不要包含会令此举无效的内容：任何带有自我辩解意味的明示或者暗示、任何要求他妹妹需要就他的道歉做出反应的明示或暗示。换句话说，这必须是封无条件表达"抱歉我伤害了你"的一字不多也一字不少的道歉信。此外，我还警告他，他妹妹在收信之后的第一反应或许是愤怒，而这可能就会让表达抱歉的他很难接受，但迈克尔说自己可以理解也能接受。

四天之后，迈克尔写了一封信寄给了妹妹。之后他收到了妹妹回复的一封电子邮件，她在邮件中告诉迈克尔，前夫在哥哥家里接到自己的电话，这让她觉得自己遭到了哥哥的背叛。那种感觉糟透了，当时她想：哥哥怎能对自己的感受如此无动于衷呢？不过，之后她的语气就轻松了起来，开始讲起了自己在加州的工作和新朋友，还询问迈克尔都在忙些什么。虽然不是每段破裂的关系都能得到修复，但当问题变得严重时，一份出于真心的道歉往往是修补关系进程中最棒的第一步。

## "他从不跟我谈"

面对会与你保持距离、抗拒你一切亲近努力的人，你如何才能很好地倾听他们呢？

在关系中，一些人之所以不爱说话，是因为他们不想受到伤害。寡言的人是带着自我保护的心态，通过与他人保持心理距离进行生活的，但这并不意味着他不再需要他人的关注，而是因为他不让自己去感受这一需要。在那样一个以逃避和自卫构成的牢笼之中，他将注意力投放到其他事情上。在那里，他忙于阅读、思考，忙着在头脑里构思各种长篇对话，而且那里没人会搅乱他的思绪。像许许多多的牢中人一样，他也很安心于生活在那个带有局限性的、被保护起来的日常之中。若将自己放到那个由其他人和各种情绪所组成的广阔世界中，他会忐忑不安。

面对自己关心的人在情感上的不善多言，你会有种强大的受挫感，但他们自己没有这种感觉，反而会觉得自己很脆弱。事实上，他们的压力水平无论从哪一方面来说都与情绪表达能力更强的人不相上下，只不过他们并没表现出来罢了。与我们保持距离的人会努力避免让自己受到批评或拒绝。其实不只是他们，在我们努力接近寡言之人的过程中，我们也常建立起一种我进你退的对话模式。

**我进你退**

我进你退，是亲密的伴侣关系中最易出现的一种对话模式。

或许你已经发现，向对话中退缩的一方靠近只能让他们感觉到压力，而且这样的进还容易让他们退得离你更远。进的一方与退的一方之间会形成一种距离，而这种我进你退的距离是双方情绪反应推动造成的。一些人之所以会避开我们，不仅仅是因为他们表现"腼腆"或者"克制"，还因为我们的靠近带给了他们压力。此刻的我好像能听到进的一方抗议说："我没给他/她任何压力……可他/她就是不肯说啊。"

对我们施加于他人身上的情感需求，我们自己很少感受到；我们感受到的，是他人对这一需求所做出的回应。就那些抗拒与我们进行对话的人来说，他们可能的确要比大多数人不爱说话，但实际上他们的退缩既是一种习惯，也是一种回应。

问题在于，一些最难让我们倾听的人偏偏是在我们生活中占据重要位置的人。他们中有的是我们的伴侣，有的是我们的父母、孩子，还有的是我们的老板或者同事。他们之所以能激起我们的情绪反应，是因为我们的需求赋予他们能让我们感到欢乐或痛苦的力量。面对他们，我们的倾听与被倾听总会遭受影响；而当这样的影响出现得太多时，我们可能就会放弃对他们的情感需求。

如何应对这种会让你感到焦虑的情况，是对你成熟度的一大考验。假如你能坚定立场，找到问题的真相，那你就会因此变得坚强；假如你在应对中重蹈覆辙，做出了情绪反应和自卫反应，那你就会变得怯懦。你该做的是接触他们，由着他们去做自己，同时你也继续做你自己，学会控制自己的自然反应。这些不仅能让你变得坚强，还有助于改变你的人际关系。要时刻保持开放、保持冷静，这是最难做到的部分，但你应该尽量做得更好。

要好好倾听、要克制自己做出过度反应的冲动……是不是觉得这些是明眼人都知道的解决之法呢？但你之所以会有这种感觉，是因为你远远地站在一个客观的角度来看待、倾听问题。一旦你拉近距离，近到能感受到那种要将话说出口的压力，可以感受到某人说的一些你不想听到的话所带来的怒意时，你就会发现自己很难做到客观，因为此时的你已为情绪所控制。

## 习题

1.  请利用一周的时间，来验证你在某个我进你退关系中的灵活度。假如你是关系中进的一方，请尝试后退一步，看看如此会带来什么改变。面对对方，不要生气也不要做出被动的攻击，多花点时间与自己相处；假如你是退的一方，请努力在进的一方有机会靠近你之前，主动发起一些你们双方都喜欢的活动。

    注意：虽然这样的试验并不能令你们的对话模式发生永久性的转变，但可以助你发现提高自身灵活度的可能。

2.  练习应对批评。请提前做好不做自卫性回应的准备，之后找个能让对方给你批评的场合。过程中你要不做争执地听对方讲话，鼓励对方给出更多阐释，之后你要认可对方所言，邀请对方对你的理解做出阐释或纠正。

3. 翻看一下你与某人曾有过分歧的往来短信，看看你们之间的对话从哪里开始出现恶化苗头。以现在你对自己的了解，对让你与之有沟通困难的人的了解，请尝试下列做法：

设想一下，若你先冷静下来，你可能会给出的另一种表述。

简要写下对方以那种方式回应你的三个原因。

假如你尚未就自己在这场短信争执中的过错向对方道歉，请参照前文列出的人们为何不会道歉的原因，确定自己的情况，想想你是否可以试着向对方道个歉。

# 第三部分

# 听懂彼此

# 7

■

## "慢慢来，我听着呢"

### 如何放下自身的需要去倾听对方

　　真正的倾听，是需要付出专注、理解与肯定的。过程中首先要做的是将自己的注意力投向对方，关注对方要说的话；其次，要清除影响你们交流的障碍，比如关掉电视、放下手机、让孩子到其他房间玩耍、关上办公室的门等；最后，在对方说话时，你要直视对方的双眼，将注意力集中在她/他要表达的内容上。

　　请利用伴侣、家人、朋友或同事和你说话的机会，来练习你的倾听技能，倾听时要将重点放在对他们要表达意思的理解上。记住：人们只有通过谈话与倾听，才能感受到你对他们的理解，才能实现与你的连接。

## 关注

　　提高倾听质量的第一步，是要做到能在足够长的时间内有意识地撇开自己所想，集中精神倾听对方的讲话。

　　在宝宝出生之前，倾听彼此对托尼和琼来说似乎从不是个大问题。那时两人之间不仅有说不完的话，或许更重要的，还在于他们还有很多的时间可谈。但自从宝宝降生之后，为人父母的压力就将两人间原有的亲密挤了出去。如今两人很少一起外出，即便到家后，在短暂而繁忙的傍晚过去之后，两人谁也没多少精力再与对方说话了。

托尼曾问过琼一天的生活状况，但她的敷衍让他不再追问细节。反正他回到家后也很疲累，而且他也不介意一个人对着电脑。两人谁也没生谁的气，但彼此的关系日渐疏离。

这种婚姻中亲密感的缺乏，让托尼夫妇来到了我这里。我从托尼就自己一天结束之后与琼谈话失败的讲述中看到了他犯的两处错误：首先，他选时不对。他一进门就与既忙着做饭又让闹钟般吵闹的宝宝安静下来的琼展开严肃的对话，这样的尝试注定会失败。其次，他对琼提出"你今天怎么样"这样空泛的问题，更像是一种敷衍。对于心态轻松、有谈话准备的人来说，这样的问题或许是可以打开话匣子的，但假如对方是一个疲惫不堪或者容易分神的人，那么这样的问题就没什么用。托尼应该问琼一些更为具体的问题，像"儿科医生那边看得怎样"或"宝宝今天的状况如何"之类的，具体到足以表明他清楚她的生活经历。

不过我并没向托尼指出这些错误，而是转向琼，询问她是否感到孤独，她回答说"是"；之后我又问她是否觉得托尼是真心在意她的生活，她轻声说，"或许吧……可我没感受到这一点"。

我对托尼只说了这么一句话："我想你要再努力些。"

优质倾听的第一步并非始于技巧学习，而始于你对对方个人经历的真情关注。

我留给托尼的"我想你要再努力些"这一任务，最终让两人的关系只经过一期的治疗便走向了亲密。托尼的确做出了更多的努力。一方面他之前并没想过向琼询问更加具体的问题，另一方面他也不是一个轻言放弃之人。他一改以往只给琼短暂关注的做法，转而开始用心体谅她的感受；相应地，对琼来说，因为再次感受到被爱与被关心，她也更享受与托尼在一起的亲密时光了。

要想与不善于流露自己所想与所感的人进行对话，我们可以尝试对他们的内心做同理性的猜测。像"你今天是不是挺难熬""是在担心什么事吗""有什么事让你心烦吗"之类的问题，就足以让他们感受到你对他们真诚的关怀。但并不是随便哪句特别的话语或者技巧就能让人打开心扉，关键还在于你要对对方的话语表现出真正的兴趣。假装的兴趣糊弄不了多久，有时甚至还会被这样的倾听人愚弄。机械性的微笑、一次就过的问题、你说话时对方眼中的不耐烦等，无一不在透露对方只想让你看到他们倾听的优秀，而非真心听你讲话的事实。真正的倾听要将所有这些都撇到一边。优秀的倾听人不会大摆同情秀，不会讨好、奉承、挑衅对方或者打断对方说话，也不会向对方发出"看着我、听我说、欣赏我、感激我"之类的信号，他们只会克制自己、用心倾听。

研究表明，只要附近看得到手机，即便是关了机，依然会令人分心。事实上，只要手机出现在你可触及的范围之内，你的社交互动程度就会降低，同时降低的还有你的同理心、亲密感与信任度。还有研究表明，假如让手机与谈话人共处一室，即便它就在包里放着、你也看不到它，它的存在就会降低你对对方的关注和专注谈话的能力。所以，若是你真心想做名优秀的听众，那就将手机放在让你很难拿得到的地方吧。

## 理解对方的观点

相互理解是一个彼此谦让的过程。要想获得自己需要的倾听，最好的办法就是先给予对方倾听。

大多数人都是在确信对方听到并理解了自己之后才会真正对对方的观点产生兴趣的。

　　一场讨论即便是由你发起，确保你得到倾听的最好办法是在你陈述自己的观点之前邀请对方阐释他们的看法。压制自己的所想来倾听对方的所思，不仅能让你理解对方的想法，让对方感受到他们被理解，还为让对方更愿倾听你的话扫清了障碍。

　　要想让对方知道你对他的话感兴趣，你可以邀请他说出内心的看法或者他对当下问题的感受，之后你要给予他全神的关注。如：

　　"我们可以谈谈……吗？你觉得我们该怎么做呢？"
　　"我不确定我真的明白你对……的感受。你是怎么看的？"
　　"对于我们有这样的误解我很抱歉，我真的很想听你说说你心里的事。"
　　"你好像在生我的气，我说得对吗？"

　　在引出对方的想法以及他/她对所讨论话题的感受时，你要询问一些具体的、表明你明白其说话内容的问题，同时你还要鼓励对方就这些问题进行细述，比如：

　　"所以你说的就是……对吗？"
　　"我想我明白了，不过我还需要确定。你觉得我们应该……是吗？"

"我不确定你确切的意思。你说到……希望你能对此多讲点，这样我也可以确定自己是否真的明白了。"

"我想我知道我们哪里有分歧了，但我还不确定。你的意思是说……对吗？"

假如你在别人说话时发现自己有些不耐烦或起了戒备之心，请控制住你要做出反应的冲动听对方把话说完。这种闭上嘴、假装在听的举动虽然好过打断对方的讲话，但它毕竟不是真正的倾听。要做到真正的倾听，请努力用心理解对方的感受，换位思考。

**若你一边听着别人说的话一边却想着自己的反应，那你就不是在倾听，而是在与自己对话。**

尽最大可能克制自己的需要听对方把话说完，是成为优秀倾听者必备的素质，但克制自己的需要并不等同于让你变成非我。

有的时候你必须认识到：除非你能同时找到满足自身需要的办法，否则你无法有效克制它们。这貌似不公正，但对伴侣说你"想听听他的一天"之前，你得先说出自己心里的问题，这就不是不公正了。同样，你也会有自己无法给予对方倾听的时候，碰到这种情况，你能对对方说的最周到、最诚实的话或许是："我现在没法集中精力听你讲话，我们晚饭后再聊可以吗？"毕竟无法倾听却又努力去听，只会耗费你自身的同理心。之后若你觉得可以倾听了，也别忘了再问问对方。

有些倾听人由于害怕坚持自己的需要而真的走向了非我，这样的倾听人会出于深深的责任感和义务感，强行让自己投入对他人的倾听之中。对他们来说，迎合他人比让他们面对与他人的冲突或争论、被他人拒绝或者对方的不快要容易多了。只不过对他们身边那些充满焦虑、难以满足的伴侣来说，由于意识不到自己的另一半为了维持两人间的和谐所做的无私努力，他们常会将另一半的迎合视为一种理所当然，会不断地希望另一半给予自己更多的倾听。这类顺从型的倾听人看似优秀，但当一个人在不情不愿的情况下被动倾听时，他的倾听就不是真正的倾听。

**良好的倾听常是沉静的，但永远都不会是被动的。**

被动的倾听还会让人有一丝受困感，所以与其去做一名被动的听者，倒不如主动向说话人提问，询问一些可以帮助他们表达感受或者让他们对自己的所想进行阐述的问题，如：

"他做的什么事最让你感到心烦？"

"你认为她该怎么做呢？"

"听起来太棒了！里面最棒的地方是什么？"

"当时你想对她说什么呢？"

"原本你想听到他说什么？"

真正的倾听意味着你要将自己置于对方的经历之中，要集中精力，要提出问题。深入的理解并不是通过知道（比如说"我懂"）而是通过探究才能获得的。也就是说，你需要就对方经历里的某些细节进行询问，以获取对方的细述。优秀的听众不会是一个被动接收信息的人，而是一个主动且开放的、能融入说话人的讲述、能就这一讲述进行提问的人。

就提问来说，假如你不断地重复同样的问题（如"有什么新闻吗""你怎么样"等），你得到的就会是敷衍的、千篇一律的答复。所以，你应该就对方的经历来询问一些具体的、你真心感兴趣的问题，如：

"工作上有些什么新闻吗？学校呢？你在忙些什么？"

"你对这周有什么展望？这个月呢？"

"你在担心什么？"

"你家里发生了什么事吗？"

"这些天让你最有干劲的事情是什么？"

"到目前为止，你这周最大的亮点是什么？"

"杰克对中学生活适应得怎么样？"

"你妈妈那边有什么消息吗？"

"你在读什么书？"


## 倾听与短信交流

对米兰达与她十几岁的儿子特雷弗来说，若是两人在早晨起了争执，那他们通常会以发短信的方式当天解决问题，且其中以米兰达主动居多。譬如，她会发条这样的短信："抱歉，今早起来不顺。祝你数学测验顺利。"而特雷弗有时也会像想要消弭误会般在下午回家之前发条短信："嗨，妈，我踢完球了，现在在杰克家，5点之前到家。"通过这样的短信往来，两人能很好地解决生活中一些不可避免的小问题。

但面对较大的争执，如特雷弗对继父粗鲁的态度、米兰达对特雷弗学习习惯的担心等，短信这样的交流方式就很难解决了。毕竟对这些问题的讨论会牵扯到很多的情感因素，面对这样的问题，面对面的交流才是更好的处理方式。

打垒球时，罗茜伤到了前叉韧带，将要面临手术与之后的康复治疗。在她要做手术之前的那个晚上，她的队长兼好友内莉打来了电话表示问候，结果罗茜就向内莉讲起自己对麻醉的担心、对要错过后面的赛季的懊恼，以及对之后炎夏中自己得拄着拐杖四处奔波的心烦，等等。由于没有想到罗茜会有如此难过的倾诉，内莉草草安慰罗茜几句，并承诺说会帮助罗茜进行恢复锻炼，之后匆匆挂上电话。内莉的反应让罗茜无法相信，她想：自己的好朋友怎么能对自己这般无情呢？不过内莉之后又细细思量了一下两人的这番通话，并在第二日清晨发给罗茜这样一条短信："想念你，亲爱的。我知道你面临很多问题，希望你那边一切顺利。什么时候你在家，告诉我一声。"虽说内莉打电话时若表现得更愿意倾听，情况可能会更好些，但对罗茜来说，能收到内莉表示理解她的焦虑这样一条短信也不错。

短信这样的交流方式是对倾听的一种合理补充。它虽然能帮助我们修复一些小的矛盾或者维持一段脆弱的关系，但仍不足以被用作主要的对话模式。相较于面对面的交谈，短信无论经过多么细致的处理，都有被信息接收人错误解读的风险。请想想：短信是否能替代真正方便的对话呢？在充分理解他人观点这方面，短信为我们打开还是关上了一扇门？特雷弗的那条说他几点回家的短信，是表明他真的在乎米兰达的感受，还是想快快摆脱米兰达而就相关问题做的表面性表示？米兰达的短信是为减轻对自己一开始没倾听儿子的愧疚，还是在表达一种善意？且不说单单是短信的内容就已经能造成很多的误解了，短信沟通的过程也对清晰交流这一目标构成了新的挑战。优秀的听众不仅要通过倾听来理解对方的话语，他们还会用心参与其中，而要做到这一点，最好的办法是面对面的亲身交流。

## 让说话人肯定你对他们的理解

有时我们没听人说话也会假装在听，尽管如此，当说话人指出我们没听他们讲话时，我们仍会大吃一惊。人们之所以会怀疑我们没有在听，有一个原因是我们未能让他们知道我们听到了他们的话，毕竟沉默是一种模棱两可的表示。

看不出倾听人是否理解了自己，说话人就无法确定自己说的话是否有道理、是否值得讨论，于是各种各样的猜疑就会浮上心头，他们会想：或许我让他觉得无聊，或许我不该这样抱怨，等等。看不到我们的同理心表示，说话人就不会对我们产生足够的信任。此时别说向我们透露让他们内心纷繁复杂的真正想法了，就连自身的真实感受这样简单的东西，他们都不愿坦然相告。而在这一方面，我们每个人都是脆弱的，也会做一定程度的保留。

谈话一般以轮流的方式进行，其间说话人与倾听人会很自然地转换角色；也正因为有这样的自然转换，那种认为对方所说就是"听者的回应"的说法就显得颇为牵强。虽说回应将倾听人变成了说话人，但优质的倾听是一个两步走的过程：第一步，理解说话人的话；第二步，让说话人知道你的理解。未能收到回复就像是发出的短信石沉大海，那种无声无息让人永远都不知道对方是否理解了自己。

用自己的话来重复对方的看法，是表明你理解对方所言的最佳方式。但有效倾听并不是让你要像结束对话般地去总结对方说的话，而是通过鼓励对方向你详述来让你对他/她所说的话有正确的理解。

高效的交流并不是单凭轮流谈话就能实现，它需要双方在相互理解上共同努力。

提高理解准确率最好的办法，是用自己的话去重述对方的观点，之后就你对对方想法与感受的理解请对方进行更正或确认。记住：重要的并不是你对对方观点的重述，而是鼓励对方根据他们所说的进行扩展叙述。一旦你通过反馈与确认最终让对方确信了你对其立场的领会，对方就会感到自己得到了理解，进而也会更加愿意倾听你说的话。如：

"所以你认为凯文不该加入少年棒球联合会，因为这会带给他额外的压力，而且你还得载他去参加各种比赛，是这样吗？"

"让我看看我对你的理解是否正确。你觉得每次都是你在提出跟我见面，这让你不确定我是否真的愿意花时间跟你在一起，对吗？"

"好吧，我想看看自己的理解是否正确。你说我们应该雇用格劳丽亚，但也要让她清楚我们的期望，让她知道我们对试用期的看重。也就是说，要是她胜任不了这份工作，我们将会在6个月的试用期期满后让她离开。我的理解正确吗？"

"这么说，这段时间你一直都认为我在生你的气，所以你才会觉得我不想与你亲热。怪不得你会难过，你一定难过了很长一段时间。"

**"你就是听不明白，是不是？"**

当一个人说"世界是圆的"而另一个人说"不，它是平的"时，后者没听懂前者的话，还给出了一个不一样的观点。这样（毫不认可对方观点）的分歧在碰到更具个性化的话题时，会让说话人认为那是对其感受的驳斥。若将这样的驳斥"翻译"成心理治疗专业术语，那就是："你说的话我明白，但我并不认同。"问题是大多数人并不会像自助教材里列出的模板那样来回应他人，而是常做出激烈且仓促的回应。事实上，很多对话表现出的就是听说双方在回应上的不一致。

单单不能认可他人所说这一点，就能令我们的生活产生大量分歧。

交流越激烈，对对方话语的认可就越重要。当两人谈论的都是各自觉得非常重要的事情时，双方都有说出自己观点的迫切需要。此时，若双方对彼此的观点都不做认可，那他们就会一边继续重复着各自的立场，一边想："要是他/她听我说说，我们就不必像现在这样争个没完没了了。"

两个朋友你来我往地在短信上因为一些误解起了争

执，交流很快就激烈起来，双方互不相让，甚至都等不及阅读彼此所发的短信内容。假如我们用分屏来进行演示，你就能看到两个年轻女子埋着头、几乎一刻不停地疯狂打字的情景。几轮的相互指责之后，情况愈演愈烈，此时双方都开始以大写字母（等同于咆哮）来回复彼此；最后当一方刻意将对方发来的最新信息进行"复制—粘贴"后（此举等同于在当面交流时某人一遍遍地辱骂对方），另一方干脆就回了个"NVM（Never mind，无所谓的意思，表示她正气冲冲地离开）"。就像其他的小争端一样，这次争执之后两人可能有几周时间不再理会对方，而当她们再说话时她们可能都不记得自己当初为什么会那么怒气冲冲了。换作面对面交流，人们就能看到自己的话语对彼此的影响，分歧说不定当场就能解决，但短信永远无法给人这样的机会。

　　漫长枯燥的一周过去了，此刻是周五的夜晚，杰森的一句"我们从来都不出门"让罗伯觉得自己受到了攻击。"不对！我们上周就出门了。"他说。杰森更加难过了，为了让罗伯理解自己的感受，他继续道："你说的是我们跟杰达和达内尔去吃比萨的那一次？那不叫出门。你除了盯着那台破电视之外，从来都不想做任何事。"罗伯被激怒了，他说："辛苦了一周，我想在沙发上休息，又有什么大错？"杰森觉得自己不被理解，还遭到了驳斥，在回了句"你就是听不明白，是不是"之后便冲到了楼上，摔上了卧室的门。

或许你会赞同杰森，或许你会同意罗伯，又或许你对两方都认同，毕竟对于出门还是宅家这样的选择，我们大多数人都经历过。但这场争吵的不幸之处在于：它让杰森和罗伯对对方产生误解，两人谁也没花时间去理解对方的看法。

**你不必因为要对某人的感受负责而去认可他的感受。**

当杰森说"我们从不出门"时，他表达的是自己无聊、孤独的感受，是在做出能与罗伯一起做些有趣的事或者希望两人可以亲近些的请求。但杰森表达的一些东西（又或者是罗伯听到）激起了罗伯的自卫。此时的罗伯并没有表现出他对杰森感受的理解，他只感到自己遭到了杰森的批评，觉得杰森在指责他懒惰、自私以及不管事等一切他担心自己或许会有的问题，所以他才会听不到杰森的感受，更不能以平静的心态回应杰森的请求。

### 观点之争

当两个人都在不停地重申自己的立场、都不认可对方讲的话时，谈话就变成了一场观点之争。此时的第三方

(特别是心理治疗师)很容易会认为这两人单纯地缺乏在给予对方回应之前就对方所说进行理解的交流技能。这一视交流为技能的看法的问题在于，漏掉了冲突与焦虑这两个恰恰会让理解变得十分困难的因素。对彼此所说不做认可，是因为他们害怕去做这样的认可，害怕认可了对方的立场，等于在说"你对了，我错了"，这是在向对方投降。

若话题并不涉及太多的情绪，对话的结果就多会是：即便对方没认可但至少你说出了自己的意思，这会让你有些许的不满足；但假如对话会让彼此产生强烈的感受，那决战般的对话就会升级为令双方都感到痛苦的误解。

为他人提供专业建议的人士说得好像夫妻双方只要学会"如何交流"(知道怎么说"我怎么怎么样"以及其他的话)就能和谐相处了一样。想法虽好，但忽略了真正问题所在。

对于夏洛特来说，虽然她与阿尔贝托之前从未真正讨论过搬家的问题，但她认为两人肯定会在阿尔贝托完成博士学业之后就搬回纽约居住。可实际上阿尔贝托非常喜欢他们现在生活的地方，所以当他告诉夏洛特他可能会留在这儿的大学当教师时，夏洛特心里升起一种遭到背叛的感觉。

由于两人都十分看重在哪儿住这个问题，两人讨论时都很难做到认同对方的观点。于是当阿尔贝托说出他认为不应该搬家的理由时，夏洛特不是进行质疑，就是说阿尔贝托有责任弥补她之前为了他的事业离开纽约所做出的牺牲，而阿尔贝托也说到自己为夏洛特所做的牺牲。两人就这样在争吵中过了几个月。后来夏洛特说，假如阿尔贝托在这段时间认可她为他的学业放弃了很多这一事实，或者对她说下一次会听她的，那她说不定就同意留下了。但阿尔贝托既听不进夏洛特的话，也不认为她的那种感受是合情合理的，反而说自己的事业要比夏洛特的重要。

同样面临住址选择的还有雷蒙德夫妇。丈夫雷蒙德是一名会计，妻子乔伊斯则在一所规模不大的学院担任女生训导长。两人都认为找工作对雷蒙德来说相对容易，所以乔伊斯能在哪里找到另一份训导长的工作他们最终就搬到哪里。但雷蒙德对住在哪里还是有明确看法的，他更想住在大城市或者远离乡村的地方，不管是哪个区域，只要不是郊区那样的由草坪医生说了算的地方都可以。也正因如此，在听乔伊斯对他读招聘广告时，他有一半的回答都是"我绝不会住到那个地方去"。雷蒙德的表现让乔伊斯很受打击，她忿忿地想：雷蒙德完全不可理喻。

那么，阿尔贝托为什么要用自己的事业比夏洛特的重要这样的说辞来贬低夏洛特呢？雷蒙德又为什么一定要那么快地否定乔伊斯所说的那些可能的工作之地呢？是什么让这两位丈夫那么难以认同他们妻子的感受呢？

就阿尔贝托来说，他显然害怕认可妻子的感受会令自己最终屈服于妻子的决定，并受那些决定的摆布；同样，与乔伊斯看过新家之后，雷蒙德似乎没有信心说"不"，否则他也不会拒绝妻子提出的至少过去看看的建议。那么，为什么这两个男人都不能很好地倾听他们妻子的建议呢？阻碍他们倾听的，难道单纯就是"自私""男人迟钝"或者"个人不成熟"吗？或许阿尔贝托与雷蒙德对自己在多大程度上能坚持自我感到焦虑与不安全；又或许，我们人人（无论男女）都有听不进对方、理解不了对方的理由。

倾听很难，因为它可能会使你对某些事失去掌控；假如你害怕自己可能会听到的东西，原因可能是放弃掌控会让你感到不安全。

## 他说，她说

他说"你该早说的"，她说"你该早问的"，两人都觉得对方没听自己讲话。她告诉他她想做的事情，他对她说他很累；他从来都听不到这些事情对她意味着什么，她也从没听出他多么厌烦自己的工作。之后争论升级，两人各自的感受都得不到对方的认可。未能认可对方言语（或要说的话) 就脱口而出一些话，如此做法无法让我们理解对方。

面对夫妻类的顾客，心理治疗师通常都会采用一种行为策略，让他们学会如何在表达自己看法之前理解对方的讲话内容。虽然这种"积极倾听"有助于打破家人间的那种令他们永远也无法理解彼此的互相抱怨的模式，但它对实际解决抱怨并没有任何帮助。假如妻子对丈夫说希望他晚餐能做些不一样的，他却埋怨她难以取悦，那么她可能就会自卫，会想着丈夫这样说是多么不公平。如此，夫妇二人就都会觉得对方没有理解自己。这样的误解（以及很多类似这样的误解）大都是因为人们对冲突无法容忍所造成的，它与无法解决冲突并没多大的关系。但如果其中一方能将自卫与攻击改为对对方所言的认可，单是这么一个简单的举动就能让夫妻和睦相处。

即便是冲突比较严重的情况，就算我们只能做到说出自己的感受（是什么困扰着我们，我们有什么期望等）并让对方说出"我懂"这两个具有魔力的字眼，我们也会感觉好受很多。你不一定非要通过同意别人的观点来认可他们的感受。

那么，人们为什么会需要心理治疗师来展开这样的对话呢？其实人们并不需要心理治疗师，但前提是，他们要让彼此说出自己对冲突的感受，要在说出自己的感受之前听懂并认可对方的感受。

# 放弃掌控的重要性

就像我在前文里说过的那样，我不赞成以给建议或分享类似经历的名义，无端打断别人的谈话。打岔就是打岔，因为这两种举动都没能表达出像"呀，那太让人讨厌了"那样的对说话人话语的理解，它表现出的是倾听人对控制对话的执着。很多人都觉得只要自己说的都是正确的话，那自己就是很好的听众，可我们真的是好听众吗？事实上，说话人最终从我们这里感受到的，是我们没明白他们的感觉，因为我们的倾听实际就是在走过场。

### "你干吗不……呢？"

有一次，我在为一位腼腆又肥胖的青年男子做心理咨询时陷入了停顿的局面，我的上司明智地指出，那是因为我在顾客还未觉得获得我的理解之前就试图改变他造成的。当时我的方案很简单：只要这位年轻人能在我们寻找令其感到不安全的根本原因期间，稍稍主动与他人讲话，他就有可能在两个方面做出改变。但主动与人交谈对他来说实在太难了，所以他觉得提出这一建议的我并没理解他的自我意识有多么痛苦。后来我的那位上司向我提出这样一条技术性提议（该建议涉及对移情与反移情的运用）：闭上嘴、好好听。

**静默下的倾听**

假如人人都能做到我的上司提的这个建议，这个世界将会变得更加美好。但假如你的倾听只是被动的结果，说明你的关注只停留在不打岔的层面（很多心理治疗师和充当心理治疗师的人都是如此）。在这样的对话中，说话人或许会很感激对方给予自己畅所欲言的机会，但没有倾听人对自己话语的好奇与认可的表现，他们会有种挫败感。换句话说，对"闭上嘴、好好听"生搬硬套并不足以让你理解对方所言。当你在某个聚会上告诉某人自己做什么工作，对方虽未打岔但双眼却不断地瞄向他处时，你是很难有被倾听的感觉的。

一个人是不是真心在听人讲话只有他自己最清楚。而从另一方面来说，假如你没觉得对方在听你讲话，那对方就是没听你讲话。我们会通过各种迹象来判断对方是否真的在听我们讲话，譬如他们会不会无视各种干扰，聚精会神地望向我们？若是电子邮件或短信式的"倾听"，那他们的回复是否细致、迅速到让我们确信他们真的读过了我们发去的信息？

在对我们说的话做出评论之前，他们是否会与我们保持眼神接触，是否有喜笑颜开或担心蹙眉的表情，是否会给出"嗯哼""真的吗"之类的感叹表达？这些都说明他们是否对我们的说话内容感兴趣。点头表示关注，较为用力地不断点头则表示认同。这些都是倾听人对说话人说话内容感兴趣的自然流露，这些并不需要你学《基本临床方法》(*Elementary Clinical Methods*) 就能明白。

### 关键的提问

提问传达出的是听者对说者讲话内容的兴趣，但有时传达出的却偏离了说话人想要表达的本意，有的甚至还会偏得很远。比如当你跟一位朋友说度假期间男友对自己的各种不体谅，可她却问了你一堆有关你们度假地的问题，你就会有种她没听你讲话的感觉。还有一种是对方看似跟着你的叙述走但总想驾驭对话的情况，实际上他们是在将自身的叙事方式强加在我们的经历上。这样的人在提问时会设想我们的经历应该按照他们的脚本走，他们会说"问题就该要么否决要么解决""大家就该站在一起""男人就是迟钝""必须与霸凌者对质""女性就是促成事情的人"之类的话。这些控制型的倾听人会结束我们的话语，塞给我们一大堆问题，鼓动我们说些他们想听的话，他们的所为其实侵犯了我们以自己的方式讲述自己经历的权利。

### 响应式倾听

响应式倾听，是一种用于降低争论可能性的倾听技巧。它需要倾听人先听对方的说法，再讲述自己的看法。它可以让你从一个敌对的、本能的反对对方的立场，转到接受对方的立场，让你在压制自身感受的同时给予对方表达感受的机会。这是一种用于解决对话纷争的技巧，几乎适用于所有对话场合，对提高我们的倾听水平大有帮助。有关这一点请见本书后面的章节。

响应式倾听的步骤：

1.在争执的苗头刚刚出现时，请压制住自己要争辩的冲动，同时将关注点放到对方的讲述上。

2.本着不反驳或不反对的原则，鼓励对方说出他们的想法、感受与期望。

3.用自己的话语重复对方的观点，以此表明你对其所想与所感的理解。

4.让对方纠正你的理解或邀请对方就他们的看法进行阐释。

5.可以晚点再给出你的回应。假如问题很重要或者具有争议性，那就等谈话过了一天左右的时间之后再给出你的看法。若是小问题，请缓一缓之后问对方是否愿意听你的看法。

当某人开始就你所说的进行争辩时，你的第一反应可能是重申自己的看法或做出解释。那么问题来了，假如你也想说、他也想说，谁又去听呢？

要想在争论升级之前打破这一僵局，请提醒自己要在表达自身感受之前，先鼓励对方说出他们的感受。千万不要带头争执，要让倾听控制你的思绪。

**争吵如打乒乓球，你来我往没个消停。**

要想听懂他人的心思，你必须压制自己的心思，哪怕只是暂时的；但假如你只是等着做出回应，你的倾听就是无效的。有效的倾听意味着你要主动推迟自己的表达，这或许需要你做出一些努力，但它能帮助你探究对方的想法，这也是破解"争论无法消停"模式的第一步。如：

"我不记得那么说过，不过或许你是对的。那么就现在的情况，你想怎么做呢？"

**在你不反驳的时候，争执或许能停?**

由于大多数人都会一门心思地希望争出个结果，要想让人们认识到你其实在意的是对他们感受的理解，这需要花点时间。在头几次尝试响应式倾听时，你可能会发现对方会很不耐烦地急着争出结果。要压制住自己过快做出决定的冲动，你首先要做的就是有意识地努力将重点放在对对方感受的倾听上。来看看这个评论：

"我们非得每晚都到外面吃饭吗？"

用自己的话来重复对方的立场，是让对方明白你理解他的最好方法，但这并不是让你结束性总结自己听到的内容，而是让你利用这样的重复来鼓励对方进行详述，让自己正确地理解对方。就上面的这个评论，我们可以这样回答：

"让我看看我的理解是否正确：你想吃得更健康一些。你不喜欢每晚外出就餐，是因为我们去的地方都是些油腻食品和烧过了头的菜肴，这让你觉得我们吃得不够健康，是这样吗？"

请注意，这一重述是以问句的形式表达出来的。重述时，重点并不在于表达你理解了对方，而在于表达你正努力理解对方。

响应式倾听里的第四步是与第三步直接关联的。我将这两步分列开来，目的是强调对话时让对方细述其观点的重要性。响应式倾听并不是为了达成什么结论或者中止讨论，而是为了给予谈话的对方讲述其观点、感受被倾听的机会。对方说话的时间越长，能够避免争论回合的时间就越长。响应式倾听的目的是沟通。譬如：

"我想我明白你的话，但我需要确定。你的意思是说……吗？"

"我不能确定我完全明白了你的意思。你说……但我希望你可以（就你的立场）多说些，这样也好让我明白。"

"还有吗？还有其他的原因让你想少去外面吃饭吗？"

无论说话的对象是孩子还是成人，响应式倾听这一重要技能表达的都是对对方的支持。只不过若对方是孩子，那你可能需要花费更多的时间来解读他的话语，以听懂他内心深处的想法。

一到家，9岁的赛蒂就兴奋地跑到妈妈的身边说："妈咪妈咪，知道吗？我拼写得了个A！""那很好，亲爱的。"她的妈妈一边清空洗碗机一边回道，言语中透着股高兴劲儿，但并不强烈。赛蒂继续说道："班上有29个小孩，我的得分是全班第二高的。""不错，宝贝。"妈妈回复道，之后两人又说了几分钟。因为对自己的成绩感到特别骄傲和激动，赛蒂努力地想激起妈妈更多的热情。对女儿优秀的成绩，妈妈当然是十分开心的，但她又怕赛蒂会因为过分地关注学习成绩而变得满脑子只有成绩（就像她的父亲一样），所以面对满心骄傲的赛蒂对自己成绩不屈不挠的讲述，她最终这样告诫了一句："别吹了，这样不好。"

顷刻间，赛蒂的兴致全无。对赛蒂来说，拿到A可是一项很大的成就，所以她才会迫不及待地将这个消息告诉妈妈，与妈妈分享这份快乐。可以说赛蒂遭到了妈妈的误解，但实际情况要比这更为严重，因为当一个寻求认可的孩子向你靠近，向你表达他/她的想法时，失败的回应就等于是在情绪上给他/她当头一棒。响应式倾听能让我们慢慢看清对他人重要的东西。赛蒂母亲同理心的缺失是让人痛苦、令人惭愧的。对于赛蒂来说，下一次她若再有好消息，可能就会犹豫着是不是要告诉妈妈了。

### 情绪上的确认

在进行响应式倾听时，倾听人不仅要付出必要的时长来了解导致对方难过或沮丧的原因，还要努力确保自己对对方感受的真正理解，而这意味着倾听人需要在询问中加入一些澄清性的问题，以及针对对方情绪状态（或你所感觉到的对方可能有的情绪状态）的表述。记住：你不是非得通过认可对方的感受才能实现对其情绪的理解。事实上，只要你压制自己心思的时间够长，你甚至可以通过想象自己就是对方的方式完完全全地体会到对方的感受。如：

"你看着挺灰心的。"

"我能看出这件事让你很难过。"

"你期望会发生些什么？"

"那听起来真的很孤独。"

"你还有其他感受吗？"

"可以想象那对你来说有多难。"

"所以你真的觉得……是吗？"

"你是不是觉得挺失望的？"

有时，你表达出与对方有分歧，对方也表达出对现实感受的理解之后，会想再次申明自己的立场，这就将对话从理解转向了做决定。此时，任何非个人的观点或偏好的表述都只会引起更多的争辩，鉴于此，你只需说一句"好吧，这就是我的感受"即可；之后若要做决定，双方可以协商出一个将彼此偏好都考虑进去的约定。有关协商，我会在后面的内容中做进一步的讨论。

将以理解为主的谈话和以做决定为主的谈话进行区分是个不错的主意，我们应该尽可能多地这么做。此举不仅能令对方感觉到你对其立场的考虑，还能给予你时间，让你能在较小的压力下重新审视自己的选项。响应式倾听并非万能的，它不会自动消弭分歧，但可以降低分歧之下争论的强度。当你告诉自己你的目的是要将对方从争论之中拉出来，是要用心倾听对方，让对方感受到他得到了你的倾听和理解时，你就能体会到这一技巧的高明之处。

虽然有很多方式都能表达倾听人对说话人感受的认可，但它们大多是在对对话进行快速收尾，如：

"我理解你的感受，但现在我想告诉你我的想法。"
"看来我们只能求同存异了。"

这种"是的，但是……"的方式效果并不好。相较之下，响应式倾听不是用来结束而是用于展开对话的。在应用这一技巧的过程中，让对方接受你的观点才是你的主要目的，让对方详述他们的观点也依然是最好的、让其产生接受心态的办法。敷衍认可对方的感受，只会让你白费力气。

在努力表达对他人感受的同情时，一句"我明白"并不是真正的理解，而是表明你清楚对方要说什么的暗示。既然你已经知道了对方的想法和感受，那对方不也就没必要就这些谈论了吗？

譬如你对马上要做的工作报告演示很担心，于是你对另一半说："亲爱的，你知道我有点担心，我该怎么处理那个项目？"可对方只同情地草草回了句"嗯，我知道你的意思"之后，就继续忙活自己手中的事情，试问：此时的你会有怎样的感受呢？

事实上，要表达对对方感受的理解，我们可以采用如下更为有用的说法：

"我没听明白。"

"我不确定自己真的明白你的感受，你可以跟我解释一下吗？"

"我想我明白你的感受，但我不大确定，你能跟我说说吗？"

"我不确定你的感受"与"我知道你的感受"这两种说法的区别，在于它们是否表达出倾听的兴趣。

响应式倾听并不是单纯为了重述对方的话，而是要让对方展开更多的讲述。让人们感受到理解的，是向某个对自己关心到愿意倾听自己的人表达感受这一行为本身，而不是倾听人的看法有多精准。当你付出真心时，响应式倾听就是一种能让彼此避开争论、能让你理解对方内心感受的途径。

### 数字时代下的响应式倾听

就短信或电子邮件式的交流来说，即便你会一再确认自己已对信息做了尽可能明确的陈述，这样的交流仍很难让对方展开响应式的倾听。不能否认，电子交流确实是传递可迅速消化信息的有效手段。在小屏幕上阅读长篇大论有多费时费力，想想都令人害怕。不幸的是，即便信息里的每一个字都是发件人字斟句酌的结果，收件人也是常常一扫而过，只做表面性阅读。

此外，人们要处理的往来信息的量非常大。且停一停，让我们想想这对我们强烈需要获得沟通、关注与用心倾听的渴望会产生多大的干扰。现在的我们忙着更新自己在社交网站上的内容，要处理电子邮件、短信，一天几个小时不停地对着电子屏，还可能要面对参加完一场糟糕的员工大会后，急需我们给予其7分钟全神贯注的另一半，可我们还有这7分钟吗？

要借助这些可恶的电子设备来保证我们的倾听质量，

有个做法是运用Skype、Zoom和FaceTime之类的软件进行视频通话。通过这样的软件，即便你无法待在对方的身边，你也可以看到对方，而对方也能感受到你眼神里的关注。事实上，这样的通话在新冠疫情期间大受欢迎。相较于短信或者电话式的交流，这种视频式的交流能让你获得更多有关对方感受的非言语类信息。当你一边直视着她一边冲她点头时，她看得到你对她的关注；同样，当她告诉你发生在她工作地方的奇葩事情时，她也清楚地知道你并没在玩电脑游戏，没在整理洗好的衣服。

**优质倾听的原则：**

1.将注意力放在说话人的身上。

● 撇开干扰因素；

● 压制自己所想；

● 尽可能地不去打扰对方。如果要打岔，也应是鼓励对方多说的那种。

2.力求抓住对方要表达的意思。

● 不要只对说话人说的话做出反应，还应听听说话人藏在话语背后的看法与感受；

● 力求做到设身处地；

● 力求理解对方正在表达的东西。

3.让说话人知道你理解他／她。

◉ 倾听时要安静、要给予安慰的表述、要对说话人的话进行重述；

◉ 用同情的话语来表达你理解说话人的所言（或试图要说的话）与所感、让说话人知道听懂他／她的感受对你非常重要；

◉ 要多用开放性的表达（如"跟我多说些……""还有其他什么……吗？"等），避免使用收尾性的表述（如"我懂了""同样的事我也碰到过"等）。

## 如何获取你应得的倾听

我心里的那个恶魔刚刚悄声对我说："让我将'……'（××对话）变成'你想要的倾听'吧！"或许我们已经得到了应得的倾听。我可不想听那个恶魔的话。

## 如何做到既能不让对方主动向我们提建议又能给予我们支持？

要获取你需要的倾听，办法之一就是告诉对方你的需求，如：

"我很难过，需要跟你聊聊，你就听着，可以吗？"

"有个问题我要跟你讨论，不过我还没决定好该怎么做；若你只是听我说说，那就是在帮我了。"

假如你不想让对方给出回应性或干扰性的回复，那就让倾听人对对话有个预期的准备，如：

"我并不是要求你同意我的看法，我只希望你能从我的角度来理解，可以吗？"

"我想告诉你一件事，但又不想让你生我的气，所以你就听着、想想我说的话，好吗？"

假如对方在你只想获得倾听的情况下向你提出建议，请务必用你想得到的表述向其讲明这一点。过程中要注意将重点放在你想要什么上，而不是去强调对方的表现多么具有干扰性。与其对对方说"我并没让你提建议""你能不能就听我说一次，别总是非要告诉我该做什么"，不如来一句"谢谢你的建议，但此刻我只想跟你说说发生的一些事"。

## 如何处理打岔的行为

开车时看到有人突然变道插到了你的前方，你会觉得无可奈何；喔，也未必，说不定你会对着那个人摁喇叭、骂脏话，但多数情况下你只能做出让步，因为你不想卷入一场车祸。那假如是你讲话时被别人打岔了呢？此时你未必会让步，因为没有你的允许，你容不得自己讲话被人打断。你说的话，由你主宰。

碰到有人开始打岔，你可以这么做：

竖起你的食指。
说句"等等，我还没说完"。
不予理会，继续说："我要说的是……"

若是某人已经打断了你讲的话，你可以这么做：

与其恼火（或与其只想着恼火），不如练习这么说——"我还没讲完，请听我把话说完"，之后继续说完你要说的话。
不要对对方进行说教或者攻击对方，可以这样讲述自己被打岔的感受：

"希望你可以让我说完我正在说的话。"
"抱歉，我无法集中精神听你讲述，因为我还没说完。"
"我正在努力告诉你对我来说很重要的事。要是过程中你开始说些其他的事，会让我觉得你对我或者我要说的话不感兴趣。"

"当你在我说话之时不停地看手机而不是看着我，我觉得你没在听我说话。"

"我确实想听听你要说什么，但我真的需要先说完对你说的话。"

"我正在听新闻上的一个事件，希望你可以等等再说。"

## 抗拒不想听人讲话的冲动

有的人说话会过分注重自我，有的则说话无趣或者老爱重复，还有的不是政治不正确就是令人讨厌……面对这样的人，我们可能会尽量不去听他们讲话。还有很多时候，我们干脆当他们不存在。另外，为了不想他人靠近，有时我们甚至看都不看他们。譬如，一个十几岁的孩子会忽视不安的母亲发来的一条条短信，一个正看电视的丈夫可能会在妻子要跟他说话时不肯望向妻子；又或者，一个女侍者会因为无法及时抽身服务某位顾客而避开那位顾客要求得到服务的目光。

像这样需要得不到回应的现象，也出现在心理分析师坐在躺着的患者身后为其进行心理分析服务的过程中，而这样的结果令人不安。因为看不到治疗师对自己的反应，患者就无法确定自己是否得到了治疗师的理解与同情；而对于治疗师来说，他们也会因为无法向患者证明自己对患者的兴趣而同样感到不安。但从另一个角度来看，这种具有约束性的治疗方法，最终却是对医患双方的一种释放，因为它不仅让患者相信自己的讲述不会被打断，还让他们可以更全面、更自由地继续表达他们的所想；而对治疗师来说，没有要表现自己对患者兴趣的压力，这种无需盯着患者的做法能让他们更开放地去倾听患者，去思考患者的讲述。

这也就是说，心理分析师可以在无须表现出专注的情况下自由地倾听患者。那么，我们可以从中学到些什么呢？前面我们说过，良好的倾听意味着我们要克制自身的需要，这其中就包括对做一些事的需要，比如要解决问题、要说正确的话，甚至要做出关注的表现等，最好是能做到专注、感兴趣、用心听，同时我们也要避免为了得到对方的好评而去倾听的做法。

日常生活中，我们不可能像心理分析师鼓励患者那样，给予他人专注而安静的倾听，鼓励他们坦露所思、重建自我。假如你面前的说话人已从过去的经验中知晓自己并不会从你那里得到细心的倾听，那你只能重新让他们确信你对他们的兴趣。不过话又说回来，若你听得用心，人们就能建立对你的信任。事实上，仅仅那种不做打扰或不去避开他人说话的倾听，就能大大地帮助你建立起这样的信任。

## 习题

1.  下一次碰到你关心的某个人有事对你说的时候，请给予他/她3分钟的全神贯注时间，请注意观察：在你的感觉中，这3分钟更像是多久？保持你对对方的关注有多困难？克制住你想要说话的冲动有多困难？这几分钟的倾听带来了怎样的结果呢？

2.  请留意下次有人没听你讲话却给你建议的情况，请在对话之后记下你当时的感受以及你认为对方未能听你把话讲完的原因。

3.  你身边有没有这么一个让你在听他/她说话时不打岔、不提建议也不纠正的人？你会这么做是出于什么原因？这是否与你对这个人的尊重有关？

4. 请回忆一下某个曾经用心听你讲话的人，想想你当时的感受，以及那个人是如何让你知道他对你的关注的；哪一次对话内容是让你至今难忘的？

5. 请在之后的一周里练习响应式倾听。第一步，你可以先找一个你容易与之对话的人，但你不一定要通过这次对话来化解争执，只要运用响应式倾听能将对方拉得比平时更远离争执即可；第二步，选个你有较大可能会与之产生争执的人进行练习。在与这个人对话之前请预先就使用响应式倾听做好准备。另外，请在对话结束至少一天之后再向对方亮出你的观点。

# 8
■

## "我从不知道你是那样的感受"

### 同理心始于开放的心态

面对倾听，我们常会带入一些对我们毫无益处的预期，比如我们会预设性地猜想自己会对说话人说些什么，对话会以怎样的方式展开，等等。但设想自己知道某人要说什么，就等于在说你不必费心倾听了。

设想交谈会怎样展开，这通常并非我们有意识的行为，而是我们成长过程的一部分。假如你设想自己的才是正确的交流方式，那你就会很难与具有不同谈话风格和感受力的人建立联系。这样的设想往往隐含相悖的对立面，如：

"有礼貌的人会间接提请求"—"坦率的人会直言直语"。

"阐释应该简短有趣（啰啰嗦嗦枯燥乏味）"—"阐释应该透彻、完整（确保对方理解你的意思）"。

"最好的做法就是时刻保持理智与冷静"—"当你对某件事感受很强烈时，那种感受会增强你对事情的理解"。

就像部分去美术馆看画展的人看画所花的时间只够让他们确定画家名字一样，只想证实自己预期的倾听人无法对另一个人的经历有更深入的体会，这样的听众既理解不了也接触不到对方的感受。但当倾听人以开放的心态去倾听时，有时他们反而会因为自己的设想被推翻而能惊喜地看到说话人的其他方面（如孩子、爱人、朋友等），这让他们对说话人有了更深刻也更全面的认识。

优质倾听的关键在于同理心，而这是通过接受对方的话语、接受他们对自我的表达来实现的。同理心，意味着以开放的心态面对各种感受。

只要撇开预设的观念，同时保持对他人话语权的开放心态，大多数人都可以提高倾听质量，不过完全不做任何设想既不可能也不可取，因为预期也有有用的一面，况且它也不可避免。譬如，对某人可能会有的反应进行预期就可以让你的表达更为有效；对某说话人的需要与交流方式进行预期，也可以帮助你听到其所传达的信息的含义。你可能会想：我这是在说什么啊？预期对于倾听到底是一种帮助还是一种阻碍？

当预期表现为固定不变的猜想和以自我为中心的看法时，它就是对交流的阻碍。这样的预期未经权衡，就会让我们无视其他的观点；当预期表现为对他人交流方式的理解时，它就是交流的提高。在这样的理解下，我们不会以偏见待人而会予人关注、体贴与接受。

# 营造理解的氛围

对交流（尤其是与家人的交流），我们最常带入的一种预期是：我们之间的对话会很自然、很随心。但遗憾的是，我们的自动倾听往往十分草率，准确地说，这是一种心不在焉的、无法更好地梳理我们关系的倾听。假如你想让自己在双方的关系中更有意义，无论是哪种关系，多练练响应式倾听吧。

响应式倾听需要倾听人暂停己思，要能长时间地听完对方讲话并让对方知道你对其话语的理解。假如你的理解正确，说话方就会因为这一理解而感激你；若你的理解并不完全正确，那你带有好奇意味的反馈也能给予对方一个做出阐释的机会（详细内容请见第7章）。

与其他技巧一样，响应式倾听可以通过练习获得，假如你去练的话。

## 倾听也需要练习

为什么我们可以承认自己舞跳得不好或者不会画画，但不愿意承认（甚至是对自己承认）自己不擅长倾听呢？因为有良好的倾听习惯不似一门技巧而像是一个会关心他人的好人该具备的品质。假如你网球打得不好，那是因为你没做过这方面的练习；但假如你听得不好，那就会被认为是个坏人。事实上，好的听众是每天都在磨炼自己的倾听技能的。

想想在多少种情况下你是因为熟知、紧张或者干扰而无法做到对他人的关注与体贴的。无论是忙了一天回到家之后，伴侣跑来告诉你关于孩子的事，还是同事想与你交谈工作上的事，请在下一次面对他们时多费些心思去关注他们。这将对你的倾听大有裨益，更长久、更仔细的倾听会让你的各种关系形成良性循环。

倾听时请放下手中的电子设备，暂停正在播放的视频，将声音调至静音，合上你的笔记本电脑，因为这些十有八九都会让你分心。而且从设计的角度来说，它们也比你身边的任何一个人对你更具有诱惑力与干扰性。

## "我知道你要说什么"

"知道才怪！"——你是否曾因为有人就这样结束了你的话而做出如此冲动的回复？

**一句话由谁起头，就该由谁收尾。**

不幸的是，过早下结论是我们每个人会经常做的事。或许你在这种情况下要说的并不是我在本篇开头用的那句话，但这种对人们要说的事进行设想的举动就是我们每个人都应摒弃的一个不良倾听习惯。

这一天蕾切尔没能在自己保证的6点到家，此时已是6:30了。"抱歉我回家晚了，我……"

"没关系，"蕾切尔话还没说完，帕特里克就打断了它，"我和孩子们做了意大利面，一切就绪。"

见到自己不用再做晚饭，蕾切尔很感激，可又让她心里发堵。本来她是想告诉帕特里克自己晚归是因为老板在下班前的最后一刻又给她布置了工作，但帕特里克那种认为是她造成了他的不便才向他道歉的想法，让她有种他不在乎她的感觉。他好像只在意他的晚餐，她想。

她本来也是可以告诉他的，对吗？或许吧，但假如帕特里克已经形成了打断她说话的习惯，那她可能就懒得再强行让他听自己讲话了。

让人恼火的不仅仅是这种通过打断他人说话来控制对话的表现，还有倾听人在说话人话未说完就开始说些鼓励或赞同的话，或者开始讲述他们的类似经历来对说话人的讲述进行收尾的举动。

对汉克来说，他起初挺感激莎伦在自己说话时习惯性地插些短语以示支持，她的"哇""天哪""好可惜啊"等，让他觉得她明白自己的感受。可一段时间之后，这样的插话就成了他可以预见到的老套表现，开始让他觉得她更在意的是表示支持而并非用心听他讲话。

所谓支持，意味着倾听人对说话人自己感受的表达既不做预期也不做过度的回应。我就认识一位女性，她表示支持时的同情表现就如同一台烤箱不断地散发出阵阵热浪。或许她只是想极力表现自己的体贴，但长此以往就会让人感觉过了头。

"喔，我知道你的意思了！"西莉亚说道，"我们学校的校长对我也是这样的。"她的本意是表达同理心，实际上却让托德感到心烦，因为他不相信她的校长在最后一刻布置给她的任务会像他的老板给他的那样多，更何况这还不是他要表达的重点。事实上，因为这一表示理解的岔话，托德都未能说出这一重点。

避免打断他人讲话，最好的办法就是将注意力放在对方要说的话上。要让对方有机会表达他们的看法，让自己去认可他们的看法，之后才是你说出自己观点的时候；不要在对方一停顿就急急插话进去，而是要压制将谈话的焦点转向自己与自己看法的冲动，也不要向对方讲述你脑海中浮现的每一段经历（此刻的我不禁自嘲地撇了撇嘴）。停一停，好好想想你的话语是在鼓励对方多说些还是在抢夺话语权。

**"什么时候轮到我说啊？"**

有时我们之所以会不听，是因为已经形成了影响自己开放心态的习惯。因为这样的习惯，我们会做设想，会给出情绪反应，会将重点放在自己要说的话上。我们看似在听，实则总忍不住想要就自己的感受、经历、建议与看法进行表述。

那么我们该怎样做才能不将精力放在自己要说的话上呢？这是需要我们付出努力的。请记住这一点：虽然你要说的话大多无碍，但它们会让你错过对对方所言进行倾听与认可的机会。

别在别人说"我讨厌我的工作"时这么说："嗯，我也是。"你可以这么说："呀，那太糟了。是怎么回事呀？"

无论何时都要以听为先，之后才是你对对方所说的认可。是否轮到你说、何时轮到你说，这取决于你们双方的关系是否对等。若是孩子抱怨，一般你会只听不说；假如生气的是你的朋友，那就先听对方说完后你再说；而当对话之中有人难过时，所谓的"对等"也就不存在了，因为难过者优先，这跟室友生病时会需要你关注的情况类似，此时你要做的，就是暂时将自己的需求放在一边。

这与分饼不同，因为倾听他人并不意味着你就没了被倾听的机会。

别在对方跟你抱怨"你在你们的工作聚会上撇下我去跟你的老板说了半小时的话，那让我觉得自己孤零零的"时这样说："我能怎么办呢？他可是发我薪水的人。他想谈话，我没得选。"要这样说："对不起。"

假如你习惯这样岔话，那么人们就会将你的所为视为一种冒犯。碰到自己在他人话未讲完就激动岔话的情况，请努力将自己拽回来，并礼貌地向对方说一句"请继续"，或者说"抱歉，没能让你把话讲完"。假如你喜欢言简意赅，但面对的是一个喋喋不休的人，那你特别容易因为焦躁的等待做出一抓住对方的重点就开始岔话并加快对话的举动。对此，你要深吸一口气，耐心听完对方的讲话。

就算你真的知道对方要说什么，对方也有要将话说出并得到你的认可的需要，因为只有如此他才会觉得你理解了他。假如你面对的是一场隔空混战式的对话，那么明智之举是对对方的可能举动做出预期，这样你才能迅速地处理这些举动，但对话本不该变成这样。人们要说，是因为他们有表达想法与感受的需要，而带着开放的态度去听，不仅是在给自己机会去了解对方的所想，也是在给对方机会来澄清他们的想法与感受，此外你所予以对方的关注也能让你有机会去理解对方，并让对方感到自己被理解。你的认真关注带给说话人的是双重满足：一重是你在他需要时就在他身边的那种满足，另一重是他在看到你表现出的那份足以让你坚持听他把话说完的关心时所感受到的满足。

## 提高同理能力，让自己成为更好的听众

我们大多数人生来就具有一定的同理能力，只是许多人的这一能力没能随着成长而提高。在我们的眼里，同理能力是自然而然出现的，所以我们意识不到它其实需要我们付出努力加以提高。同理能力不是我们在他人向我们讲述问题时所感受到的那种同情性的回应，它并不会自发地出现，我们也并不总容易做到。它既需要我们主动理解对方的感受，也需要我们去处理自己的感受。

做出反应与做出回应之间是有差别的。当我们感受到对方的情绪时，我们多会出于反应自动地将自己的感受付诸刚刚所理解到的感受上。但假如此时我们

深吸一口气，想想是什么让我们做出反应，我们就能将自己的感受与对方的感受区分开来，就能更好地给予对方有心的同理回应。

对贝卡的儿子奥蒂斯来说，适应新高中并不是件容易事，事实上他一向都很难适应转学，也正因如此，贝卡在几个月前他们搬家时就已经在担心奥蒂斯了。不过奥蒂斯这次却适应得非常好，他加入了学校的一个俱乐部并在这里遇到了几位志趣相仿的同学，一天紧张的学习之后踢他带去的足球成了几人常做的放松运动。这些奥蒂斯都对母亲说了，可惜贝卡因为想着其他事情并没听进去，所以她还会照样一天数次地发短信给奥蒂斯，希望以此向儿子表明他并不是在独自面对适应的艰难，直到有一天奥蒂斯冲她发火，说她"就是在用焦虑轰炸自己的手机"。因为儿子的话，贝卡开始面对自己的问题。之后，她慢慢地学会了不受焦虑的控制，以同理的心态更好地倾听奥蒂斯，同时也渐渐地看到奥蒂斯为适应新学校所做的努力。

## 父母给予我们的同理能力

父母的同理能力（即理解、展示孩子所感的能力），是一座将孩子与倾听、关心他们的人联系在一起，使孩子的感受被肯定和理解。真正的连接最有力的特质，在于关系双方对彼此情感经历的共享。

在各种各样的倾听障碍中，最具影响力的是那些因为他人的讲述而导致我们要做点什么的需要，譬如要为自己辩解，要表达不一样的观点，或者要为他人解决问题，等等。对父母来说，他们很容易给孩子提建议，而且认为这是他们该负的责任之一。但假如一位父亲在面对令儿子感到痛苦的晒伤时，说的第一句话是他本该用上防晒霜，那孩子大概率会觉得自己得到的是父亲的责备而不是同情；同样，假如一个小女孩向母亲抱怨自己没朋友，而这位母亲说要是她能对其他的孩子态度好些，那么他们也会友好待她时，小女孩可能会觉得连自己的妈妈也不喜欢她。

心理学家常会用"同理沉浸"(empathic immersion)这一专业术语来描述心理治疗师为了理解患者经历而做出的高关注度倾听。这样的叫法显然有些夸张，而且还容易让人浮想联翩。也许用与对方两手相握来做比喻会更贴切吧，毕竟这样做两只手依然相互独立，但二者的接触又能让彼此感受到连接之下对方的温暖与脉搏的跳动。

要实现对孩子更好的倾听，父母应该少些领导、多些跟随。看到孩子难过，简单的一句"你感觉不好，是吗"，就能让他感到自己得到的是理解，而不是被逼着要对自己的感受做出解释的压力。碰到小女孩生气想独自待着时，那就随她好了，因为她可能需要点时间让自己振作起来；碰到某人很难将心里所想组成文字，一句"这挺难解释的，是吗"的同情表述，好过就对方要说的话进行揣测。父母想要结束孩子负面想法的举动，看似是一种同情，但在孩子眼中则是父母对自己的不耐烦。

良好的倾听不像看牙医更像是在助产。一个会同理倾听的人，可以让孩子发现自己的想法而不会让他们产生抗拒的心理或者让他们屈从于他人的期望。

对孩子在同理上的失败会削弱孩子的自尊，但它并不是我们通常听说的那种对儿童的虐待，而是一种静悄悄的、令人厌恶的回应的缺位。它不是殴打，不会对孩子造成生理上的伤害，但它会令孩子泄气、沉默。

同理心是一种激励。被倾听让我们不再拘泥于关注自我，而是会推动着我们参与到周边的世界中。在同理氛围并不充分的环境下长大的孩子会对自己需求是否合理产生怀疑，这反过来又会造成他们搞不清该如何给予他人同理的关心。他们中有的在无奈中变得自立，根据经历认为自己的想法与感受没人会在乎，于是竭尽所能地掐灭自己对关注的需要；有的则会为获得他人的倾听使出浑身解数，对这样的孩子来说，他们里里外外都透着苦楚，其一举一动似乎都铁了心地要唤醒他人对自己同理的关爱。对在学校做护工的人来说，这些渴望同理的孩子可谓是常客了。面对这样的孩子，护工们会询问他们的感受，有时甚至会让他们躺在一旁的小床上休息。当一个孩子向他人寻求关注时，他同时也在寻求建立关系。得不到倾听，孩子就会紧锁心门，在自己的内心世界里与自己进行着泄气的对话，这样的孩子是无法带着自信与他人进行积极互动的。

就婴儿及学步期的儿童来说，对他们进行同理倾听常能起到放大他们感受的效果。看到婴儿咯咯笑，母亲会开心地回以咯咯笑，而婴儿则是通过看到母亲对他表情的重现、听到母亲对他笑声的重复，来了解自己的这些感受的。当一个学步的小女孩带着擦伤的膝盖走进屋里时，她会因为知道自己的伤痛得到了大人完全的理解而感到安慰，大人的一句"吹吹伤口"真的可以让她感觉舒服很多。面对再大一点的孩子或者十几岁的青少年，我们仍可以采用类似（但不会那么孩子气）的沉浸方式来倾听他们对经历的叙述，表达在情感上对他们的参与。当他们开始叙述时，我们要沉浸其中，倾听那些埋藏在话语背后的感受，比如："没人腾座位给你？太糟了！那你是怎么做的？""你真那么说了？哦，天哪，那太逗了！是不是全场都笑翻了？"像其他任何人一样，孩子们的生活也满是各种细节。当我们真心参与那些小小的共享时刻时，我们就是在给予孩子们他们需要的、让他们感到自己得到了理解的倾听。

## 以同理之心来倾听另一半的老调重弹

在其他年龄段，就家庭、伴侣以及友谊等长期的关系来说，我们的同理性倾听面临的则是老调重弹这一完全不一样的难题。比如，听女友说她出皮疹的事，或者听妈妈讲述她很久之前吃过的大份咖喱煎蛋卷的经历，一些人头一两次还能听得认真，但之后这样的叙述来第三四五遍时，他们就彻底没了听的耐心。

随着时间的推移，我们是否还能成为很好的听众，这多少要看我们如何处理重要关系中老调重弹的问题。这个问题为什么会那么难以解决呢？因为大多数经历只需要几分钟就能讲完，但一场美妙的晚宴对话却因为某人的一句"我有没有跟你说过那一次……"而变了味，而且这样的谈话出现在一段维持了几十年之久的关系中的概率还非常高。那些让我们爱了最长时间的人之所以会让我们感到恼火，不仅是因为他们处理问题的方式或者他们对我们的误解，还因为他们在话题上的不断重复。面对千篇一律的老调重弹，你可能会觉得压抑、无奈，会觉得疲累、乏味甚至气不打一处来，毕竟这些话你已经听了太多遍，甚至都能一字不差地将它们复述出来。那你还得再受一次罪吗？答案是肯定的，但你可以学习怎样做才能让自己不那么生气。

首先，你要弄清对方重复背后的动机。这个老调重弹的人是因为孤独才想说说呢，还是就是特别自我、不在乎他人的感受，想说什么就说什么？或者，他是不是可能忘了之前跟你说过这些？他是不是喜欢在人堆里讲故事？或许，他是因为某件更现实、更难说出口的事而感到焦虑？或许是为了打破令人尴尬的沉默？他是不是因为喜欢看到人们的反应才这样做的，即便那样的反应可能招致全桌人的抱怨？他是不是记忆出了问题？会不会是因为他觉得你并没有完全听懂他的讲话，或者你并没理解到这一经历对他的重要性？或许还有其他什么原因？你的回应取决于你怎么看待对方老调重弹的动机，假如你相信对方就是要惹你生气，那你一定会生气。

其次，想想你希望自己的回应取得怎样的成效。你是想让他做出改变、理解你的懊恼、接受你的界限设定、倾听你的反馈,还是只想让他知道他让你痛苦了有多久?你是想陈述还是想解决问题?在经过这么些年之后,你会认为这样的问题谈了也是白谈,还是想着或许能有更好的倾听与回应之法?

再次,想想你一般都会给出怎样的反应,以及这些反应对你与你们的关系又起到了多大效用。或许,你可以给予对方这样一种有效且和善的回应:"我记得那一次,当时你做了草莓酱蛋卷,对吗?分量特别大!"或者,你也可以与那个爱老调重弹的人事先商量好,你可以说"亲爱的,我听过这个故事了",并说好之后大家要心无芥蒂地继续对话。

反之,你若觉得试过的方法没一样能奏效,那就要另辟蹊径。有些表现对关系非常不利,这其中包括出言不逊、翻白眼、沉重叹息、冷嘲热讽、百般指责、沉默、拂袖而去等。针对这些情况的有益做法是:花几分钟时间想想问题出在哪里。

### 练习:对老调重弹的思考

当我听到对方开始老调重弹时,我对自己说对方这么做的原因是:_____。

碰到这种情况,我通常会这样想:_____,

会感觉：_____，会这样说 / 做：_____。

我这样反应的目的是：_____。

听到对方老调重弹我会觉得_____，

因为_____。

对老调重弹的人我常会做出的反应让我觉得_____

_____，因为_____。

下次再面对对方老调重弹时，我会试试这样来

应对：_____。


就老调重弹这一问题，我朋友丽萨的做法着实令人钦佩。她与吉姆是结婚多年的夫妻。以往只要一碰到吉姆又提起之前说过几十次的老话题，丽萨都会火冒三丈，但现在她会笑眯眯地靠着座椅，轻快地说："我喜欢听你讲这个故事。"而吉姆也会喜笑颜开地开始他的讲述。丽萨的倾听能力显然出类拔萃，不过当你身处一段长期的关系中时，你有大量磨炼自己倾听技术的机会。只要你付出努力，就能以宽容的心态来更好地倾听心爱之人的老调重弹。或许现在的你还没到对人老调重弹的地步，但将来的某一天，你可能也会如此，请相信我对这一点的判断。当你带着同理心去倾听某人的老调重弹时，这其实也是一大妙举，因为它阐释出的恰恰是爱与友善。

## 同理心与科技

到目前为止，我一直谈论的都是同理性倾听在亲密关系中面临的挑战。这种关系的倾听，是指身处同一个地方的两人通过口头或非口头的提示，无意识地自动调整对彼此的回应，并实时关注自己说话的内容及语调对对方的影响。对大多数人来说，要做到这样的倾听很不容易，在社交媒体上或回复电子邮件时，我们如何运用这些技能呢？在网络交流环境下，我们不仅会受到时间、空间、信息传输速度、信息自动更正、电子邮件超量等因素的影响，没有面对面时会有的各种提示信号，还非常容易带着焦虑阅读信息。面对种种障碍，我们该如何做到有效倾听呢？

其实，线上倾听也没有想得那么困难，只是比面对面的倾听多了几步需要你格外注意的步骤罢了。对大多数成年人来说，我们的"虚拟同理"，与我们在面对面交流时所表现出的体贴非常类似。线上交流时，作为对感情线索不足的补充，我们会使用标点符号（比如感叹号就常常用来表示热切）、情感符（如竖大拇指的表情符）和缩略的表述等，确保对方知道我们是在开玩笑（如JK表示开玩笑）、感受话语的幽默（如LOL表示大笑）、进行思索（如IMHO表示恕我直言），让文字显得不像字面上那么沉重（如戴墨镜的情感符、表示"彼此彼此"和"这边工作顺利"的缩写等）。

　　研究也表明，数字交流中，我们对自身关系的管理可以做到与其他方式的管理一样好。从现有的研究来看，那些可以平衡线上社交生活与线下真实生活的人，其在网络空间的表现与在现实生活中的表现一般是一致的：假如你的老板为人唐突，那他不大可能发出善解人意的电子邮件；假如你有一个很支持你的哥哥，那么对你想带宝宝上大学的决定，他会发来一条措辞完美的鼓励短信。

　　或许你已将线上倾听做到了最好，而本书的诸多技巧将助你提高线上的同理能力。这里我列出几条帮助降低线上倾听误解的常识性建议：

● 不要发送任何让人很难接收的书面信息。

● 多为信息接收方考虑，要体谅对方独特的脆弱感受。

● 面对社交媒体上任何会让你血脉偾张的信息，在做出回应之前请先冷静至少10分钟，否则你很容易轻率做出回复。记住：书面性的反应要比嘴巴上的冲动更为危险，因为书面信息一旦发出就难以收回，而且你既无法像面对面交流那般可以进行快速补救，也无法亲眼看到自己的文字对他人产生的影响，所以一定要慎之又慎。

● 面对一封内容令你困惑的电子邮件或一条短信，在做了两轮回应性倾听后，假如你仍无法抓住对方的意思，那就直接打电话询问；更好的办法是安排一次与对方面对面的交谈，毕竟用于沟通的中介总存在一定的局限性；持续性的误解也需要我们变通应对，譬如将线上交流改为语音沟通。

● 永远都不要以短信的方式来结束一段友谊或者一段浪漫的爱情关系，这种方式所表现出的，是懦弱、粗鲁与刻薄。千万别这么做。

● 即便所读的信息让你产生了某种情绪反应，你也不要急着做出最坏的结论，因为这个结论可能并不正确或者不完全正确。

● 永远都不要未做审读就点击发送。

● 别去设想你与对方对谈话有同样的预期，也别设想对方能像你一样回复得迅速、审慎、全面或者带着善意。设想线上关系，同样也能实质性地影响我们余生的各种人际关系。

忽视这些原则会给我们造成一些问题。就我自己来说，我也出现过没按原则做事的时候，比如前几天的那件事。当时一位同事发了封电子邮件过来，提醒我有一项工作尚未交给她。匆忙之中我便回了这样一条短信："很抱歉，我已将你列为我疯狂清单上的头号大事。"她没回信，这让我很惊讶，因为以往她都会很快回复。于是我回过头去重读自己发给她的邮件，然后就想：她是不是以为我说的"疯狂"指的是她而不是我本意所指的长得要命的待办清单？我立即又写了一封信做出澄清，结果她很快回复，说她很感激我的道歉和澄清，误会一笑了之。只不过回过头再想想，假如当初自己能对邮件做五秒钟的审读，那岂不更好？

### 如何撇开猜想，做到开放与同理

要想成为一名优秀的听者，你必须撇开记忆、放下欲望、不做判断。这也是开放的秘诀所在，它呼吁倾听人搁置成见、摒弃猜想、忘掉自身的需要。所以，真正的倾听在于超越自我。

无论我们身边的人多么关心我们，让他们挂心的依然是问题、工作、希望、梦想等各方面的思虑。这些思虑即便没有说出 (特别是在这种情况下)，也会让人难以抗拒、耗人心神；事实上，思虑只要深埋心底，它们就有将对话的双方分隔开来的可能。彼此分享所思所感，是我们走近对方的一步，而同理心则是我们连接彼此的桥梁。

带着同理心的人在倾听时会探究、认可对方的所思所感并因此肯定对方的经历。通过这种方式，他们在交流中积极地进行情感参与、给予反馈 (有时反馈给我们的，还是我们并不熟悉的东西)，并能赋予我们活力。

　　人人都生活在各自的主观世界当中。要想彼此靠近，就必须向对方展露、分享部分的自己，并需要让对方接受。大多数时候我们会对他人隐藏自己的真实感受，甚至有时还会向自己隐藏，这就使得我们的对话与我们的关系一样，常常带着些令人无法看清的阴影。

　　同理心可以将我们彼此连接在一起，但它需要我们在开放的心态上付出努力。太多的猜想会破坏我们对彼此的理解。假如你在对话中做的只是等待自己说话的机会，那你就无法体会到对方经历的丰富。同理心需要我们做出克制，需要我们付出努力。

　　带着同理心去倾听，能让彼此之间形成深度理解的纽带，能给予你更多的东西，这样的倾听是一种更深层次的理解、共振。还记得自己受到伤害或者受到惊吓时，某个朋友轻拍你肩头的经历吗？那，就是同理心。

　　同理性的倾听，意味着你要为理解对方做出一点努力，然后让对方也如此这般地倾听你，它需要你用"嗯哼""我明白""是的"等可以将他们从思绪与感受中抽离的表述来展示你的理解。这些简单的表达，不仅能帮助对方说出他们经历中一些没能说出的东西，还能消除那些将我们分隔开来的、被压制的感受。面对一个关心、理解他们的人，这样的压制是没有必要的。

具有同理心的倾听人，会很自然地抒发自己的感受，如"怪不得你会生气"，这会帮助对方克服对自我的压制。

要实现同理性倾听，你就必须搁置猜想并将精力都放到对方身上，要时时关注对方的话语以及隐藏在话语背后的情感，要去倾听而不是急着把话语权掌控在自己的手中。

同理心牵涉两方面的活动：首先你要做到心态积极、开放，这就像是一个人在观影时让自己融入影片、被片中演员的表演所打动；其次，你要在所想与所感之间找到平衡，也就是说，你要刻意地从感对方之所感转向想对方之所想，譬如你要想她在说什么、她说的是什么意思、她是怎样的感受等。

设想你的另一半回到家说他今天不顺，你理解那种感觉，于是同情地询问情况，之后他告诉你，他下周必须出差，因为他的老板想让他代表机构去水牛城开会，可他并不期待。

一想到出差一路上的行程，一想到那个叫水牛城的地方……你觉得自己很理解他的感受。

但实际上这些可能都是你自己的感受，因为你不喜欢离家，所以你对这样的出差就没什么期待。

我们自身的感受能让我们产生同情，但同理心——真

正的同理心，还需要第二步：想对方之所想。所以，他的
"不期待"究竟是怎样的一种感受呢？

或许对自己被选中为机构代言，他是非常兴奋的，毕
竟这是一个能向老板展示自己可以担当重任的机会；但
他可能又因此紧张不已，因为一旦一个人想要努力证明自
己，那么在公共场合发言就会成为巨大的挑战。

至于他是否会跟你谈论内心的想法，是否会向你澄
清、与你分享他的感受，都取决于你的倾听是否具有同理
心。想知道对方的感受，问他就好。

**你靠同情与自以为的理解来倾听，还是通过同理心与
设法理解来倾听？**

假如对话不存在什么冲突，开放地对待对方的讲话是
比较容易做到的。但假如与某人发生争执，你的倾听无法
做到心无旁骛，而争执又会让你急于表达自己的观点，因
此两人不可能同频共振般地交流。即便你只求对方可以了
解你的想法，最有效的办法也是要先让对方把话说完，让
对方感到被理解、被重视。来看看下面几个例子。

几年前，有位同事因为换了工作，让我接替他继续负
责一本心理分析与治疗类图书的编辑工作。一开始我还

挺开心，但随后我发现这本书的大部分章节写得并不是很好，这意味着我必须去说服那些有头有脸的作者做些必要的修改。这做起来可一点儿也不容易，因为那时的我只是个既年轻又没什么名气的心理学者。有位作者倒是非常热心，他不仅每周都会打来电话询问这本书的进度，还主动请缨说要做我的合编人。后来我读到了他写的章节，才发现他这部分写得就算不是最糟，也好不了太多！所以我将这部分原稿退给他，但也婉转称赞了其中写得好的部分，并请他做几处小修改。三个月之后，我收到了他的来信，信中他先是表达了对我所提"建议"的感谢，但接着就说他的几个朋友在读过了这部分后都和他一样，认为原文无须改动。

在给他回信之前，我在心里默数了10下（将近20遍），之后我在信中告诉他，假如有什么事让他难过的话，我愿意洗耳恭听。结果他在收到信的当天就打来电话，告诉我他的各种想法，说自己这一章节写得非常辛苦，而且之前的编辑也让他重写了不少。我没说什么，他在牢骚发完之后感谢了我的倾听和理解，并说乐意按照我的要求进行改写。

你带着开放的同理心面对一个你在乎的人，不仅是一个非常管用的策略，还是一个能让你从对方内心来了解他的重要手段。

琳达觉得安德鲁肯定不喜欢与自己生活在一起，认为他娶的是他的事业，所以这些年来她才在婚姻之外发展出那么多兴趣。如今孩子们都已步入社会，琳达觉得两人的婚姻也走到了尽头，或许是时候放弃了。她想，对婚姻的失望让她开始梦想自由。想想结婚时她对婚姻的期待，是关注、共同兴趣、爱慕、对话，可到最后，她面对的却是做这做那时的独来独往。

那么，安德鲁那边呢？他取得了事业上的成功，但孤独感却让他觉得自己其实是个失败者。他渴望靠近琳达，渴望能与她共享家务之外其他的东西，渴望琳达的爱。不幸的是，两人早已不再对话，所以他就继续摆出一副漠不关心的样子忙碌着自己的事业。

因为泥淖般的婚姻，琳达前来向我咨询（这可能是因为心理治疗师会说些她想听的话吧）。见面时我试着向她指出她之所以会有这样的困顿感，是因为她不相信自己还能与丈夫对话，不相信除了孩子还有其他能让两人继续共同生活的理由。

琳达曾经一直以为安德鲁想保持现状，所以觉得与他沟通是浪费时间，但当她试着打开心扉与安德鲁进行谈话时，她才发现安德鲁一直都以为是她不想再与他一起生活，所以他才会什么都不说。

以上都是出于自我保护而做的猜想，这样的猜想不仅会掐灭我们的希望、让我们痛苦，还会将我们彼此隔离开来，让我们无法理解彼此。

当交流出现断档时，大部分人都认为错在对方，却视自己的作为为理所当然。

通过交谈，琳达与安德鲁之间的关系的确亲密了些，虽然不是很多，但足以让两人的婚姻有所改观。所以，相互理解是改变关系的第一步。

倾听意味着我们要开放，但这并不是说我们就该开放得像块空白屏一般不做任何保留。真正的接受必须通过体谅他人展现出来。

## 体谅：对期望的最好兑现

经过一段时间（有时是很长的一段时间）之后，我们会明白这样一个道理：不同的人对情感的需求是不同的，譬如难过时你可能需要时间独处，但你的另一半想做的第一件事可能是交谈，而此时的你未必能记住这一点；还有，人们的交流方式也各不相同。一名好的听话人能敏锐地意识到说话人的谈话风格，一个人的谈话风格体现在谈话节奏与细微之处，譬如他的讲述是事无巨细还是言简意赅、他的说话节奏是快还是慢、他喜欢说"谁对谁说了什么"还是"我现在正忙着什么"等。此外，文化规范与个人风格也影响着人们倾听的方式。我们需要明白的是：没有哪一种谈话风格是适用于或者说应该适用于所有人的，所以——

大声的、交叠式的谈话，对内奥米来说表明双方对谈话都抱有热情、双方都在参与，但对沃德尔来说却是举止粗鲁、不听人讲话的表现。

友希对细节的追问，会让牧子觉得那就像是对自己的一种审问。

瑞克希望雪莉直承要点，但雪莉觉得那说明他对自己的讲述不感兴趣。

维罗妮卡喜欢慢慢细聊，所以斯蒂芬总在两人说话时离开房间，这让她很不满；而斯蒂芬认为维罗妮卡说什么自己都会做应答，可就在她要做完想做的事时，维罗妮卡却生气了。

随着时间的推移，关系亲密的两人对彼此的倾听质量常会出现滑坡，这是因为除了要么将问题说出来，要么就将它埋于心底，他们并不知道其他可以解决问题的办法。而当双方的交流方式发生冲突时，无论提出问题还是沉默以对，都于事无补。交流的方式不变，你再怎么努力，都只能让事情变得更糟。

对不喜欢直接交流的人来说，他们觉得身边的人应该明白自己的感受；而对喜欢直接交流的人而言，他们觉得"我们应该告诉对方自己想要什么"。

体谅他人有不一样的对话方式并不是说你就得将那些方式摸个透，而是要让自己接受那些不同。假如你习惯了纽约快节奏的生活方式，要面对一个如同在每棵树跟前都要停一停或放松一下的猎犬那样、说话不紧不慢的人，请耐住性子去听对方讲话，说不定你会慢慢地喜欢上对方的说话方式。

不幸的是，对话方式的不同总会带给人们层层的误解，而当你坚持认为自己的观点正确、对方的观点错误时，误解就很难消除。

除夕之夜，比琳达与丈夫一起在婆婆的家里庆祝跨年，这时婆婆来到比琳达的身边轻声说了句："放开来玩，别搞得那么正式！"

比琳达有些恼火，她与丈夫的几个表兄弟一直有说有笑、玩得挺开心的，她也没正襟危坐，她只是在做自己罢了。

之后，比琳达越想越气，她开始想：那个女人以为她是谁？我还没说她一听到谁说个什么就笑得像个疯子一样呢！事实上，她觉得婆婆的大嗓门煞是刺耳，这可不是她的聊天风格。

显然，这两个人各有觉得适合自己的谈话方式，而这些方式是她们在成长过程中被教导出来的。

一些人视自己有所克制的讲话方式为"礼貌"，见到他人富有表现的说话方式就觉得"粗俗""吵闹""做作""不雅"；同样，对于情绪外露的人来说，他们认为自己"开放""诚实""热情""友好"，觉得情绪内敛的人"冷漠""不友好""不容易让人靠近"。（请注意，比琳达与自己的婆婆如何看待彼此的谈话风格，恰恰体现出了这一点。至于她婆婆是"诚实"还是"粗鲁"，比琳达是"礼貌"还是"冷漠"，相信你自有判断。）

体谅，意味着你要对他人的感受做出回应。这并不是说你就要设想自己知道对方要说什么，而是对对方想说的话报以足够的兴趣。从另一方面来说，体谅还意味着你要利用自己对他人的认知来理解他们的观点，尊重他们的个性。

要表示体谅，你可以这么做：

- 关注对方说些什么。
- 询问对方希望你给予怎样的倾听，如："你是想倾诉还是想解决问题？"
- 认可对方的感受。
- 先倾听，后说出自己的看法。

◉ 倾听对方，无需建议。

◉ 就算彼此自幼相识，谈话时你也要压制住自己做判断、做指责的冲动。

◉ 不要在倾听后立刻做出同意或否定对方所说的表示。

◉ 询问对方"还有吗"，以此确定你听到了对方所有要说的话。

◉ 留意对方可能会有的感受，并在之后进行询问并确定。

◉ 对话之前与之后，都要问问对方这一天过得如何。

◉ 尊重他人对独处的需要。

◉ 若对方在谈话中出现了沉默，请保持耐心，因为此时的他正集中思绪，控制内心强烈的感受。

◉ 尊重他人解决问题的需要。

◉ 倾听但不要过多地敦促对方说出他们的感受。

◉ 迟些时候再次确定对方的情况。

对某些人来说，只要你的谈话方式一成不变，你说的话他们就无法理解。

**对所爱的人，我们的反应往往都是最冷漠的**

是什么让一个人对他人的讲话漠不关心呢？要想弄清

倾听人为何不听人讲话，但反应很强烈，你需要想想是什么让这个人感到焦虑。有时人们的焦虑是压力所致，而这样的压力既可以是真实的也可以是想象中的。面对实质性改变的出现，人们会感觉有威胁，会产生抗拒。假如我们觉得强势的一方会主导关系，可能会让我们不愿倾听他们，当然也有强势方不愿倾听弱势方的时候。譬如，一名男子若认定自己对孩子的看法不被尊重，那他就会抗拒倾听妻子对孩子的看法；三代同堂时，觉得无权诉说（也不想诉说）自己想法的老迈父母，可能不愿参与决策家庭事务。不过对于大多数人来说，一旦他们意识到自己在一段关系中其实具有话语权，那他们就能给予对方更好的倾听。

从另一方面来说，关系中明显强势的一方（如父母或者配偶里的主导方）之所以会不愿倾听，一般都是因为潜藏于他们内心的情绪问题显现出来，让他们感到焦虑。

午后，汤米从学校回到家里。因为心神不宁，他决定去锄草。当除草机开进高高的草丛中时，空气中散发出了熟悉的清新气息。可没锄多远，除草机就因湿草堵住了切割片而动弹不得。之后机器又在走走停停中折腾了几次，这惹得汤米非常恼火，他干脆将这部"不听话"的机器扔回了库房，然后跺着脚骂骂咧咧地回到了屋里，"咚咚咚"地上楼并甩上了房间的门。

这时，汤米的继父杰罗米也回到家里。经过询问，汤米便跟他说了自己这一天在学校不顺、回到家除草机又闹故障的事，此时的他又恼又气。

可杰罗米非但没对汤米表示同情，反倒教导起汤米来："碰到问题管不住自己，大喊大叫是毫无用处的。你得停下来，让自己静静，生气只会让你一事无成。"这边杰罗米说着，那边汤米的头慢慢地垂到了胸口。

杰罗米继续说道："当草长到一英尺那么高，你又锄得急急忙忙时，草是没办法锄得顺的，你得一步一步，慢慢来。面对任何事情你都不能横冲直撞，包括生活。"

汤米努力辩解："是的，可当你在学校过得倒霉、回到家又事事不顺时，你就会气上加气。你总得将这些火撒出来才行。"

"记得我们昨晚聊过的话题吗？有关问题的，我当时是怎么说的？"

"你说我们得管住自己的嘴巴。"此时的汤米已不再寻求同情，只力求能保住自己的一丝自尊了。

但杰罗米并未罢休，他继续说道："我还说过将问题混在一起就会造成更大的问题。但对这样的问题，假如你能逐个击破，问题一般都会迎刃而解，记得吗？"

汤米不再辩解，两人之间的谈话到此结束。

从这一案例可以看出，杰罗米的倾听是失败的（甚至比失败更糟糕）。他问汤米为何生气，可当汤米告诉他缘由时他给予汤米的并不是倾听而是来了场"发火无用"演讲，但这显然不是汤米"报名"要上的一堂课。至于汤米，他为了寻求杰罗米对自己的理解而试着向他解释自己的感受，到头来他却成了一个被困在对话之中，还不得不听继父说他的做法怎么欠妥、不得不忍受继父无聊卖弄的听者。

这番对话（以及其他类似对话）最让人难过的，并不在于杰罗米对问题有着与汤米不同的看法，而在于杰罗米为了减缓由汤米的行为所引起的焦虑并试图将自己的观点强加于汤米的举动。对话中的他努力扮演着"做爸爸的最懂"这样的角色，却因此让汤米的看法显得无足轻重。此外，汤米的感受从头到尾都没有得到过认可。这样的教育是冷漠的，它带来的影响可能是长大后的汤米会变得像杰罗米一样遇事不知道倾听而只会说教。

为什么杰罗米那么听不进汤米对自己生气的解释，又是什么让杰罗米觉得大受威胁呢？答案在于愤怒（可能还有总与愤怒如影随形的羞愧感）。

无法容忍自己的情绪，会严重影响到你对他人的倾听。愤怒是人类的基本情绪，可对杰罗米那样的人来说，即便是正常程度的愤怒都会让他们感觉不适，令他们无法容忍。因为深陷对自身情绪反应的处理，他们甚至觉得必须让自己断离各种痛苦的情绪，远离那些会让他们产生这些情绪的人。在这样的心态下，这位超级理性的继父才会一个劲儿地训示孩子而不是安慰。只不过如此一来，他传输给孩子的只是他自身的羞愧感与断离感。遗憾的是，这个孩子下一次不一定会再与他分享自己的感受了。

事实令人无奈，对我们最亲近的身边人，我们的反应就是这么强烈。关系越近，自身需求对我们产生的影响就会越大；我们的需求越多，我们就越难接受对方的看法与感受。

## 洞悉他人内心的声音

一个人未觉察到他人倾听需要的表现之一就是：给予对方并不需要的建议。当你出现了忍不住要给人建议的冲动时，去听听来自你潜在人格发出的不同声音吧，这样你既能阻止自己浪费口舌（以及影响你的倾听信用），又能让自己从一个全新的角度来看待对方的感受和你与对方谈论敏感话题的方式。

若是这样的话题已经引起了激烈的争论，又该怎么办呢？假如某人因为某事而大发雷霆，对他的最好回应就是认可他的感受。他发火，说明有什么让他烦躁不安，而他也正努力要告诉你这一点。只不过面对冲我们高声叫嚷的人，很少有人能够耐心倾听他们的发言，这就像约翰·高特曼指出的那样：心率飙升之下，无论你做什么都是听不到对方的讲话的。此时的我们最好暂停20分钟，之后你要面对的就不再是如何平息怒火，而是怎么去做事后的修补。

当你从潜在人格的角度看待对方的愤怒与你的反应时，你还能赢得同理与洞悉问题的机会。若你能看到某个人的咆哮其实就是一个孩子的发飙，你就会明白此刻这个人自我感受到的并不是强大，而是脆弱和无助，因为一个强大的人是不需要对人嘶吼的。若对方的吼叫令你感到害怕（那你就和我一样），请在平静之时想一想那样的吼叫带出的是哪个潜在的你（比如受到惊吓的儿时的你），单单这个发现说不定就能帮助那个现实中成年的你振作起精神，去解决问题。

### "可以耽搁你一会儿吗？"

要通过洞悉让自己获得更好的倾听，我们首先需要弄清自己心目中的谈话对象是否抽得出时间。此外，一个人的谈话意愿也可以通过他/她的动作神态表现出来，比如在你进入房间时，一个以期待的眼光看向你、面带微笑地合上笔记本电脑或者朝你走来并向你问好的人，多半是愿意与你交谈的；相反，一个只看手机却连头都不抬、看你走近却将眼光挪开、只顾查看电子邮件或读东西、要时刻照看学步儿童或者心事重重的人，大多没有心情与他人谈话。假如你实在需要与某个忙碌之人进行交谈，那就询问他是否有空。一句"可以耽搁你一会儿吗"，就是一块谈话的敲门砖。

格伦最近订了个新计划：早收工1小时回家。计划进行的第一天，他特别期待能在晚饭之前与16岁的儿子查理聊一聊。一进家门他就喊了声"嗨"，可没人答应。他想，太糟了，查理肯定是放学后待在学校了。可没过几分钟，他就听到了楼上查理房间传出的音响外放声。

格伦爬到楼梯的半中腰，大声喊道："嘿，查理，是我，爸爸。下楼来，我想跟你聊聊。"

不一会儿，查理就来到了客厅，可开口说的第一句话是："我做错什么了吗？"

格伦瞬间感觉糟透了，他不禁想：我们父子俩的关系难道到了这个地步吗？

但实际情况并不是格伦所想的那样，查理只是有些措手不及，误解了父亲的意思而已。现在如果格伦早回家，他会在收工之前发条短信给查理，告诉他"我大概5:30到家，说不定我们可以在我准备晚饭时聊一聊"。

你对沟通应该怎么进行、何时进行的期望，并非见效于它们被证明对错的时刻，而始于你将它们分享出去的时刻。

## 自我反思式的观察

体谅他人可以增强我们的敏锐度，提高我们的倾听质量，但我们更要注重发展自我反思这一意识。在碰到自己很难听进他人讲话或者很难让他人听自己说话的情况，请后退一步，重新思考一下你们相互交流的过程。过程中你需要撇开个性上的因素，对行为与反应进行思考，同时也要跳出那种视对方为因、你的反应为果的线性思维方式，从循环过程的角度来看待你们的交流。

譬如，碰到你十几岁的女儿如今不再跟你交谈的情况，你会想"喔，虽然她想要条新牛仔裤或者需要我开车送她去哪里时会跟我说说话，但我很怀念她小时候我们时常有的那种对话。如今的她动不动就是一副不高兴的样子"。对你女儿这样的寡言少语，如果你愿意，可以把它算到青春期的账上，不过你也可以把它看作循环过程的一部分。

你要反思一下自己在这一循环过程中的影响，问问自己：是什么令女儿不肯多言或者是什么让她越来越不爱说话？你会探听一些她并不打算向你透露的事情吗？比如她的朋友中有谁在滥用药物、有谁抽电子烟？与她谈话时，你要么说她没做家务、没完成家庭作业，要么就说她不收拾自己的房间，又或是让她对弟弟好些，是这样的吗？你会在她只想躲进自己的房间时问她一大堆的问题，在她感到疲惫或者准备做作业时开始跟她讲话吗？在她真的向你敞开心扉时，你的表现是尊重她的看法，还是她说什么你都会反驳？

## 你对自我的倾听可以做到多好？

因为尊重他人的感受，所以你才会去倾听他们，反过来你也能得到他人对你的感受的尊重。那么，对自己思考与感受权利的尊重，你又做得如何呢？你对自我的倾听，做得好吗？

慢性头痛折磨着凯特，但她已经放弃去看医生了，因为看了多少次都不管用。没有一个医生能弄清楚她是哪里出了问题，也没有多少医生愿意认真听她的讲述，最后还是因为姐姐的敦促，她才又去了波士顿一家顶尖医院的头疼门诊就诊。

门诊医生给她开了各种各样的查验单，其中有一项是对大脑进行断层扫描。扫描做完之后，凯特就开始焦急地等待放射科医生给她讲解扫描的结果。医生终于赶来了，可他脚步匆匆。过来之后他先做了自我介绍，但由于说得太快凯特并没能听清他的名字。他给凯特看了看扫描图片，并指着影像上的一个小白点说："这只是你体内松果体的一处正常钙化，没什么好担心的。"

之后他就开始往门口走去。对医生的讲解，凯特感觉意犹未尽，他能再多讲点该有多好！但她又不知道该怎么去问，此外没能记住这位医生的名字，也让她觉得十分尴尬。

但这位医生走到半路又折了回来，问了句："还有其他问题吗？"

凯特低声答道："没有了。"

凯特之所以会做出这样的回答，是因为她察觉到了这位医生急于离开的心情，这样一来她就没能好好遵从自己的需要。担忧、不确定，加上那位医生的匆忙表现，都给她的这一需要蒙上了一层阴影。

**你若自己都不听自己的需要，别人就更不可能去听了。**

倾听自我，不仅仅是对自我感受的尊重，也是对自身交流方式的认识。这并不总是那么容易做到，此外，倾听自我的感受并不总是令人愉悦的。

就以我自己为例。我很喜欢在社交场合讲些笑话或说些俏皮话，其中有些说不定还非常好笑，只不过这些很容易让人分神。就喜欢开玩笑这一点来说，它既可以是应对社交焦虑的一种自我保护，也可以是针对躁动情绪的一种发泄。无论什么原因，有时面对那些突然跳到脑海中的金点子，我必须费点心思来克制。

相较于了解自己的交流方式，或许你会更容易看出他人所具有的一些你巴不得他们可以改变的交谈习惯。无论别人会怎么做，费些心思来了解自己的交谈方式能让你更有效地与他人产生连接。

在第2章中我提到过，人们之所以会寻求独处，有一个原因是他们尚未学会如何处理面对人群时自己的焦虑。不过独处也有独处的好处，尤其是当你并没将那些独处的时光挥霍在查阅电子邮件、玩游戏或者在社交平台发帖子的时候。心无旁骛的独处，可以让你拥有倾听自己的时间，让你听到、认清自己的思想；你独处时的思考，或许能让你看到自己不曾意识到的感受，意识到本可以做得更好。

每天我们都在忙着做各种事情，只不过我们的行为往往都是受驱使的而非刻意的。当你被卷入由各种责任汇成的河流中时，这条河会在带着你前行的过程中逐渐吞没你的生活。当你一个人在等咖啡、坐公交、散步时，你会有种想看手机的强烈冲动；而一旦你拿起手机，你就不再是孤单一人。与自己相处（我们内心的声音也是值得我们关注的）我们都难以忍受，怪不得我们会很难倾听他人！

## "我连喘口气的时间都没有"

好吧，让你喘气的机会来了。请在之后的几天内进行一两次心无旁骛的静坐。过程中调整你的呼吸，将注意力放在深吸、慢呼上；再来一次；放松、呼吸。待平静下来之后，请听听你的内心。

**孰能浊以止，静之徐清？——老子**

因为后悔没在完成研究生学业后继续在心理分析院校学习，行医几年之后我又回到学校接受课堂教育与校方对我手中医例的监督，而这样的监督让我对自己本该对病患说些什么有了更多的认识，让自己可以在下一次与病患面谈时做得更好。虽说监督让我成为一名更好的心理治疗师，但它也让我每周都觉得自己有点愚蠢，我总在想"我之前干吗要那样说呢"或者"我怎么就没看到这一点呢"。

学业完成之后，我便回到自己的事务所继续执业，同时也展开了对自我的监督。此时的我在为客户做完咨询后，对自己在过程中出现的遗漏或者没说的话已经有了更清晰的意识，而且不再像之前那般总感觉自己愚笨了（或者只想着自己的愚笨之处），并且开始在治疗期间给客户写信。就信的内容而言，若我觉得自己在谈话期间未能向客户讲清什么东西，那我就会对谈话做个总结；若是想到了自己在谈话中没有想到的内容，那我会将它写在信里。

或许你也可以成为自己的监督人，说不定你就会在某些谈话结束之后想到自己其实可以说些不一样的话，又或者你会觉得可以给予对方更好的倾听。努力让自己下一次做得更好吧！假如之前你与某人的对话留下有话未说完的遗憾，那就找到这个人再听他/她说说，然后阐明你本来想说的话。对对方来说，这种向他/她征询澄清与反馈的举动（即便是在数日之后），就是你对他/她关切的表示，它不仅让你有机会修复之前本可开展得更好的对话，从长远来说，它还能帮助你成为一名更好的听者。

## 习题

1. 请就接下来的一周你会做的一两次对话，想想你会与谁对话、对话又将如何进行，预想一下你的用心倾听可能会带来的影响。挑选一个你在乎的人，想想可能会有哪些因素干扰到你对这个人的倾听。请在谈话结束当天花5分钟反思你们的对话，想一想：你的倾听做得如何？难点在哪里？你的努力带来了怎样的结果？

2. 练习不去打断别人的谈话。你可以尝试用"嗯""跟我多讲讲"等两三句简短的表述或者适合你自己的表述让对方结束他们的讲话。这一做法对你或许有用又或许没用，不过这并不是重点，不去打断对方的讲话才是。要培养自己的耐心。

3. 在将心事告诉他人之前，请先询问对方："可以耽搁你一会儿吗？"想想这对你的倾听质量产生怎样的影响。

4.　感人所感会让我们对他人产生同理心。的确，若感受不到别人的快乐或痛苦，我们也就无法表示同情。所以请花点时间，坐下来，在深呼吸之后想想你对自己或别人对你说下面每句话时的感受，感受一下这些话对潜在人格中的哪个你产生了冲击；观察一下你好奇般的关注是否让你感受到伤感、惆怅甚至愤怒等情绪。无论你感受到的是什么，请与它同在并观察接下来会发生的一切。若出现疑虑，请想想为什么。

我想支持你。

你是个好人。

你已做得足够多。

我理解你的痛苦。

我会保护你。

你很重要。

你很有趣。

# 9

## "我看得出这让你很生气"

### 如何平息情绪反应

现在让我们来探讨一下导致人们不肯听他人讲话的头号原因——情绪反应。就像我们在前文里说到的那样，当某人说了一些会让我们焦虑的话时，理解、同理心等就被我们抛到九霄云外了。如果说未认可对方所言，将讨论变成了你来我往的唇枪舌剑的话，那么过度的情绪反应就将讨论变成了一场"突出部之役"(Battle of the Bulge，二战末期德军发动的一场战争)。觉得用战争来做比喻太过夸张吗？那就在下一次你经历了一连串言语性攻击与反攻击之后，清点一下你内心受伤的感受吧！

面对某些人过于刺激的反应，倾听他们势必令人痛苦。但不管别人说了什么，你要注意的，始终都是自己会怎样做出反应。

面对一些面皮很薄、一点批评就能让他们勃然大怒的人，我们又该怎么做呢？假如你们之间的关系很亲密，面对对方出现这样的过度反应时，你要做的就是想办法理解他们。

## 同理心，让我们放下戒备

不安全感，我们人人都有，唯程度不同而已。正因如此，我们才容易在感到威胁时做出戒备的反应，但我们应该做的其实是以开放的态度去看待对方的观点。

人们之所以愿花高价去看心理治疗师，原因之一是希望自己的倾诉能够获得倾听（相较于普通治疗师，优秀治疗师给予客户的倾听自然只多不少，而且说不定还会给予倾听之外的东西）。当客户向治疗师抱怨自己生活里的其他人时，治疗师会因不用担责而给予客户毫无戒备的倾听；可当你向亲近的人谈论自己的伤心事时，对方可能会因为有某种牵连而对你的话做出有戒备的反应，会说出"不，别那样想"，等等。但真正表示接受的、无戒备反应的回复应该是这样的："喔，你是那样的感觉啊？跟我说说吧。"

## 戒备有因

当有人对你说"你关心你的父母多过关心我"时，戒备之下你的回复可能就是："我都没跟他们见过几次面！"

那么，这个人是在戒备他/她想到的什么威胁呢？

对"你关心你的父母多过关心我"这样的话，有同理性的回复又会是怎样的呢？

这样的回复又可能将你置于怎样不利和有利的局面呢？

同理心表达的是一种许可，是倾听人以接受和无戒备的态度对我们抒发感受的许可。他们会欢迎我们就心中那些不讨喜的自我进行倾诉（这么做也让我们可以对自我进行倾诉）；而且就算我们对他们的看法并不正确，他们也会认可我们感受的真实性。

**感受对经历过它们的人来说，就是事实。**

不要有情绪反应，这一看似简单做起来却异常艰难的举动，对我们人际关系的影响是深远的；如果能做到这一点，那么再难的对话，压力之下的你都能从容面对。

## 面对挑衅，如何避免做出情绪反应

对蒂姆很多未能做到的事，纳丁动不动就会暴跳如雷发泄内心的不满：

"你自私不说，还不知道体谅人。"
"你从不考虑别人，你眼里就只有自己。"
"你才不在乎我，你只在乎性！"

这些指责令蒂姆无法忍受，他想：她若不开心就直说好了，干吗还要将我骂得体无完肤？他试着去听纳丁的抱怨，可每每听完她的发泄后他就只想远远地躲到一边去了。

听着高顿讲自己怎么对待顾客的抱怨，保罗火冒三丈，觉得他先是将什么事都丢给自己，之后却批评他做法有错，这无异于在说"高顿做什么都是对的，保罗做什么都是错的"，于是他对高顿发了火。

上述这四个人都有权表达自己的感受，可问题就在于没有一个人在听。听而不火，意味着你必须能忍受一定程度的焦虑，要能抗拒那种"非战即逃"的冲动。

### "别反驳！"

这可是一句有名的建议，但问题就在于，让人们从头去做另一件事，容易；让他们停止他们正在做的事，困难。假如你想减少自己的咖啡摄入量，喝杯茶要比忍着不喝咖啡、干坐在那里容易得多；假如你想戒掉垃圾食品，拿根胡萝卜也比克制自己要撕开薯片袋子的冲动来得容易。所以，若是你想降低自己的情绪反应，那就让自己倾听得再专注些吧（具体而言就是让自己听得更持久一些）。

被一个擅于批评却又不怎么帮忙的人痛斥或挑刺是怎样一种感受，或许你非常清楚，只不过反驳只会让事情变得更糟。蒂姆辩驳是因为纳丁的暴跳如雷，但更全面来看，他面对的是这样一个问题：每次觉得自己遭到忽视时，纳丁会忍着什么也不说；等到再也忍受不了时她就会来一场宣泄；而蒂姆在纳丁爆发之前未能留意到纳丁难过的迹象，在纳丁爆发之时也没能做到不发火、不回避地倾听。保罗的情况也是一样，引发他做出反驳的，不仅仅是因为高顿会将难沟通的客户留给他，之后却抱怨他处理不当，还有高顿因为他的情绪表现（发火并回击）而不愿听他讲话的原因。

**全面地说，所有的倾听问题都是双方共同作用的结果。**

击败我们的并不是对我们挑衅的说话人，而是我们自己的情绪反应。

掌控情绪反应最好的办法，是勇敢地参与到情绪激烈的场合之中，去忍受这一参与可能带给我们的焦虑。逃避带来的，只有自欺欺人的自我掌控。

因为不想面对母亲惊慌的提问与过分的忧虑，金妮就没打电话给母亲，没告诉她有关自己刚经历了一场车祸的事。只不过如此一来，她的心里不仅多了个秘密，还让自己在面对情感压力时又新添了更多的无力感。

为了形成平和的关系，我们应该尽自己所能抗拒做出逃避、争执、拖延、指责、反抗、专横、顺从等自卫反应的冲动。这些反应皆因焦虑而起，而且会以避开问题和挑战、逃避或安抚他人等的方式来掩盖焦虑。勇敢地面对那些会让你逃避的人与环境，学着控制自己的抗拒反应，一段时间后，你的焦虑水平就能得到降低。

在第6章里我谈到了带有敌意的提问。当观众席里的某位观众因为发言人话语中的某些东西而感到焦躁不安时（或者仅仅就是坐在那里被说话人说教时），他/她是会化焦躁为提问向发言人发动攻击的。

"抱歉，"碰巧也在观众席中的著名法国解构主义人士克劳德·纳赛尔-帕赛吉斯（Claude Nasal-Passages）说："你刚才说的不都是废话吗？你脑子里除了一堆氢真是什么也没有！"

不幸的是，对一些向观众分享了一小时左右想法的发言人来说，这样的状况是会让他们非常恼火的，而且就我的观察，他们（还有其他人，你懂的）比较容易以牙还牙地给出令人遗憾的回应。

"喔，纳赛尔-帕赛吉斯教授，你的看法倒有意思。不过你就是一个自大的混蛋，你胯下的那匹马（暗指看法）也是！"再一溜儿的大写文字。

面对带有敌意的提问，更好的应对之举是抗拒自己要去驳斥的反应，听对方把话讲完。你无须赞同或反对对方的观点，但要邀请对方就他们的看法给出更多的阐释。对带有敌意的提问人来说，他们真正想要的并不是答案，他们就是想说点什么而已，那就让他们说吧。

若将这一做法应用到日常对话的场合，它能起到防止对话双方出现反应升级的作用。我有个朋友就是用这个方法降低了已开始危及其二次婚姻的对立情绪。

自两人结婚以来，罗伯与卡拉非常恩爱，但一碰到罗伯的女儿梅拉尼的问题，情况就变得不一样了。据卡拉说，罗伯宠坏了梅拉尼，"借"给梅拉尼的钱，梅拉尼就没还过，而且不管梅拉尼什么时候想用车，罗伯都会借给她，可就算梅拉尼答应按时还了，她有时还是没能把车开回来。问题在于，不论何时只要卡拉对梅拉尼提出任何反对意见，罗伯都觉得她在攻击自己的女儿，所以他不仅听不进卡拉的话，还会对她的话做出反击。这恰恰也是令很多二次婚姻走向破裂的原因所在。

当罗伯意识到自己的婚姻出现危机后，他决心今后无论遇到什么情况都要听听卡拉对梅拉尼的抱怨。两天后，这个机会就来了。这一天梅拉尼答应会在晚上8点之前把车开回，以便卡拉可以外出购物，但梅拉尼到晚上9点半才开回来，而此时所有商铺都已经关门了。当卡拉向罗伯抱怨这件事时，罗伯心里虽百般难受，甚至都开始想着该怎么反驳了，但最终他克制住了自己的戒备反应，说出了他早已准备好的话："跟我说说吧。"

卡拉开始说过分宠溺对梅拉尼没有任何好处，罗伯听着，坚持不去打断卡拉讲的话；之后，卡拉又说起她在家里就感觉自己像个局外人，说她清楚也尊重罗伯与梅拉尼间的关系，而且既没想过要去当梅拉尼的母亲，也没想去教罗伯怎么做，她要的不过是在问题出现时能与罗伯说说话。而罗伯，因为决定了不争论，他发现自己在忍下了卡拉头几句话在他心里触起的情绪反应之后，竟然可以十分轻松地去听卡拉讲的话了。此时的他听到的不再是前妻那总在批评他和孩子的霸道的声音，而是现任妻子在表达对遭到自己忽视的强烈感受；他听懂了卡拉要的不是让他做出任何改变，而是希望他能听听她的看法。这次之后，二人的关系就发生了转变。虽然对该如何应对梅拉尼两个人并不总能看法一致，但罗伯清楚，对卡拉的看法他可以去听但不一定非要采纳。现在，分歧已不再能将他们二人分开。

## 为剑拔弩张做好准备

平息情绪反应最好的做法，是避免自身做出反应。这说起来容易但做起来难，不过我们就该像罗伯那样，在意识到自己与卡拉的关系面临崩溃时做好调整。事实上，对我们生活中很多不容易展开的交谈，我们都是可以进行预测的。若你能停下来想想自己的老板或者自家十几岁的孩子会说些什么让你感到焦虑，那你就可以对情绪反应做好准备。

**预期能让你避免做出过度的反应；对自己会如何做出反应，请提前做好计划。**

面对一般的挑衅，我们要做的不是发火而是保持镇静，为此我们可以向对方进行提问，此举也是"多跟我说说"这一策略的变体；另一个缓和情绪的办法，是就对方反诘性的问题与讽刺的表述，不发火也不反驳，而是做出针对字面的回应。如：

"难道你脑子里除了性就没有其他吗？"
"有啊，我的爱好，比如木工活。"
"你非要对我说的每件小事都挑刺吗？"
"是的，所有的挑刺都是为了帮助你成为我心目中的那个可以走向完美的人。"

另外，你也可以好奇地问问自己：为何偏偏就这次挑衅能刺激到你？假如一位母亲曾因不尊重自己的父母而遭到过严厉的惩罚，那儿子朝她翻白眼的举动让她感受到的可能就会是切切实实的巨大痛苦。考虑到母子俩不值得为这点"态度问题"进行争吵，她没有驳斥，内心却泛起了多年之前那股让她熟悉、令她不安的焦灼感。她没有对儿子的白眼做出情绪反应，而是反思一阵后释然了。她深吸了口气，想到儿子实则是个本性纯良的孩子；冷静、成熟的思考让她知道，孩子会对自己翻白眼，那不过是青春期青少年常会做出的一个行为而已。

## 如何看待说话人的愤怒

见到对方痛哭，我们很多人都有上前安慰、让其别再落泪的冲动，因为我们觉得哭代表着痛苦，但其实哭并不是痛苦，而是人们释放痛苦的方式，同样释放的还有愤怒（不过这一点并不容易让人记住）。

有一次，我旁观了某心理治疗师对一对再婚五年夫妻所做的诊疗服务。当时这对夫妇很难平衡好他们对孩子们的责任，而更让他们感觉无奈的是，两人所做的讨论动不动就变成激烈的争吵。面谈期间，我一直都坐在一面单面镜的背后进行观察。在该过程中，我看到那位妻子一边讲述着过去的点滴，一边挑着丈夫的错处，而她丈夫的一只脚开始抖动起来。乌云开始压顶，一场爆发即将到来，但我却什么也做不了。

这个时候就要看那位治疗师的了，我这样想着，而他也做出了此时恰恰需要他做出的举动：他先是认可了那位妻子所说的，之后又小心地引导她的丈夫对着自己而不是对他妻子进行讲述，毕竟此时能对这位丈夫进行倾听的，是治疗师而不是他妻子。但即便如此，这位丈夫还是爆发了！盛怒之下，他驳斥了妻子所说的，并就他所认为的真相进行了阐述。但由于是面对治疗师（他的妻子被制止做出回应），他说着说着就明显平静了下来。此时的他不再牙关紧咬，双肩不再紧绷，之前抖动的那只脚也安静了下来，而这些其实都是此前他没有机会表达愤怒所累积的压力的表现。在那个安全的环境下倾吐积压已久的情绪，他的怒气得到了释放。

对这对夫妇来说，心理治疗的难点在于教导他们如何能在将来无须他人调节、无须他人帮助平息心中强烈感受的情况下，心平气和地去倾听对方。明白有时发怒可以让人发泄是一回事，而对接收愤怒的另一方来说，却是另一回事。

我还观察到，对丈夫质疑自己的动机，那位妻子深感愤怒，而这是因为她认为其中一个孩子需要自己给予一些经济上的帮助，但这个孩子又恰巧是她自己的亲生儿子。她对这个儿子的关注让那位丈夫觉得她忽视了自己，他嫉妒地说道："他都21岁了，可以照顾自己了。"不过，造成他们之间问题的并不是两人的分歧，而是他们对彼此的情绪反应与咆哮吼叫。假如这位丈夫可以将注意力放在理解妻子的感受上，而不是由自己做出戒备反应，那他就能理解妻子对自己亲生儿子的担忧。至于她给儿子钱，只是一个想法、一个表达她关切的行为；而对这位丈夫来说，真正让他难过的并不是那些钱，而是他未能得到妻子同等程度的关注这一事实。遗憾的是，他并没向妻子说出自己的感受，反倒因为这一感受指责了妻子。

事实上，我没从他们的交流中看到可以表明这位丈夫清楚自己感受的东西。很多人认为，愤怒是一种允许人们以合理的方式对自身脆弱的情感进行表达的手段，所以这位丈夫才会出于强烈的嫉妒，因为被忽视、恐惧、焦虑或孤独等感受而渴求妻子的关注，希望她能给予自己安慰。他其实是在用愤怒掩盖自己的脆弱。当他发火时，这一怒火就如同废品站看废品的狗一般护卫着这些脆弱；假如他能将这些脆弱表达出来，那他就很有可能得到妻子的支持。

　　当未被理解的感受以怒火的模样出现时，缓和局势的关键是倾听这些感受而不是捂起双耳或者做出反击。

　　莉齐拿到了驾照，现在只要一切按照父亲的要求来，她就可以使用父亲的车子了。她要保证油箱时刻处于满格状态，要让父亲知道自己的行踪、自己何时回家，要在交回车钥匙之前收拾干净车里的咖啡杯，等等。考虑到莉齐还是个很容易被朋友说动让他们搭便车的人，莉齐的父亲也对莉齐表明自己对莉齐会被人当出租车司机利用的担心，对此莉齐表示理解。

　　一日放学之后，莉齐载着闺蜜格温多琳去了一家家庭计划诊所。由于在那里等了三个小时，当天她很晚才回到家里，出于保护格温多琳隐私的考虑，她决定向父亲隐瞒自己的行踪。而对莉齐的父亲来说，莉齐这次违规让他又气又恼，原本他指望女儿能提前一个小时到家。待女儿到家之后，他对女儿的担心变成怒火喷发出来。面对父亲的恼怒，莉齐只是说"我很抱歉，爸爸，我应该给你发条短信的"，此外为了向父亲保证自己跟朋友在一起，她还说了句"我是跟格温多琳出去的"，然后就不再多言。不为自己做辩护也不去编造谎言或者去找借口，莉齐的这一举动避免了父女俩的冲突升级。她愿意倾听以及道歉的态度缓解了父亲紧张的情绪，消除了父亲的怒气。几分钟之后，父亲开口告诉莉齐自己之前多么担心她，父女俩拥抱在一起，一切雨过天晴。

丹尼斯正在停车位往外倒车，这时一辆越野车突然撞到她的车身右侧。她打开车门时，听到越野车里的女子冲她尖声嚷着："往哪儿开？你看不到啊，蠢货！"丹尼斯竭力让自己冷静下来，在与对方交换了保险信息、打了电话给AAA（美国汽车协会）之后，她又骑着自行车去叫了拖车服务。当她回到住处，将这一切说给室友艾丽莎她们听时，她不禁大哭了起来。

"那个女人没权利朝我大喊大叫！"她说，语气中带着激愤。

"别激动，"艾丽莎说道，"你没理由生气，跟我们说说情况吧。"

莫妮可也跟着说道："你没受伤，对吧？就是一辆车而已，而且你还有保险。"

这下丹尼斯再也控制不住了。"别跟我说什么冷静！"她说，"你又不是车子被撞之后还受人羞辱的那个！"因为没能得到室友的同情，此刻丹尼斯把对那个越野车女司机的愤怒转到了自己室友的身上。

不要对发怒的人说让他们冷静的话，因为这只会让他们觉得你这是在否定他们难过的权利。

面对他人对你的愤怒攻击，你怎样才能做到专心倾听呢？显然，你需要静下心来才能听到对方要说的话，但知易行难。当焦躁与愤怒冲击我们的关系时，我们会很自然地因为焦虑而戒备，毕竟倾听一个用他们的感受来攻击你的人并不容易。要想避免自己做出戒备反应，你可以这么想：对方焦虑的背后，是一个难过的小孩对倾听的迫切需要。在对方的攻击之下掩藏的是痛苦，而你对这一痛苦的同情就能让你保持镇定。

当你不是总想着对方有多难让人倾听，而是将重点放在努力让自己倾听、避免让自己做出过度反应时，影响你们关系的焦虑就会慢慢减缓。请记住：焦虑经过传导与放大就会变成激动。面对你的用心倾听与冷静，愤怒的一方会觉得自己得到了倾听，因而冷静下来。

面对激烈的讨论，用自己的话语来重述对方的看法，不仅是理解对方的表示，还能阻断你做出戒备反应。假如情势激烈到让你难以自制的地步，那就尝试将你的拇指与食指捏在一起，同时把精神集中到呼吸上。这一短暂的分神之举（这可没"咬住自己的舌头"——意为不要说话——那么伤害身体），可以让你以可控的方式来分散自己的紧张情绪。

假如这招也不管用，又或者是碰到说话人的情绪反应强烈到令你无法忍受的情况，那你就必须做出抗议了，否则你会因为过于难过而情绪爆发。过程中你可以压住怒火，不带攻击地这么说："抱歉，但我这一刻无法听你讲话。这太让我难过了，我们晚点再谈吧！"

### 如何不做过度反应地应对批评

他说："你老是迟到。"

她说："你老在催我。"

计分：男方，1分；女方，1分。总分：0。

当某人对你提出批评时，请务必先让对方说出他/她的观点，然后你再说出自己的看法，这一点尤为重要却也极难做到。在你对批评做出反应之前，请先想想：他/她是不是真的在乎这个问题（即便他/她的表达方式很糟糕）？如果答案肯定，那你就听着；若他/她说得对，请上前一步肯定他们，让他们知道他们说得对。要知道，没什么能像承认自己在争吵中该负责任那般可以平息争执。

假如你的另一半是对你将车停在车道上这样的事进行抱怨，那你需要考虑其看法的正确性。假如他批评的是你对自己老板说话的方式，你可能就会想，对自己的老板怎么说话是你自己的事；再细想一层，记住这一想法说不定还能让你更为轻松地给予对方不做反驳的倾听。

假如有人批评你，请就事论事而不是想着该怎样以牙还牙。要避免将对话变成你来我往的相互抱怨，比如下面这样的情形。

"喔，是吗？那你自己呢？我让你倒垃圾你可是从来都不倒的。"

"你喜欢吃什么晚餐我不在乎，但要是你能按我说的过一段时间收拾一下自己的屋子，那我说不定还会做些你喜欢吃的东西。"

在允许对方说出他/她对你的批评后，请认同你能认同的一切，至少也要做到对对方担忧的认可。

"是的，我最近是有些不高兴，对不起。"

"所以，你认为在约书亚与辛迪之间，我更喜欢辛迪？"

"我知道你担心我。"

"是的，我的确在车道上轧到了你心爱的博美犬，我会赔钱的。"

那么我说的是：若有人批评你，你只需在自卫之前先听对方把话讲完，并认可对方的观点，就像要想减掉10磅体重，你只需戒掉甜点一样简单吗？当有人欺负你，特别是当这个人跟你还很亲近的时候，你很难一边冲对方点头一边还说："喔，所以你觉得我就是个自私、粗俗的人吗？明白了，请再跟我多说些。"

听人批评是件最难让人面对，但又必须面对的事情，而自卫只会让事情变得更糟，这令人无奈。要避免自己做出自卫反应，我们必须训练回应式倾听这一技能，即：要给予对方关注，要理解并认可对方所言。多多练习，说不定你还能将它变成自己的一个习惯。主动做出倾听的努力，会对制止自己做出自卫反应大有裨益。

倾听时要将重点放在批评的内容上，要去听取内容中对方对你的要求而非对你的谴责。

希德与南希的儿子米罗非常喜欢异国料理。到米罗12岁时，一家人已经走遍了世界各地，而米罗也品尝到了炸蟋蟀和辣咖喱的滋味。但在家里，对自己身兼重职的父母平时凑合摆上桌的饭菜，米罗时有不满；南希正努力减少碳水化合物的摄入，但假如回家太饿又只能找到一盒饼干的话，她会用这些饼干对付一顿；至于希德，他并不喜欢做饭，迫不得已时也会张罗一番。

比如这天晚上，6点已过，希德做了意大利面，之后又拿了罐酱料出来，这时他听见米罗说了句"又吃意大利面啊"，接着还听到南希的叹气声。

希德不禁有些恼火，心想：你们的感激之情哪里去了？吃饭时他一副闷闷不乐的样子，似乎没意识到南希和米罗都已经开始吃第二轮了。最后，他气呼呼地说了一句："你们这么挑三拣四，弄得我都不想再做饭了。"南希和米罗抬头看着他，满脸的讶异：这是怎么了？

假如希德并不是只想着自己受伤的感受，而是花一小会儿想想之前的那一幕，那他说不定就能想到：米罗不一定是在批评这餐饭，南希的叹气既可能表示失望，但也有可能表达她的疲惫与欣慰。

请记住这一点：表达感受能够释放愤怒。

要是你为了做个好人、为了当个耐心的听众拼尽了全力，可对方的批评（无论直白或是含蓄如一声叹息）还是让你觉得像是对自己的攻击，那又该怎么办呢？

假如你觉得对方的批评令人厌恶或者对你形成了冒犯，那么你有权对对方的这一表达方式提出反对；但假如你只是不想听对方对你做出的攻击性苛责，那就直接向对方陈述你听不进他/她讲话的原因。譬如：

"我不喜欢别人用'愚蠢'二字来称呼我。"<sub>（或者把我跟我妈做对比，或者叫我八婆，或者用更恶毒的词称呼我。）</sub>

"假如你不用那么恶毒的方式说你的建议，那我是会听的。"

事实上，这里的"恶毒"一词有骂人之嫌，最好还能讲得具体些，如：

"假如你可以在对我提建议时不说我多么自私那样的话，那我是会听的"，或者"假如你跟我说些你的想法，那我是会听的"。

"你用那样的方式讲话就是在伤害我。假如你的目的是给我反馈，那么你能否采用更好的方式呢？"

是否和善点的批评就能平息争执，让人们理解彼此呢？多数不会，但有时我们也必须让对方知道自己的底线。

## "为什么他/她非得把每件事情都说死不可？"

德马库斯真希望哪天可以不再听杰达说公司里没人理解她的话了，这样的唠叨有时让他都想尖叫一番。他觉得，杰达若不是一心只想着她的宝贝事业，说不定自己和孩子们还能给予她更多的理解。当然，他并没有将这个想法说给杰达听，因为这只会让杰达生气、难过。但这样一来，无论什么时候，只要杰达开始拿事业这个头号话题喋喋不休，德马库斯只能一言不发地坐在那里痛苦难受。

麦琪和凯蒂都希望不要再见到母亲谢丽尔，因为母亲独自抚养她们压力太大而且动不动就骂骂咧咧。她们努力分担家务，但她们也要上学，还要参加各种活动。让她们心烦的甚至都不是母亲的抱怨，而是她会对每件事都说个没完。她们同情母亲，尽量不让自己的问题成为母亲更多的负担，但这些做起来并不容易。谢丽尔自己也清楚两个女儿其实非常出色，知道她们也在尽其所能地帮忙做家务，但每每回到家看到家里一团乱，想到女儿们没能好好地利用她们的时间，她就会抱怨个不停。而且她翻来覆去地说同样的事，这也是让孩子们感觉最糟的地方，譬如："凯蒂将脏衣服丢进了干衣机。""麦琪，为什么还没喂狗？""是谁喝完了牛奶还将牛奶盒留在桌子上？""你们这些孩子都快把我折腾死了"等。

假如一个话题不断地重复出现，那它就是说话人内心最为关心的问题（不过其未必就是指你做得最好的地方）。面对这样的问题，人们越觉得自己得到了理解与接受，就越能放心地做深入的讲述。一些抱怨之所以会走向机械与重复，部分是因为抱怨的人很少得到他人的同理性倾听。倾听是你能给予对方最伟大、最能安慰的礼物。像杰达觉得没人欣赏自己的成就、谢丽尔对独自养育孩子的担心这样的问题，永远都是无法得到彻底解决的，所以她们才要一遍又一遍地讲述。

面对他人的老调重弹，一些人会恼火地说"我们还得听多少遍"这样的话。假如你觉得说话人的抱怨意味着你对抱怨负有责任，又或者是让你觉得解决他/她所抱怨的问题是你的工作，那你的回嘴是说得通的；只不过解决伴侣的工作压力或者打消你母亲对你姐妹的抱怨等，就不是你该去做的事了。其实，只要你能明白抱怨可以让他们感觉好受一些，你就可以轻松面对他们的抱怨了。此时，你只需不做戒备地倾听（或者不去假设对方在要求你解决某个你无法解决的问题），就能让你们双方的感觉更为轻松。

**分享问题能让人感到自己被理解。倾听，是让对方的感觉好一些，让双方的关系近一些。**

并不是所有人都会将自己的痛苦归咎于他人，有的人会跳出这一模式去寻找触发自己敏感神经的根源，而这会将他们导向这样一个问题：我的情绪反应从何而来？

# 深挖情绪反应的根源

情绪反应是针对个人攻击的一种防御反应。在我们的成长过程中，父母给予我们的倾听越多、对我们越认真、越尊重我们的观点与感受，我们就越有安全感，也越能做到自制；反之，若他们给予我们的倾听越少、对我们越不宽容、越爱批评我们，我们就越没有安全感，也越容易焦虑。一个人面对的指责与争论越多，他/她就越容易做出戒备的反应。

想一想你的家人在焦虑时会有怎样的表现：他们彼此都会提高嗓门、大声嚷嚷吗？之后会不跟对方讲话、回避对方吗？其实，这些也都表现在了你身上。

## 回到过去

与父母和平相处意味着要在与他们进行情感接触时由得彼此去做自己。改变你与他们的关系并不意味着要改变他们，而是要改变你回应他们的方式。留意他们做的什么让你抓狂，再看看你的回应方式，你能改变的，就是这一点。你越能学会遏制自己面对父母挑衅发火的冲动，你就越能以处乱不惊的态度来沉着面对你所有的人际关系（见第13章）。就情绪反应这一课题来说，如何与你的父母和平相处就是对你的大考。

　　还记得第5章里的佩吉吗？她就是因为否定母亲待人的态度而与母亲争吵不休的。她能看到母亲的这种态度怎样令自己愤怒，也能看到对母亲这种态度的预期会如何让自己变得异常敏感。但弄清反应模式是一回事，改变这一模式则是另一回事。

　　当佩吉决定不再去改变母亲之后，她渐渐地看到母亲的所作所为其实并非出于刻薄，只是因为太过于珍视与家人的共处以至于会将他人的独自行动视为威胁罢了。这就是一个观点上的简单转变，却能让佩吉在之后轻松地面对母亲因为某位家人行事不同而进行的批评。佩吉又发现，对母亲的抱怨只听不说只会让自己积压情绪，于是她一改以往要么一言不发要么批评母亲（因为母亲的批评！）的做法，转而开始以尽可能平静的语调告诉母亲：她能看到母亲看待问题的角度，但她并不认同母亲的看法。

　　起初佩吉这种澄清自己立场而不是去批评母亲的做法，对她的母亲并没起什么效用，她的母亲会这样回应佩吉做出的改变："喔，所以你觉得我什么都不对，是吗？"

　　但佩吉有一点做得非常好：就算心里再恼，她也能保持平静，不做反应。所以，母亲说，她听，直到母亲把话说完，过程中既无反驳也不做回击。

　　待佩吉最终开口时，她这样说道："不是的，妈，你没听懂我的意思。我并不是在说您什么都不对，也根本不是那么想的。您有权发表您的看法。我只是说我的看法不同，仅此而已。"

在之后的几个月里，佩吉一边继续坚持用平静的语气来表达自己对母亲苛责立场的反对，一边对母亲做出澄清，告诉她自己虽做事独立但这并不影响她对母亲的爱与尊重。就这样，当佩吉学着去容忍母亲的苛责时，母女俩的关系开始越走越近。虽然佩吉偶尔还会像以前那样责备、疏远母亲，不过每次持续的时间都不会太长，而且每到此时佩吉想的不再是母亲多么无可救药、自己多么无助，而是意识到不过是自己再次出现了情绪反应而已。有了这一意识，一切就变得易于掌控了。

如今的佩吉时不时地还是会与母亲起些争执，但佩吉会不等怒火爆发就说出自己的看法与感受；再加上她将批评母亲改为澄清自己的这一做法，两人的争吵已不像以往那样影响母女俩的关系了。

**"我已经试着改变与父母的相处方式了，但没用。"**

系统性的模式是非常有韧性的，要改变它们，非常不易，用更具体的方式来说就是：你的父母有着如何与你相处的长期特定方式，你对这一方式的改变不仅会让自己变得十分紧张，还会让你的父母出现强烈的反应。在去拜访他们之前你需要制定出一个计划。要记住这一点：一旦你再次进入到家庭这一情绪氛围，你的观察能力和思考能力就会减弱，所以请务必提前考虑好并制定出合理的目标。在改变自己的行为方式上，务必小步走、慢慢来。

与我们关系亲近的人，大多是不会对我们有什么花花肠子的。他们的举动之所以会令我们感到惊讶，不过是因为我们一直都希望他们去做我们期望他们会做的事情而已。一旦你明白了这一点，你就不会再感到惊讶或者难过，而是由着他们去做自己，同时你也可以做你自己。但其实不管怎样，他们都是会做他们自己的。

有位患者曾这样对我说她的父亲："他若不是这样，就会是个特别棒的人。"

当你能由着他人去做他们自己时，你们之间的关系就开始走向成熟。假如你无法接受你的母亲（或其他人）对每个人都要批评个遍，那你的生活就会被你试图阻止她去批评任何人或任何事的举动所主导；但假如你能由着她去批评（换句话说，接受她的这一本性），那你就不必苦苦挣扎，也许还可以根据情况来安排自己的生活。

一旦你接受了人们的本真，你就不会再去力图改变他们，也不会再因他们固有的举动而反应过度。

虽然佩吉更为轻松的应对方式，并没令她的母亲不再批评他人，但这一方式大大降低了佩吉在面对母亲以及生活里其他会触动她敏感神经的人时会出现的反应强度。

## 为何情绪反应会随着关系的发展而增强

大多数的关系在发展的早期都是非常令人舒适的，因为在此期间人与人之间的交谈与倾听都没有太大的压力，否则关系就不会走得很远。但关系也会像性质不稳定的化合物一般，有面临走下坡路的时候，所以关系的和谐状态又具有时效性。一段关系一旦因为情绪反应出现激化，人们或许只能通过情绪疏离（譬如避开彼此或者至少是避谈可能会让人难过的话题）来冷却；但假如双方共处一室或试图讨论容易激发其情绪的话题，那么其中一方甚至双方就有可能因为焦虑而爆发情绪反应。

在关系发展的过程中，一方为求维护双方的和谐，可能会让步，而变成了谈话中唯一的倾听方，但另一方未必就能意识到这一点。如此一来，双方共同维护的就不是对等关系，其中讨好的一方犯的错误是将自我否定与自我约束这两种策略混为一谈。自我约束是要让双方都赢，自我否定却令两方皆输。自我否定之下，一旦一方视另一方的情绪为一种威胁并因此做出让步，那么另一方就会依然故我地沿用老套的自我表达方式。这样一来，双方维持的就是一种令人不快的平衡。

关系里的情绪氛围会出现从热到冷、从变化到稳定、从安全到紧张的波动，而未解决的冲突则会为情绪爆发埋下伏笔。以杰克为例，假如他觉得自己在吉尔心目中的重要性还不如她每天练几小时的中提琴，那么不论吉尔什么时候去练琴室或者去参加节日彩排，杰克都会感到焦虑，而这是两人关系中一大未能解决的冲突。事实上，大多数的亲密伴侣都身陷他们无法结束的某场特别"争斗"之中，而这样的"争斗"就是存在于他们之间的核心冲突。

你与某个关系亲近者之间有着怎样的不断重复的冲突？你认为造成你出现情绪反应的根本原因是什么？你会采用怎样不同的应对方式呢？

面对有人对你冷嘲热讽或者假意倾听，你会很自然地将其归咎于性格问题；若有人因为你说的什么而大发雷霆，你十有八九会怪罪对方。但你也要清楚，情绪反应和关系中的其他表现一样，都是相互作用的结果。在这样的定式之中，你能改变的唯有你自己。

**避开他人或者控制他人并不能解决你的情绪反应问题。**

当倾听人觉得自己给予太多或者得到太少时，他/她就会变得过度敏感。

米姆一生都觉得自己付出的要比从他人那里得到的更多，对被拒绝的敏感让她形成了这样一种自证般的预知：由于她的行事方式，她几乎总能遭到让她害怕的拒绝。事实是：她的情绪反应导致人们对她退避三舍，而这反过来再度增强了她的不安全感与孤独感。米姆的不安全感让她感到脆弱，但她又无法摆脱自己既无法依靠别人照顾又难以靠自己来满足自身需求的困境。最终，她的情绪反应与痛苦感受，反而因她的焦虑以及为获得关爱与关注所采用的不当举措而变得更加严重。

**要降低情绪反应，就要尊重你与他人做自己的权利。**

对于沉静的人来说，他们一般不会有丧失自身情感完整性的担忧，所以他们的人际关系显得比较灵活。在这样的灵活关系之下，双方既可以接受一段时间的亲密，也能忍受一段时间的疏离；可以与对方亲近，也可以去追求各自的兴趣；双方谁也不会受到对方需求的威胁。但否定自己的情绪反应、将这些反应归咎于他人，通过避开或者纠缠对方来降低焦虑等因情绪而起的举动，是会剥夺关系的灵活性的。面对那些情绪反应，你要做的并不是去否定它们，而是决定该怎样应对它们，这才是重点。

一名经验丰富的倾听人会带着目的给出反应，他们不会想着"如此这般不可能"，而是会去听对方说了什么、去感受对方的反应，之后他们才会就自己该怎样回应做出决定。

面对一个不愿敞开心扉的人，"倾听"意味着你对他/她不想说太多这一点的认可。不过，假如这个寡言之人是你关心的人，那你可能就会有种被对方隔离在外的感觉。对此，假如你强行让对方开口，那你就不仅是在放大自己的焦虑，也是在形成对对方的威胁。

这种强行之举可不是倾听。不论你是出于什么目的，是很想听到对方心声也好、想帮忙也罢，又或者你觉得对方说多点对他/她以及你们的关系都有好处，压力就是压力。

要想靠近不喜欢表达自己情感的人，最好的办法就是展开非强迫性的接触。你不带施压的开放态度，可以帮助这样的人放下那种认为敞开心扉很不安全的假设。所谓尊重情感边界的完整性，就是要允许你去做你自己（意指希望能靠近对方的一方）、允许对方去做他们自己（意指希望这一靠近可以慢慢来的一方），这有助于防止焦虑愈演愈烈。面对寡言的人，有时无言的倾听就是最好的倾听。

　　玛格丽特的父亲是一个极少参与家庭事务的人，对家庭的日常，他能不介入就不介入。他与他那个时代的一些男人一样，很少表达情感，经常显得很疏离，不过他也有偶尔带孩子们外出的特殊时候，比如某个下雨的周六带他们去打保龄球、玩垒球、看马戏表演等。在玛格丽特很小的时候，她的父亲曾有几次带着家里所有孩子外出钓鱼，不过他们中只有玛格丽特对这项活动入迷，因为她发现这个爱好可以让她在小小划艇上独享与父亲在一起的时光。他们一起抛鱼饵，一起收线，一起解开打结的渔线，一起吃软乎乎的冰激凌芝士和咖喱三明治；其间父女俩几乎没有任何对话，不过假如有的话，玛格丽特就会变成一个小话匣子。那时的她已经摸清楚该怎么靠近沉默寡言的父亲，并因此享受着父亲以他可以表现的方式所给予的爱。

　　沉静的倾听人并不孤立也并非无情，他们只是不做明显反应罢了。

## 如何柔化信息、获得倾听

不被倾听的感觉能多让人灰心，相信你十分清楚。但你是否想过这背后说不定就是你表达方式的原因呢？对在数字时代尚在熟悉短信应用的新手来说，他们可是有不少因标点符号使用不当、软件更正功能或者调整自己对信息回复快慢的期待等因素引起的被误解的经历。这方面我听过的一个最具代表性的例子是有关缩写词"LOL"的应用的。"LOL"最初是"Lots of Love（多多的爱）"的缩写，但不知怎么的，大约在十年前，这个词变成"Laugh Out Loud（大笑）"的意思。故事是这样的：有个男孩伤心地给父亲发了条短信，告诉父亲女朋友把他甩了。为了表示支持，这位父亲就用当时流行的缩写词"LOL"进行回复，可这等于在男孩的伤口上又撒了把盐。直到傍晚，这位父亲才从儿子那里得知自己犯了怎样的错误。

无论你出生在哪个年代，解读短信与电子邮件中所蕴含的情感都不是件容易的事。面对面的交流之所以会那么丰富多彩，是因为它富含幽默、讽刺、关心、兴趣、焦虑等情绪，以及其他各种细腻的情感线索；而一旦将这些变成文字来表达，它们就很容易遭到不同年龄读者的误解。那么，我们该如何管理自己对线上信息的反应呢？有个最好的策略，而且该策略也适用于面对面交流时我们不确定对方动机的情况，即：在你按下发送键之前，请以善度人，控制情绪。面对疑虑不要妄下最坏的定论，而是应向发信人寻求澄清。这就像某些车尾贴条上说的那样：你以为的，未必全是你该相信的。

几年前，我约了朋友约翰来教我调校我那辆驾驶性能不稳定的英式摩托。那天，他过来后，见我忐忑不安，便对我说："你首先要做的，就是冷静。"可一想到我们要拆的是一台价值15000美元而且还要将它变成可以以超100英里/小时的速度狂飙的机器，我又怎么能冷静得下来呢？但约翰说得对。因为双手抖得厉害，我根本无法将特制挂钩塞入喇叭，于是我们去厨房喝了些啤酒，之后我就有了这样一个令人安心的发现：我无法将那个该死的东西重新放回去的原因并不是我紧张，而是我天生就笨手笨脚。

那么，面对关系问题时，为什么很少有人能像我的朋友约翰建议的那样，在做出反应之前先让自己冷静下来呢？

如今我们已经知道，说话人之所以会破坏自己传递出去的信息，其中一个原因是他们的话语中载有太多的怒气与不快，这使得倾听方因太过焦虑而无法真正听进去，进而也无法记住讲话内容。整个过程中唯一得到双方交流的只有不快。以某个男子因为烦透了室友总将浴室弄得一团糟而每隔几个月就爆发一次情绪为例，让这位男子气愤的是不管他对那个室友说多少遍可室友就是记不住，而这位室友偏偏只记住了自己被人吼了一通的情景。

当你觉得自己遭到对方攻击时，你很难去倾听对方。这就是为什么即使你对某件事抱怨了很多年但别人从没能听进去的原因。就算你跟他们说上100万遍，他们也还是不明白。所以，焦虑是倾听的敌人。

在各种各样的指责中，有一种是指责别人铺张浪费，而这也是必会引人发怒的。让我们来看看伟大的幽默家S. J. 佩雷尔曼（S. J. Perelman）如何通过幽默来刻画这样的指责：

> 因为厌倦了泡吧、渴望重拾追求爱情的激情，我们待在了家里，翻看起了五花八门的账单，这里面有很多是初次消费。然后，我像往常一样又看到了各式令人意想不到的花费，比如银行透支单、我心爱的女人背着我在女装店和女帽店消费的账单、很久没支付的赊账款等。我很聪明，因为就算不高兴我也不会承认，而是一边将自己的口袋翻个底朝天，假装自己无力支付这些账单，一边像个意第绪语戏剧演员一样惆怅地敲着自己的脑袋，扯要地拣些《破产法》里的东西嘟囔。妻子凭着她那可恶的女性直觉很快就猜到了

我的真实想法。这时，我看到了一张写有哈蒂·卡内基（Hattie Carnegie，世界著名时尚设计师）品牌的账单，内容是关于一条印有平房图案的织锦围裙。我拿着它在妻子跟前挥动起来，妻子见此突然使起了性子。

"16元！"我尖声叫道，"你竟然会买这样的金银锦缎！你以为你是谁，阿拉贡的凯瑟琳（英格兰王后）吗？你干脆把门厅拆了铺成孔雀石的得了！"接着，我猛地扯开了身上的衣衫，大喊道："来吧，过来挤我的奶，把我抽干得了！这个家就是个马歇尔希监狱、贫民的坟墓！"

"消消气，不然你的胃会穿孔，"妻子嗔怒道，"你要吵醒孩子们了。"

"你以为16元长在树上啊？"我抗辩道，期望这样可以激起妻子内心的一点羞愧感。

看到佩雷尔曼如何运用自己的心理知识了吗？让妻子有羞愧感，无疑能引起她的注意。

但认真来说，当某人出现情绪反应时你可以做些什么呢？有的时候，你的任何带有一丝批评意味的话都能让对方火冒三丈、拒绝倾听。碰到这种情况，那就尽量少想该怎样让对方倾听你，而是按照对方所想，保持开放的心态。这并不需要你妥协就能做到，它表现出的是自我否定

（表示屈服）与自我约束（等着轮到自己说话）的不同。

比如玛利亚在24岁这年搬回了家，与父母同住。其间她虽会为父母做饭，但总将厨房弄得一团糟。对此，她母亲（以很温和的口气）对她说"一边做饭一边收拾"，问题就能解决，但玛利亚看起来一副很受伤的生气模样，而且同样的表情也出现在她父亲因为差点被洗衣篮绊倒而告诉她"不要忘了上楼时将洗好的衣服带上去"时。玛利亚心里很恼火，她觉得父母总在针对自己。她做了晚饭、洗了衣服，还清理了纤维过滤器，她可是个成人！不过，假如她冷静下来想一想父母的批评因何而来，或许就能看到这是由父母对她的单纯期待所致。

与你一起生活的人既有优点也有不足。假如你着眼于他们的优点而非不足，那你就会有较好的获得他们倾听的机会。面对关系中的这个人，你与其苦恼于他/她的不同，不如接受那个真正的他/她，如此你就可以大大降低自己的情绪反应。

要弄清楚是什么让人做出情绪反应，之后再用想好的话语来化解这一反应，如：

"我并不是说这是你的错，我只是厌倦了看到孩子们将玩具丢得到处都是。"

"我不确定该怎么说这件事……"

假如你的所为是请求而不是攻击对方，那就向对方说清楚这一点，但你也该多点审视自己的动机。譬如，当你说孩子们不应该将玩具丢得到处都是时，请想一想：你是否觉得这其实是你伴侣允许孩子们这么做的？伴侣的反应针对的是不是你的这一推论？即便你在话语中并没有就此做出明确批评，但它在你伴侣的耳中就是批评。

假如你希望某人听你讲述但不会因为你的讲述而焦虑，那你就要注意自己说话的语调与时机，想一想：你展开讲述的时间是否合适？你的话语中有没有评判的意味？假如你要说的是会让人难过的话，那就向对方预先做个提醒。不知所措会让经历变得令人痛苦，因为一个人在没有心理准备时更容易心潮澎湃。约翰·高特曼的研究也证明了这一点，他的研究表明，对话怎样开场，它几乎就会怎样结束。假如在你的预期中对方的情绪反应越强，那么让对方做好心理准备这一点就越发重要。若你需要与对方谈论某事，用便条留言、打电话、发短信或邮件进行通知等都能让对方做好心理准备。当你通过这些媒介以建设性、非责备性的话语（要说你想要的和所希望的，别说你不想要的）来组织即将到来的对话时，你就是在为你想要的对话结果奠定可能实现的基础。提醒时要表明你的感激之情，并在仔细审读文字中的语气与内容之后再传达。

这看似煞有介事，但用短信或便条来传达不易表达的信息，可以有效地防止情绪反应的发生。

归根到底，你真正要面对的问题并不是他人的过度反应，而是你对他人过度反应的反应。看到别人生气，你不必也跟着生气。

当情绪反应令你无法倾听时，要记住：永远都是你这边要采取行动。等着对方去做出改变或者通过敲打来期待对方做出改变，这样的做法虽无可厚非，但徒劳无功。不过假如你面对的是生活中某些不值得也不重要的关系，那么放弃有时就会是一个合理的选择。就比如一些敏感到对你说的任何话都会表示愤怒的人，这样的人于你，就是麻烦多过重要。不幸的是，有时这种更可能让我们放弃的关系，反而是在我们的生活中占据核心位置同时又最难处理好的夫妻、父母、同事等关系。

**"他是怎么回事？"**

下次碰到有人对你说话反应过度时，与其想着"这个人是怎么回事"，不如问问自己："他/她的情绪反应从何而来？""我肯定是触动了他/她的痛点，那是什么呢？"

不过，像下列这些说法就是火上浇油了：

"你简直幼稚！"

"你今天吃错药了吧！"

"这样一个简单的建议，你都接受不了吗？"

"你说话的样子就像你妈。"

"你太不成熟了。"

"你怎么回事？每次我一开口你就摆出一副要吃人的样子。"

克莱尔认为儿子杰弗里过度敏感，因为她说的一丁点小事都能让他大发雷霆。有一次，她告诉杰弗里，要是他在课堂上表现再成熟些，老师说不定就不会总揪着他批评了。结果杰弗里哭着冲进了自己的房间。"他总是耍性子。"克莱尔说。

当一个孩子哭着冲出去时，他就不是在耍性子了。小孩子可不傻，如果是耍性子，那就希望你能满足他们的期望，而且他们会当着你的面这么做（不过你可不要当着其他人的面去平息他们的小性子）。

要解决情绪反应问题,你需要了解这一反应而不是对反应进行评判。面对小男孩因为妈妈的话语冲出房间的情况,你该想想:这个孩子为什么会这么生气呢?这多数是因为他妈妈说了让他觉得遭到了羞辱的话。当一个人觉得自己遭到羞辱时,他会捶胸顿足,会觉得自己被人冤枉!要知道,对自尊心的伤害,会如同行凶抢劫一般让人遍体鳞伤。此时你若问他是怎么回事,那么他可能回答说"我妈吼我了"或者"没事,别管我"。

很少有人,特别是孩子会将自己的感受与羞辱联系在一起。不幸的是,由于认识不到孩子是因为感到羞辱才做出的反应,又或者是因为无法容忍孩子朝自己发火,父母与孩子之间会展开一场拉锯战,而这又会让事情变得更糟。拉锯战中,他们会要求孩子说出问题,可心潮起伏的孩子(或任何与他们感受一样的人)又怎能给出个所以然来呢?

对感觉自己受到羞辱的人,我们应该给予他们一个可以让他们躲藏、让他们舔舐伤口的空间。因为羞辱,孩子一时无法控制自己的感受,他们需要时间让自己冷静下来,那就给他们时间吧;之后你要做的,是针对自己对他造成的伤害向他道歉,即便那并不是你有意为之的伤害。

假如有人因为你说的话而大发雷霆,请想一想是不是你在哪个地方冒犯了他的尊严,譬如,你是否对他像对孩子一样说话？话语中是不是有让他觉得他的看法不对或者感受不合理之类的暗示？要解码对方"过度"的情绪反应，你要做的不是责怪对方或者进行自责，而是该想想对方哪里的敏感点被挑动了。

## 压制感受有时是个错误

对在葬礼或婚礼上发言，有的人会很害怕，担心自己会掉下眼泪，好像眼泪代表的并不是同情而是脆弱一般。"但是……"有位男子表示反对。当时我正努力告诉他哭泣没错，而他却说："我一哭，就没办法说完自己要说的话了。"

要是你一边掉眼泪一边告诉自己这很糟糕，并努力收住眼泪，那你同样也很难说话，毕竟一心难以二用，但表达自己的触动与感受，这又有什么错呢？

为了克服在公共场合发言的焦虑，一些人认为与其克制自己的紧张，不如接受它的存在，所以发言时他们会这么说："早晨好，我叫×××，面对这么多人讲话，我有点儿紧张。"而这样的坦诚也能得到听众的同情。大多数人都很清楚在公共场合讲话的那种紧张感，此时我们需要做的，并不是想方设法地克制这一感受，而是要努力接受它们的自然存在。[1]更重要的是，对这一感受的抗拒还会导致更多过度的反应。假如你以情绪爆发的方式来倾倒自己积压良久的懊恼，向他人表示自己有多愤怒，那你很可能就会遭到对方对你的攻击；此时，对方对你进行愤怒指责，或者干脆离开之举，可能又会让你认定谈论自己的感受就是个错误，如此一来，你就会在压制—释放这样的循环之下不断压制自己的感受，直至下一次爆发。要解决问题，我们真正要做的，是减少而非加大自己对感受的控制。

**越早说出感受，你就越容易让自己平静下来。**

与其说"这一块你从不管"，不如试着说"家务活我一个人担不过来，我需要更多的帮助"。

不要将讨论变成一个你输我赢的零和博弈游戏。

但表达自身的感受与倾倒情感是有区别的。最近我与

---

[1]　与其想着"在他们面前发言"，不如想想这是在"与人们交流"，此举能转移你的注意力，让你平静下来。

一位女性产生了分歧，当时这位女性烦透了她公公贬损人的话语，决定要和公公好好说说。我建议她在与他谈话之前先缓和一下自己的情绪，结果她生气地问我："发火有错吗？"

这位女性有理由生气，毕竟她公公的冷嘲热讽实在让人难受。但假如她不由得怒气攻心，不仅会很难清晰表达看法，还无法获得她公公对她的倾听。这种只顾卸掉愤怒而不重视阐述自己看法的举动，会让她公公觉得她"过分敏感"，或者"她这一天过得不顺"，并因此拒绝听她讲话。我并不是在鼓励你在讲话时撇开情感，毕竟愤怒能够让我们保持诚实、维护自尊，但单是泄怒无法解决它背后的问题。我们要做的不是区分情绪与理智，而是要分清什么是冲动之举、什么是刻意为之。情绪没有任何错，指责某人也没有错（假如这就是你想做的事），让我们感到幼稚和无能的，并不是我们对这一感受的反应，而是我们对这一感受的无法掌控。

# 习题

1. 请记录下你一周内出现这些交流的次数：（a）批评性或教导性交流；（b）躲避性交流；（c）表达爱意或赞美交流。之后，练习将a、b的交流方式换成c，来改变关系的氛围。这一练习看似简单，实则非常具有挑战性，它能让你学会在面对自己所关心的人时如何更多地为他们考虑。

2. 什么样的交流会让你失去冷静？你是否很难控制自己的愤怒？在谈论自己的感受时你会掉眼泪吗？争执时你会慌乱吗？请在下周找个相对安全的场合，让自己置身于一个一般会令你出现情绪反应的场景。假如你有个十几岁的孩子，你可能会想到他或许会挑战家庭规则的极限；若孩子年龄较小，你想到的可能是他会问你要些零食。要想确定什么样的场合会让你做出情绪反应，最简单的办法之一是想一想你会习惯性地避开什么样的场合。不要对自己设置过高的期望，将重点放在保持冷静的体会上就好（提示：避免失控的一个办法，是集中精力让对方将他们的想法说出来）。同时，你也要记住这个人是谁以及你们争论时的背景状况（比如在经过漫长、炎热的一天之后一个3岁小孩的心情，一个除了你没有其他谈话对象的孤独邻居等）。

3. 下一次碰到某人反应过度时，请思考一下这背后的可能原因。假如面对争执你都能做到这样的思考，那你就是一个比我更优秀的听众。至于对方发火，你总可以在晚些时候再去考虑。若你能在这样的认识下对对方的感受展示同理心，那你在这道习题上的等级就是A+（极其优异）。（别忘了，若你的等级不高，你总是可以在之后的某个时间找到这个人进行关系修补的）

4. 翻看一下你发出的最近5条短信和5封邮件，将重点放在它们所表达的情感以及表达的清晰度上，看看你们的通信中有多少误解，你又是怎么处理这些误解的。

当你在给自己的亲密伴侣、孩子或者朋友发短信或者电子邮件时，你清楚自己在无意中正积压着多少情绪压力吗？（比如问候某人时你在问号之后加了个爱心符号，之后要是5分钟还未收到回复，你就会再发一条信息，是这样吗？类似的情况呢？）

有没有一些短信让你觉得最好能通过口头讲述，或者用面对面与人交流的方式来表达更好（譬如，有关对个人健康消息的分享、向某人提出分手、翻旧账、向人正式道歉等）？

**5.** 或许你会觉得本章所给的建议可以帮到你身边的一些人，觉得有些特别适合他们，对吗？那就多买几本书吧，然后将它们放在他们能够看见的地方。

# 第四部分

# 不同境况下的倾听

# 一个巴掌拍不响

## 亲密伴侣间的倾听

　　事情开始时很简单。莫琳是在一次公司的聚会上遇见阿瑟的，当时两人除了交谈之外再无其他。可当莫琳回到家里，听到丈夫问她聚会是否开心时，她意识到自己并不愿向丈夫提起阿瑟，好像阿瑟是她心中不愿说出去的一个秘密一样。第二天，阿瑟开始给她发短信，邀她共进午餐；几次午餐之后，两人开始下班后一起喝酒，其间两人每天都会有数次的短信往来。接下来的一周，两人又一同驱车去了撒切尔公园，在那里他们一边说着话一边看山谷的日落。两人之间并没发生什么，但有那么短暂的一刻，当莫琳的眼光从阿瑟的双眼滑向了他的双唇时，她全身冷不丁地哆嗦了一下。

　　也就是在这个时候，感觉会出事的莫琳找到了我。在她的眼中，阿瑟有着自己的丈夫雷蒙德所没有的一切，他事业有成、处事冷静，最重要的是，阿瑟在两人谈话时总会听得非常用心。在告诉我这些时，莫琳显得十分紧张。她盯着我，寻求着我的理解，或许也在期待我的评判，又或者还有份对能实现内心渴望的期盼。

　　当我问她是什么时候对婚姻没了热情时，她移开了双眼，之后擦了擦眼角，说雷蒙德是个好人，两人就是……渐行渐远，他不再跟她交谈了。

　　我很同情莫琳。生活中最重要的选择莫过于在满足感与安全感之中二择其一，但我仍看到有太多的人将婚姻的变质归咎在对方的身上。

我建议莫琳下次带上丈夫一同过来，对此她很犹豫。她说自己不是来做婚姻治疗的，另外她也担心雷蒙德会知道阿瑟的事。但她最终打消了顾虑，因为她希望我在见过雷蒙德之后能明白她为何想要离开他。

雷蒙德的确过来了。会面中，莫琳告诉雷蒙德，她不满他们的婚姻，对此雷蒙德看似同意但一副心不在焉的样子，而且那种同意很像一种习惯性的附和。他在听，但没说多少话，在我问起他的工作时他才展示了一点活力。我们交谈了几分钟，这时莫琳插话，抱怨雷蒙德从没向她说过他对我说的这些事情。那么，雷蒙德为什么没告诉莫琳他对自己工作的希望与担忧呢？对此，雷蒙德虽没给出很好的答案，但我从中看到了突破口，我知道自己需要在这方面下功夫。

我对他们说，当两个人无法交谈时一定是哪里出了问题。之后，我邀请他们二人相对而坐，让雷蒙德开始对莫琳讲他的工作与心里的担忧；对莫琳，我则要求她倾听雷蒙德的讲述，并帮助雷蒙德说出他内心的感受。

之后，雷蒙德讲起了经济不稳定之下新创办一家律师事务所的困难。他说事务所现在的业务量非常少，但他相信假如自己能撑个一年左右，事情就会出现转机。这时，莫琳说除非雷蒙德赶走他那个白痴合伙人厄尼，否则情况永远都不会有什么改善。两人争了一会儿后，雷蒙德就什么也不说了。

这里我们可以看到这对夫妇无法交谈的原因。当雷蒙德讲述自己所想时，莫琳经常与之发生争执或者提出建议；对此，雷蒙德只是小小地抗议了一下便不再多言。就莫琳来说，首先她可能更喜欢在谈话中交换意见，但这并不是雷蒙德的谈话风格；其次，她努力想让雷蒙德参与到更具活力的对话中；此外，可能是因为过于担心自己家的财务状况，她并没能给雷蒙德谈论这一话题所需的空间。而雷蒙德之所以无法倾听莫琳的看法，原因可能在于他在决定该做什么上不够自信，又或者是因为事业上的不成功让他感觉非常糟糕。不管怎样，两人之间都存在着实实在在的问题。

在着手帮助这对夫妇解决他们的关系问题之前，我必须与莫琳单独谈谈。我考虑建议她尝试在非分居的情况下避开阿瑟一段时间，同时将精力放在对婚姻的改善上，让她自己看看此后的效果。

对我与雷蒙德的见面，莫琳感到很欣慰。她说："现在你明白我们的关系有多糟了吧！永远都不会改变的。"

（莫琳深信感情世界的吸引力法则，认为这一知名的力量之所以强大是因为它可以引人兴奋而不是让人受罪）至于我对她说的让她先等几周，看看他们的婚姻能否出现转机之后再行决定的建议，在她看来没有任何意义。就这样，在这次会面之后的一周，莫琳又开始与阿瑟见面了，而雷蒙德也在随后的一周发现了他们两人的关系，二人此后的婚姻状况迅速恶化。在此之后，夫妇二人谁也不愿再为婚姻去做努力了。

在我们这一次见面时，两人还在一起；但一年之后，二人的婚姻就宣告结束了，至此莫琳与阿瑟的婚外情已持续了11个月（莫琳的婚姻结束后，这一关系又维持了8个月）。在莫琳的眼中，婚姻是一种状态，一个不仅有过去而且会在一段时间之后还具有生命的独立实体。其实这也是我们大多数人有时会有的看法，但关系既不是一样东西，也不是静态的，而是一段双方彼此影响的动态的过程。影响一段关系的并不是你拥有的东西，而是你正在做的事情。

**就像伴侣之间常会发现的那样，当两人学会带着理解与宽容去倾听对方时，他们就不必改变对方。**

让事情有所改观、让它们变得更好，这是很自然也很积极的想法，但假如你认为婚姻可以无限地提升，那就不对了，此外这种追求完美的想法还会让人产生挫败感。很多问题我们都可以解决，但这并不包括与另一个看法并不总与你相同的人生活在一起时所产生的问题。婚姻并不需要解决分歧，而是一门学会与分歧共存的学问。

## 万事皆有因

记得我上三年级时，任课老师哈洛维曾用一台频闪仪向我们展示光线是如何影响我们的视界的。那是冬日一个很晚的午后，光线将物体的投影拉得很长。老师先是拿出一台配有金属扇叶的小风扇，之后插上电源、打开开关，只见扇叶转动着发出呼呼声。接着，老师打开频闪仪并开始调整闪光的频率，然后我们就看着扇叶越转越慢，最后停了下来，那静止不动、毫无伤害的样子让人觉得你随时都可以伸手去触碰它。

之后，哈洛维老师说，扇叶之所以看上去纹丝不动，是因为频闪仪只照亮了扇叶运动圈里的一个点。而我后来也慢慢意识到，这其实正是我们看待自己关系的方式。

要想理解伴侣关系，我们首先要明白对关系起着支配作用的原则——互补原则。行为并不是凭空出现的，而是在我们对彼此做出行动与反应的关系背景中发生的。无论是什么关系，一方与另一方都会在行为上相互作用、形成循环。有时我们只看到这一循环当中的一个点，譬如朋友未打来电话或者伴侣对我们的话语缺乏兴趣等，但这并不是说我们的关系停止发展了。

亲密关系中影响彼此理解的最大障碍，是不公正所带给我们的受伤感，它会让我们在自身之外寻找让我们失望的根源。我们总会不由自主地希望伴侣能对我们讲话的兴趣多一点、在我们念叨他们时抗拒可以少一点。也就是在这个时候，婚姻中的浪漫就开始被各种各样的日常琐事所取代，婚姻不幸的人会对自己讲述着一桩又一桩加害人与受害人的故事；而当事情糟糕到一定程度时，其他人就成了这些故事的听众。

许多夫妻对对方抱有太多的期望，会视自己的问题如灾难般严重，但实际情况并非如此。真正的灾难在于，这样的悲观看法会削弱我们看清事情本质的能力。也正因如此，我们才会像莫琳那样，眼睛里只有伴侣对我们的伤害，脑子里只想着自己的问题是怎么难以解决的。

当该说的都说了、该做的都做了，还能让亲密的伴侣关系及相关方面具有活力的东西，都集中在两人间基本的互动模式上。只不过当你想着伴侣做的那些伤心事时（如避开你、表现自私或者易怒等），也请问问自己：在这样的互动模式中，与那些令人伤心的行为相对、互补的行为又是什么呢？

### 互补的另一半

当你与某人之间的关系出现问题时，请留意是对方的什么行为让你感到厌烦，想一想在你们的互动模式之中，与该行为相对应的行为是什么。此举或能助你找到解决问题的办法。

| 抱怨 | 互补的部分 |
|---|---|
| "他不跟我谈话。" | 他不喜欢你倾听的方式。 |
| "她对我不是很亲热。" | 她心有不满没有说出。 |
| "他自私。" | 他认为你自私。 |
| "他从不问我这一天过得怎样。" | 你从没问他这一天过得怎样。 |

在这个互补等式里，你的问题未必在于你做了什么事，而可能在于你一成不变的行事方式。

| 让你心烦的原因 | 让问题持续的原因 |
|---|---|
| "我不喜欢他触摸我的方式。" | 你没向他表明你喜欢的触摸方式。 |
| 他在想："又来了！" | 他从没让你说出你的问题，也从没让你有他理解你的感觉。 |

# 伴侣关系的发展变化

虽然生活总是在按部就班地循环，但它并不是一成不变的，而是一个在相对稳定期与发展变化期之间交叠更替、稳固变化的过程。从好的一面来说，生活并不需要你一个劲地费力往上爬，平稳时它也能让你轻松前行；但坏消息是，你不可能永远待在一个地方不动。伴侣关系也是如此，它也有周期，也有起伏。

求偶期（一种很美好的传统叫法），是男女双方向对方敞开心扉、考验契合度的时期。因为浪漫所具有的魔力，相爱的人彼此吸引、相互投入，两人间会有说不完的话，对彼此的倾听也毫不费力。此时，对方让我们感受到的是一种新鲜、一种愉悦，那般的贴心与有趣，让我们欲罢不能。当两个人在一起时，对方的点滴，彼此一一都看在眼里、记在心上；就算不在一起，双方也会频繁地互发信息，而且言语之中一定充满着浓情蜜意。在关系的早期阶段，没有谁会因为太忙而忽视对对方的关注与交心的回应。

但这种对彼此的迷恋，会让我们忽略对方在倾听上出现的纰漏。譬如，她因为某件事想起了自己的高中生活，于是便问起了他高中的情况。他兴致勃勃地说着自己的高中经历，却没有反问她的高中生活；她觉得这就是一个疏忽，想着晚点就会轮到自己进行讲述了。

无论是在什么年龄遇见爱情，它都会让人有种青春重现的感觉。在尽情享受彼此陪伴的过程中，我们没有冷静，有的只是随心而动。恋爱是充满想象的创造，而短信与电子邮件又助推着恋爱中的浪漫。经过一段时间的信息往来之后，我们在线上展示的自己要比现实中的自己更加风趣、迷人。听到收到回复时的一声"叮"，读着那些情意绵绵的信息，我们心花怒放。但随着时间的推移，我们的笑容、我们的激情就会逐渐淡去，同时变淡的，还有我们倾听彼此的渴望。只不过这些都是后话了。此刻，尽管与我们更相宜的另一半多是与自己更相像的人，对混合基因强烈向往的这一自然欲望也会让我们对那些与我们不同的人产生兴趣。

**求偶期的最大挑战：既要合二为一又要保持自我。**

当爱情陷入危机，我们会撒一点小谎。只不过在那些温柔的谎言中，只有少数是出于对自我的保护，更多的其实是在自欺欺人。回头再看时，我们就会希望自己当时可以诚实些，希望自己不曾那么用力地要将伴侣变得和自己一样。

如今的恋爱是否还像过去一样呢？就现在二十几岁的年轻人来说，他们的求偶规则似乎正在变得与以往不同，比如他们的结婚年龄普遍往后推迟了几年；有很多高中生和大学生根本就不单独约会而是喜欢群体外出，邂逅于他们而言只是偶尔为之的事情；此外，结婚如今也不再是必然的选择。所以，处于求偶期的恋人们最终都要向两人想要的方向前进，看看彼此在一起能走多远，一般都是走两步退一步。

过去对20岁出头的年轻人来说，婚姻是支撑他们夫妻关系的"基石"，能让他们依靠伴侣的关系建立成年人的生活；而如今对30岁左右的年轻成年人来说，婚姻却更像是一块"顶石"，是人们在完成了自己的成长任务、实现了个人目标之后才会去考虑的关系，而这显然就令伴侣关系中出现的分歧更难解决。此外，在从做自己转向做他人伴侣的过程中，还要根据自己熟悉的生活方式来兼容他人的生活方式，创造两人共同的生活，这也是一个艰难的过程。

在多年的咨询服务中，我曾接待过十几对前来做婚前心理咨询的恋人。之前我还觉得婚前心理咨询这个想法很不错，但可惜这样的咨询到头来常常弄得人焦头烂额。这些人之所以会需要心理上的帮助，往往并不是出于谨慎，而是因为他们彼此之间实在太不般配了。即便如此，他们中的大多数都已发展到情感上无法回头、无论如何都要结婚的地步。在他们需要克服的各种障碍中，有一点就是他们对双方关系做出的良好判断。

**求偶的态度越慎重，你就越会注重彼此的倾听质量。**

寻找伴侣最需注重的一点，是对方要易于交谈。相较于长得好、人聪明或者所谓令人眩晕的"钟情感"，类似做朋友、能够倾听彼此这样的交往准则要靠谱得多 (试着将这一点告诉你身边恋爱中的人吧)。

## 男人需要空间，女人想要亲密[1]

他想一个人待着，但她想要他的关注，结果她给了他关注，他却扔下她一个人待着。

杰克和萨曼莎都30多岁了，二人郎才女貌。

"是什么让你们前来做心理治疗的？"看着眼前这对夫妇，我问道。

---

**1**　在修订这一部分时，我注意到弗洛伊德的理论里有这么一处小纰漏，说：男人需要空间，但女人只想要亲密。抱歉，要是我妻子要对我说什么，我就只能捂住耳朵，开始哼哼。

杰克先答道："嗯，我有些受不了她。"

"那么，萨曼莎做了什么让你感觉受不了？"

夫妇俩交换了下眼神。看到萨曼莎脸上一抹淡淡的微笑，杰克转回目光说："她老是抱怨，还喜欢乱想，那些念头让人无可奈何，所以我就不管了，继续谈我自己的事情。"

"你的意思是说，你不管她怎么想了？"

"嗯……是的。"

接着，杰克又说自己不是一个感性的男人，却娶了个非常感性的女人。

我转向萨曼莎，问道："看来杰克正学着对你多些宽容，不去做负面的反应。那你做了哪些努力呢？"

"我竭力跟他表明我的感受，可他总让我给出我难过的理由。问题是有时我自己也不知道为什么，反正就是难过。"

看到萨曼莎难过，杰克做出的是一个具有强迫倾向的人安慰闹别扭的人时经常会有的反应：他从自身的情绪应对方式出发，问了她一大堆能将她的答案对号入座的问题。

但对于自己内心的强烈感受，萨曼莎并不是每次都能用言语表达出来，所以每到那个时候，她只希望丈夫能待在身边，抱抱她就好，绝非那种被丈夫要求别哭、让她给出解释的安慰。而对杰克来说，一看到萨曼莎掉眼泪，他就开始担心是不是自己做错了什么，于是有种被指责的感觉。他那种提问式的安慰其实就是在求个安心，一句"怎么回事"实则是在表达"告诉我，你没生我气"的意思。

接着，杰克又说自己就是因为萨曼莎发火才没办法好好听她讲话的，萨曼莎那种没来由一点就着的说话方式让他感到焦虑。在这样的紧张情绪下，他应对萨曼莎的方式，要么通过提问来做分析，要么在这个方法不管用时疏远萨曼莎。而疏远进一步刺激了萨曼莎的情绪，到头来又让他更加疏远萨曼莎。两人间的倾听失败，并不只是萨曼莎的情绪或者杰克的焦虑造成的，而是双方共同作用的结果。

杰克认为，萨曼莎可以通过控制情绪来打破彼此间的这种交流模式；萨曼莎则觉得杰克应该学着多包容她的情绪。即便这样谈着，熟悉的一幕再次上演：面对萨曼莎不断高涨的情绪，杰克开始焦虑不安、充满戒备。换个角度来看，他们之间的这种循环模式是：杰克对萨曼莎话语的无法容忍不断助推萨曼莎的情绪。

最后，我打断了他们的对话，跟他们讲起了"北风和太阳"的故事："一天，北风和太阳就谁才是自然界最强大的力量争了起来。'我能搅动大海、吹走暴雪。'北风说。'没错，可我能融化冰雪、烤干洪流。'太阳答道。这时，有个裹着厚实外套的人经过，太阳说：'我知道该怎么办了，让我们来比比，看谁能让那个人脱掉他的外套吧！'于是，北风开始使劲地吹，但它吹得越是带劲，那个人就裹得越紧。最后，太阳说'看我的'，就开始散发出暖和的阳光，没多久这个人就解开了外套；太阳进一步提高了温度，最终使这个人脱下了外套。"

这个故事让萨曼莎和杰克都笑了起来。

"萨曼莎，有时你的表现就像那北风，但那不是你的错，因为被人拒之门外让你备受打击；打击之下，你要么放弃努力，要么就会像北风那样加大力度。"

"你说得对，我从来没想到这一点。"

这时的杰克也已放松了下来，他开始敞开心扉，提出了需要空间的想法。他说自己工作上压力很大，回到家就需要点时间来解解压、让自己喘息一下。萨曼莎却害怕给他这样的空间，不愿给他可以读读书、散散步或者见见朋友的自由。

"杰克，"我说，"对萨曼莎是做北风还是做太阳，我能看得出你明白二者之间的区别。但故事里还有那个穿着外套的男人，你们的问题事关双方。北风吹，那个男人就裹紧自己；北风越吹，他就裹得越紧。当然，他这么做也有很多正当的理由，譬如他有自己的情绪、有工作上的压力，他需要空间、喜欢阅读……我尊重这些理由，但把自己裹得严严实实，这也是问题的一部分。"

"我明白，"杰克说，并提到他一直都在努力，但他也承认，"亲近对我来说，并不容易做到。"

至此，对话的氛围已经发生了转变，此时的杰克和萨曼莎已经看到彼此是在怎样促使对方以双方都不喜欢的方式进行交流的，又如何将自己困在了这样的对话模式之中。

一旦萨曼莎明白自己的强烈情绪只会将杰克推开，杰克清楚自己与萨曼莎保持距离只会让萨曼莎更加焦虑也更加有情绪之后，两人就能找到破解各自问题的办法。那么，这样的认识真能化腐朽为神奇地改变一切吗？一吻真的可以让青蛙变王子吗？这也不是没有可能，但需要时间。

## 在亲密与独立之间找到平衡

在迁就彼此的过程中，夫妇双方必须商量好彼此之间、自己与其他人之间该有的空间。

当你与某人形成了身心上的亲密关系，那就说明你向对方打开了心房，允许对方靠近你、走进你的私密世界。所谓恋爱，就是既希望彼此没有距离，又希望能有道隐私之墙来保护双方不受外界的侵扰。这样的亲近与隐私使得双方可以展开亲密的对话，而且这样的对话也明显具有回报性与风险性。

一些伴侣没有走出恋爱早期那种形影不离的状态，对他们来说，无论是情感上的分离还是实质性的分离都让他们无法忍受。他们没有各自的朋友或独立的兴趣爱好，会一边工作一边不停地互发短信，会视两人为一体而不是两个独立的个体。此时也正是他们的自立程度处于最低的时候，说话时，他们会说"我们很喜欢那部电影""我们觉得那家店的奶油煎饼卷热量不高"等。但在这样形影不离但又充满焦虑的生活中，两人之间的对话会因为冲突的隐患而受限制，也就是说，假如救生艇上只有他们两个人，那他们最好不要争执。

相反，还有一些伴侣将自身的独立置于两人关系之上，他们待在一起的时间很少，会各住各的房间、独自度假，两人共同的朋友也很少，对自己事业或个人爱好的投入要多过对彼此的投入，彼此之间的谈话也不多。但因为心里有太多旁骛，他们对彼此的倾听十分有限。

大多数的伴侣并不是一开始就在各行其是。两人间的冲突若没有解决，久而久之就会形成隔阂。造成这些冲突的，往往并不是什么特别的越界行为，而是未能倾听对方、听懂对方。此时，双方都觉得对方并不在乎自己，但事实是对方非常在乎，只不过因为怕起冲突才不去倾听，只是这样做改变不了那种未被理解的感觉。为了维持两人间的和平，一些人付出了太多。

一般来说，伴侣双方原生家庭的关系使其各自具有不同的独立度与亲近度。让伴侣各方感觉更为舒适的关系，是伴随他们各自成长的那种关系。由于对关系的期望不同，伴侣之间会因为该设置多少两人的共享空间，又该保留多少自己的独立空间而产生冲突。对于新结交的伴侣来说，让其去理解、适应对方完全不同的谈话风格可能是倾听学习中最为困难的一环，就算两人在一起生活了很多年，向对方坦露心迹也依然不是件容易的事。

还有一点也是值得注意的，如今公共领域与私人空间、共享与回避之间的界线已不像几十年前那般清晰了，这也给我们的倾听带来了新的困惑。社交媒体与网络平台已然改变了我们亲密生活的方式。

几年前，我曾接待过一位年轻的女性。当时她正打算几天后与在某交友网站上认识的某男子见面吃饭。当然，见面之前她已对他做过了解，知晓他很多生活方面的信息，比如他住在哪里、他房子的按揭贷款交了多少、他都说过哪些话、他曾经的恋爱关系等。但那日傍晚见面时，她却气愤地发现他竟没跟她说他在伯克利待过几年的事，换种说法就是：他曾与某个西班牙女士交往过几年。

她告诉我说，她觉得这个男子在他们两人第一次约会时就不诚实，所以大概率不会再与他见面了。本来我们就总在用自己的推断与预期来对他人进行设想，如今我们对约会对象的认识又多了一个需要考虑的因素——他们没有直接告诉我们的复杂背景，而这同样影响着我们看待和理解他们的方式。

新的关系让我们可以得到某种很难在他处获得的特别关注。交往之初的那种兴奋与期盼，不仅给予我们通过他人热忱的目光来看待自己的机会，还让我们有种完美感，无论这一感觉是多么短暂。过去年轻的恋人们希望在屋顶上唱出自己的喜悦，如今这样的屋顶变成了社交媒体。当恋人们将自己的浪漫照片上传平台，更新自己的恋情发展，收获人们的点赞、评论与某位热情观众的关注时，对处于萌芽状态的关系隐私的保护霎时变得更加费力。社交媒体对我们亲密生活的侵扰，改变了我们体验爱情的方式。曾经的我们会花时间通过彼此的双眼来看待自己，如今的我们既会这样看待自己，也会通过外界来看待我们的人际关系，以及我们的朋友和支持者。面对对方时难免会出现各种分歧，这无疑又给我们增添了新的压力。

伴侣之间的紧张局势一般会通过如下三种方式来化解：解决问题的根源、三角模式、拉开距离。就拉开距离来说，若亲密伴侣之间的疏远程度没有一个明确的限制，那两人就会渐行渐远。

因为深爱，布兰登与斯考特两人结为伴侣。由于都很年轻，两人一开始都没有意识到彼此的家庭背景有怎样的不同。斯考特成长于一个以亲密为口号、家人关系十分紧密的大家庭，而布兰登则来自一个四分五裂、视独立与个人成就为最大荣耀的小家庭。

在布兰登的眼中，斯考特太过依赖自己、时时刻刻都想说话，哪怕是在两人看电视或者读书时，她都会不到几分钟就跟自己说说脑子里突然想到的事，结果弄得布兰登无法集中精力做事，这令他抓狂。对斯考特的举动，他会叹一声气或者以带着点厌烦的语气回一句"嗯？"来做间接的提示，可斯考特似乎并没有领会到他的意思。

因为坚信两人之间就该亲密无间，斯考特觉得布兰登冷若冰霜、自私刻薄，她想不通布兰登为何总将自己拒之于千里之外。

两人对伴侣关系各有各的看法，而双方意见的一致至多体现在少数几次对彼此的同情上。这样的相处令人难过，却是我们在生活中常见的现象。这对年轻人在组建家庭的过程中不仅期望差异巨大，而且他们也没什么经验解决这一差异。

　　真正让两人头几年的共同生活痛苦不堪的，并不是他们看法的不同，而是他们无法谈论这些不同。大概每隔一周左右，斯考特就会因为厌倦布兰登的距离感而对布兰登进行恶劣、夸大的指责，这让布兰登感觉糟透了，其中最让他难过的就是那句"你除了自己，谁都不在乎"。布兰登心想："她怎么可以说出那样的话来？"对这样的话，他是断然听不下去的，而这样的行为又让斯考特懊恼不已，于是她便提高了嗓门，结果却是布兰登愈发往自己的世界中缩去。最终，斯考特会哭着说："你为什么对我这么狠心？"这也是布兰登的心里话，但他只是想想而已，而且一天也不会超过两次。

　　像很多错配的伴侣一样，布兰登和斯考特慢慢学会了如何与对方相处。一段时间之后，两人养了孩子来缓和双方的关系，还学会了互相迁就。虽然斯考特习惯了布兰登时不时的沉默，也清楚他会跟朋友去打高尔夫，布兰登也开始花更多的时间与斯考特和孩子们相处，但两人始终没能很好地学会该如何与对方进行交谈。布兰登不与斯考特交谈是因为他觉得斯考特的期望并不合理，此外他还觉得斯考特并不尊重他拥有自身喜好的权利。对斯考特仍时不时地会表现出的对他投入不足的失望，他从未用心去倾听。斯考特则降低了自己对布兰登该有的期望，以此保持着与布兰登之间脆弱的和平。布兰登给予的倾听虽是一种安慰（他会说"抱歉""是的，亲爱的"等），但不足以让他理解到斯考特内心的感受。他期望斯考特能够做出改变，期望自己可以逃离，但这些想法既无法让他真正地理解斯考特，也无法让他向自己所娶的这个保持着本真的另一半做出让步。就像一个身处囹圄、只想逃脱的人一样，布兰登从来都没有为顺应关系做出改变。

## 你进，我退

你进我退的情况出现时，进的一方希望能与对方产生更多的联系，这却对退的一方形成了压力。进的一方越进，退的一方就越退；而退的一方越退，进的一方就会越进。这样的循环偶有中断，但总体是一个往复不断、没有止境的过程。

当进的一方厌倦了对方的拒绝时，他们就会在痛苦与愤怒中放弃追逐；只不过一段时间之后他们又会因为感觉孤独而再次追逐。

假如你是进的一方，请试着退后一步，并在之后的几日内降低自己对对方的关注。这也是一种计划性疏离的做法，它与那种因厌倦而冷落对方的反应性疏离是不一样的，因为计划性疏离并不等于你在给予对方空间，而是一种用沉默来惩罚对方的尝试，自然也就无须你去降低对伴侣的全神贯注。但它是为了让你从被动的追逐模式中走出来，将情感更多地投入其他的事情。

停下追逐，观察一下之后会发生什么，其间你可能会看到自己的焦虑不断增加，这是非常重要的一步。请思考一下你的追逐中有多少是因为你的焦虑，又有多少是因为生活中其他满足渠道的缺乏而产生的。

接受来自退缩方做出的任何向前一步的举动，即便那是抱怨。这一点非常关键。追逐方说想要伴侣与他们分享感受，但他们指的是正面的感受。在尝试改变你追我赶这一模式的过程中，追逐方要避免对退缩方给出的任何表达做出戒备的反应。对退缩方来说，他们也想与伴侣有更多联系，但又常觉得自己很难满足伴侣的需要。为了维持与伴侣的和平关系，他们会将自己的感受紧紧地封闭在内心的某个角落。所以，当退缩方真的开始向你表达他们的感受时，请给予他们不带情绪反应的倾听，否则他们会因害怕其中一方或者双方做出情绪反应而再度缩回自己的世界之中。

"你为什么不跟我说话？"

怎样才能让一个退缩的人相信你的态度是开放的，你会接受他/她的所想与所感，又怎样才能让他/她相信你的开放态度不会对他/她造成更多的压力呢？

对于会退缩的人来说，他们并不认为谈话可以带来什么收获。假如你的伴侣属于退缩型，那你只能设法让他/她相信你会接受其感受。当然，你也不一定非得那么做，假如你愿意像许多关系不和谐的人们那样，就照旧行事吧。

假如你是退缩的一方，追逐的一方于你而言就会很难相处，因为他会让你产生戒备心理。毕竟被人追逐时，一个人是很难停止奔跑的。首先你要认识到这一点：没有你的退缩，就没有这样的追逐，人进你退就是这样出现的。与其避开追逐的人，不如用你的方式主动进行接触，比如在白天的某个时候发个短信给他，邀请他一同散步，等等。你可以告诉对方自己脑海里的东西，也可以问问对方在想些什么。你需要明白：他追着你是因为他想要靠近你，但他并不知道如何才能更好地拉近与你的距离。

## 模式改变三步走

假如你用一周的时间来改变你进我退模式下的自己，你会发现这就是一个三步走的过程：第一步是你做出改变；第二步是伴侣对这一改变做出反应（大都既让人有成就感但同时也会令人生气）；第三步是你对伴侣的反应做出反应（要么重蹈覆辙，要么坚持到底）。

停止追逐未必立即就能迎来伴侣的向前一步，由此而形成的疏离或许会让追逐方有种更强烈的孤独感和被弃感。在追逐方变了但退缩方未变的紧要关头，即模式改变的第三步，追逐方要么重蹈覆辙地使用老一套的做法，要么在坚持中一边努力让自己保持平静一边发展自己的其他兴趣，而这就给予退缩方空间来让他发现自己对追逐方的需要。

反过来，假如是感性的退缩方决定打破此模式，向伴侣靠近一步，可能会碰到对方未必立即给出所期望的回应的情况。此时，对方或许会不愿接受他敞开心扉的讲述，或许会讲话尖酸、刻薄。假如这样的反应让他感到难过、令他又缩了回去，那他可能会得出这样的结论：我努力过了，但对方永远都不会改变。实际上，真正让他变回老样子的并不是对方回应他的方式，而是他自己回应其回应的方式。

通常你会到什么程度才放弃坚持？在改善关系的过程中，你能做些什么来让自己继续坚持？请先从小的改变开始，留意对方快要令你重蹈覆辙时你的感受变化。要记住：击败我们的并不是对方所为，而是我们对对方所为的反应。

你进我退的模式之所以很难打破，还因为进退双方各自早期的人际关系所形成的相处模式有本质不同。就追逐型的人来说，他们喜欢亲密相处，但对退缩型的人而言，他们更喜欢有独处或共同活动的时间（这就是为什么有的人在情感上表现得退缩但在性生活上却显得很主动）；追逐型的人多会说出自己的感受，退缩型的人则会避免谈论自己的感受；此外，由于关系界限的渗透性，追逐型的人能够迅速地与众人打成一片，但很少有什么能让退缩型的人放下戒备。

虽然每个人的主要相处风格各不相同，但互补特性会让人们在不同的关系中给出不同的表现。譬如，一个在伴侣面前表现退缩的男子，对自己的母亲或者密友可能就会表现得主动积极；一个对伴侣紧追不舍的女子，也可能会在自己的妹妹面前显得讳莫如深。

对关系中的自己，退缩方是不自信的，所以他们十分看重对隐私的保护，而追逐只会让他们觉得是对自己的一种纠缠。

**要打开退缩方的心门，莫去硬闯而应叩问，要给他们时间来接受你的陪伴。**

面对具有威胁性的问题，退缩方会紧闭心门。有关这些问题带来的焦虑，他们或许并没有认识到，但它始终都在，只不过表面上看不出来罢了；此外，由这样的焦虑所形成的压力，还常会令关系出现矛盾或者提升退缩方努力想要避开的情绪。而对于退缩方的伴侣来说，退缩方明明看见他们的痛苦却选择逃避的做法，会让他们觉得自己遭到了退缩方的拒绝和抛弃。

感性的追逐方在处理敏感问题时，多会表现得焦躁不安并会一遍遍地进行谈论，为什么会这样呢？这是因为那些问题从没有彻底得到解决，由此所产生的情绪也就从没得到过处理。但对他们的伴侣来说，这样的重复就等于在他们的伤口上撒盐。

与绝大多数互补模式一样（如作用过多—作用不足、严谨—宽松、快节奏—慢节奏, 等等）, 这种你进我退的模式也不是静态的。事实上, 极少有关系是静态的。

## 接受彼此的不同

所谓亲密的伴侣关系, 是两个人结为配偶、将各自的生活融为一体的过程。正是因为配偶所具有的一体性, 朋友请吃饭时会配偶同请、美国国税局（IRS）征税会向配偶同征、财富会由配偶共同积累。当然, 两人还是会各有各的性格, 只不过现在他们身处同一体系之内, 两人的命运自此交织纠缠。

对亲密的伴侣来说, 他们首先要做的是以相互迁就的态度来面对日常生活。由于个体多会采用自身所熟知的方式处理彼此的关系, 因此双方都希望对方做出让步。在一些重大问题上, 如把家安在哪里、是否要孩子以及何时要孩子等, 双方意见必须达成一致; 而对相对次要但也同样重要的日常事务, 比如该追什么剧、晚餐吃什么、几点睡觉、在卧室做什么等, 两人也要协调配合。但不幸的是, 迁就与条件性的妥协之间只隔着一条轻易就能让人越过的界线。

母亲去世时林恩才19岁。极度的悲痛过去之后, 内心空荡荡的她决定离开纽约，搬去蒙大拿州。直到踏出机舱的那一刻，她才意识到原来这里的光照竟是那般强烈。此时，蒙大拿的积雪正在消融，山花铺满了山谷，她在伸伸懒腰、打打哈欠的时光之中度过了夏季，之后早秋接踵而至，但随之而来的，还有孤独。也就是在这个时候，开始思考该如何走自己人生下一步的林恩，遇见了特拉维斯。特拉维斯非常安静，这让林恩觉得他比自己在纽约见过的那些只会谈论自己的男孩子都强，并认为他就是自己心目中真正的人生另一半。所以当特拉维斯提出让她搬去他的活动房车跟他共同生活时，她觉得这是个正确的决定。

但一年之后，两人的关系变得平淡如水。林恩心想，或许一场婚礼可以改变现状，于是她就给特拉维斯下了最后通牒：要么结婚，要么她就搬出去。可即便是到了婚礼的那天，林恩脑子里还是转着"这绝不会长久"的念头。那天她喝得酩酊大醉，希望可以借此麻痹自己对跨向未知人生的不安全感。

蜜月之后林恩有了身孕，两周后特拉维斯又加入了空军，再后来随着特拉维斯被派驻韩国，林恩就与他的父母住在了一起。但这样的相处并不开心，六周之后林恩带着一种既宽慰又焦虑的心情登上了前往仁川的飞机。

倒过时差之后，林恩才意识到自己每天得窝在小公寓里带孩子的现实。她写信给特拉维斯，说自己想买辆自动挡的车，因为她开不了手动的，但特拉维斯并没有听进去，而没车开就让林恩与外界隔离了。她试着与特拉维斯讨论这个问题，特拉维斯却说："你可以适应的，别那么不懂事。"对此，林恩又能说些什么呢？

遗憾的是，林恩既没有坚持让特拉维斯倾听自己的感受，也没有问特拉维斯的感受。她说："我那时唠叨个不停，说话火爆还刻薄。因为我不确定自己的感受，内心的焦躁就不断地积压，最后爆发成了对他的攻击。当时我对他说的不是自己的感受如何，而是'我们什么也没做''你从没带我去过哪里'之类的话，而他每每又会将问题都归咎到我头上，而且不管我说什么，他都只回一句'你怎么回事'。"至于特拉维斯那边说了些什么，她没有印象，她只记得他不听她抱怨的情景。

还未步入婚姻之时，林恩就想着自己的决定是否正确，想着特拉维斯或许能变成自己心目中那个会关爱自己的深情男人。因为早早失去了母亲，她曾一直渴望获得那个只顾自己的父亲的关注，而这也使得她一直都生活在"我该怎样才能不断让人开心、让他们爱我"这个念头之中。与特拉维斯在一起时，她努力做个好妻子，希望以此获得丈夫的深情与关注，但两人之间并无深情，有的只是性。因为不知道该如何将自己的感受汇成言语，林恩只能在需要得不到满足的焦虑之中煎熬。

当内心的沮丧开始变得苦涩，她与特拉维斯之间的对话就变成了争执。此时，双方都觉得自己深陷泥潭，都在误解对方，都对彼此戒备重重。因为遭到特拉维斯太多的漠视，林恩带着满腔的愤怒来谈论自己的感受，但她这样的刻薄又激起了特拉维斯的愤懑，进而令他无法继续听她讲话。当林恩的指责逼得他退无可退时，他内心的积怨就会爆发，之后两人就又会回归到避开彼此的状态之中。

或许正是因为同在异国他乡的那种近距离接触，才使得两人在一起更长的时间，又或许那段经历带给他们脆弱的婚姻不可承受之重，总之，在特拉维斯被派回美国、林恩重启学业之后，二人就分道扬镳了。因为上学，加上也有了自己的朋友，内心日渐强大的林恩不再愿意忍受这段几乎未能给她任何满足感的关系。讽刺的是，就在林恩开始退出这段婚姻之时，特拉维斯却提出了希望她能留下的请求，而且还试着去倾听林恩，这可是自两人相识以来的第一次，但一切为时已晚。

林恩说："他要的是一个能像母亲一样去照顾他、为他洗衣做饭、为他操持各种家务的女人。以前的我是甘心做这一切的，所以他很开心；可当我希望他能给我多些关注时，他却做不到了，于是他就开始恨我；再后来我独立了，给了他需要的空间，他又开始对我有了爱意。但如今的我已经明白，我与他从一开始就是个错误。"就这样，两人最后结束了婚姻。

假如特拉维斯与林恩的伴侣不是彼此而是其他人，或许他们会彼此适应得更容易一些，又或许不会。再婚与三婚不会因为人们总挑错对象而失败，如果失败，其原因并不在于双方之间的分歧而在于两人面对分歧的方式。就林恩与特拉维斯这对伴侣来说，在关系中林恩可能迁就得太多、特拉维斯妥协得太少；至于特拉维斯，因为年轻，他会更注重对自身男子气概的肯定而不是对爱情的追求，此外他可能也怕妥协会令自己丧失自我。两人之间的问题就在于谁也没胆量去倾听对方的观点。

假如这两人面对对方时能少些情绪反应，他们或许就能找到谈论彼此不同的办法。比如林恩，若她没有任凭自己的感受不断积压直至爆发，那她或许就能以一种平静的语气来对特拉维斯讲话（我们并不是非要心平气和才能平静说话的），她的话或许就会变成："我有些烦心事需要跟你谈谈。现在谈合适吗？"

平息情绪并不是要避谈问题，而是要在怒气爆发之前平静地讨论问题。

特拉维斯以为，不听林恩的抱怨就不用面对那些抱怨，他就可以避开林恩的指责带给他的焦虑。但他发现，感受就像各种能量一样，若无法直接释放就会通过其他途径表现出来。

要想降低自己的戒备心理，你需要保持冷静、保持开放；在对话过程中，既不要打断、反驳、限制对方，也不要去改变话题。碰到不理解的地方，请寻求澄清，否则就闭上嘴、好好听。

## "女人为什么不能多像男人一点？"

又或者，"男人为什么不能多像女人一点？"当对方身上最初吸引我们的那些不同，到头来却成了让我们难以容忍的弊端时，我们可能会想：或许跟自己最相近的人生活在一起才是最好的关系，可事实并非如此，因为两两相似，双方共有的弱点可能就会叠加在一起，导致关系出现甚至具有毁灭性的严重失衡。譬如，两个都是火暴脾气或在经济上都不负责任的人在一起所形成的关系，是灾难性的。

林恩觉得自己嫁错了人。特拉维斯虽然长相英俊人又聪明，但他不知道如何通过表达自己的真实感受来与他人沟通。两人的婚姻其实就是一个看重独立的男人娶了一个渴望依恋的女人。特拉维斯也认为自己犯了选错对象的错误，他怎么也没想到自己心仪、爱慕的女人到头来竟是那么需要自己。

## "我这是头一回听你这样说！"

生活中，女性爱唠叨的现象要比男性普遍。若哪个人爱唠叨，那多数意味着他/她很久都未得到他人关注其内心的倾听。若他人对我们的感受给予同理的倾听，我们就会觉得自己被理解，会感到释然；但若无人倾听，我们就只能独自面对那些感受。

真正能听进你唠叨的，是旁人。

"他从来都看不到我在这里要做多少事，我得求他，否则他永远也不会帮把手。"

不被倾听令人愤懑，怪不得他们一说话给人的感觉就是在唠叨。

"她表现得好像是我妈一样，难道她不知道我总会把自己该做的家务做了吗？"

劳埃德烦透了凯茜的唠叨。

"别总开着卧室的窗户""别将暖气开到超过28℃"，要做这、要做那……她总唠叨个没完，劳埃德心里这样想着，反正没人会在脑海里反驳他。

凯茜则烦透了劳埃德从来都听不进自己的话。"同样的事我怎么总要对你说一遍又一遍？你为什么连一个简单的要求都听不进去？"这是她常对劳埃德说的话。她向朋友安妮抱怨说："我想跟他说点什么事，他却一声不吭地躲了起来，把我一个人孤零零地撂在那里。"

### 假如有人觉得你爱唠叨

在一系列对话之中，每一次交流都会承接之前交流的成果与压力，源源不断的指责会营造出负面的氛围并最终导致一方对另一方的充耳不闻。这就有点像加里·拉尔森(Gary Larson)画的那幅漫画：一个男人对着自己的狗说话，可那只狗听到的只有"吧吧"声。

唠叨让人讨厌，可当你不断让他人将脏衣服扔到脏衣篓里或者把一团糟的浴室打扫干净，对方却始终无动于衷时，你又能怎么办呢？

所谓的爱唠叨就是：你明知某人不会记得去做某事，但你还是会不停地提醒；假如你有要求，你决不会只提一次；你会以一种指责或抱怨的方式来攻击对方；你会因为对方做的很多事情让你心烦而不断地让他知道这一点；你会说"应该"做什么而不是你想要什么；对方会在你提出要求时唯恐避之不及。可能你并不觉得自己唠叨，但假如对方这么看的话，那他/她十有八九不会听你讲话。

如果女性在唠叨的人当中仍占多数，那是因为她们还在承担着大部分家务重任。

**"怎么什么都是我的错？"**

假如让你减少自己要求他人去做的事情并降低你提醒他们的次数，你会说这不公平、自己有权唠叨，对吗？没错，可这样的减少带来的，能让人获益良多。

选出你内心最关注的事，然后以请求的方式向对方明确提出。

请花多点时间与对方就需要做的事、由谁来做、怎么做及何时做、过程中又该如何分工等进行商讨并达成一致。

倾听之所以很难，是因为它涉及失控问题。此外，当你害怕听到什么时，倾听还会让你感到不安全。对于觉得自己被唠叨的人来说（即便说12遍他都没听），让他们不想听的其实是责备与要求，因为这些在他们看来，都不值得让人大费口舌。

无论身处什么样的交流，我们都会力求保持自己的独立、避免交流被对方所控、维持自己对交流的参与，并力保自己不会失去对方的爱。所以，当对方认为你所提的要求或抱怨中暗含要控制他的意味时，他可能就会抗拒。换句话说，他抗拒并不是因为他不愿意做你要求他做的事，而是因为他不肯接受那个暗示，或让他推断出"你是主导者"这个元信息。

要避免让自己的语气显得专横，你可以在做出请求或建议之后再加上这么一句："你认为呢？"这不仅有助于让交流继续，还能让你在强调这一请求对你的重要性时确定自己对对方看法的理解；之后你要做的，就是保证双方一旦达成共识就要遵守，假如你可以接受对方的抗拒，那你也能相信其允诺。

亲密关系之外的其他人，之所以会更有可能听得进我们对烦恼的倾诉，是因为他们知道这些烦恼并不是因他们而起。所以，假如你希望自己的话能在家中得到更多的倾听，那就试着对伴侣说一句"我明白这不是你的错"或者"我没在责备你"；之后若他/她真的听你说了，你就要让他/她知道你的感激，你可以说"能讨论这件事真让我松了口气。谢谢你听我讲述"。

　　每天给予对方多一点谢意，比如感谢对方餐后洗了碗、早晨为你冲了咖啡等，要知道与唠叨相反的，就是称赞。

　　表达谢意对倾听也大有帮助，你的一句"非常感谢你倾听我的感受，这对我太重要了"能鼓励对方给予你更多的倾听。

　　最后，要想甩掉身上的唠叨标签，你就要听听抗拒方有什么说法。若一位丈夫没与妻子商量就买了一大堆东西，那可能是因为他觉得自己有想买就买的权利；若一位妻子头晕却不肯就医，那可能是因为心里太过担心；假如水槽边的垃圾桶已经堆满却无人清理，那可能是因为双方都以为这次该轮到对方去处理。

　　就算你不认同对方没按你的请求做事的因由，你的倾听与致谢也会让对方更有可能对你做出让步。

　　**你是不是该多说"不"呢？**

　　通常，那些觉得自己被动接受唠叨的人，也是很难向对方说"不"的人。若妻子让丈夫将垃圾带出去但丈夫并没这么做，那可能是因为她一开始就错误地认为丈夫答应了她。所以，对有些人来说，他们是应该多说"不"的。

## 如何避免将抱怨升级为争执

一说到唠叨，人们就会想到抱怨。问题就在于，你应该有不同的期待（而且大多合理）之举，当对方觉得那就是对他们的攻击时，一场谁都不想有的争执可能就会爆发。

在抱怨之前，你首先需要确定对方的行为对你是否产生了直接的影响，比如没收拾家里的脏碗碟对你造成的影响就是直接的，特别是当你要去做那个清理者的时候，但伴侣又重了10磅对你的影响就不属于这一类（除非他/她的身体状况恰巧要由你负责）。

要考虑到你与受你批评的那个人之间的关系。假如对方是你12岁的孩子，那你让他一个月至少锄草两次的要求就是无伤大雅的；但假如对方是你的丈夫，面对如此的要求他可能会想："她以为她是谁，我妈吗？"

伴侣会希望你能像对待成年人一般对待他们，所以像告诉他们该怎么叠衣服、该怎么用洗碗机或者该怎么停车之类的要求，会招来他们对你的不良反应。若你希望这样的事情能有不同的做法，那就亲自处理吧。

假如你坚信自己有权抱怨，那就想想对方是否可能改变。大多数人不会只为了取悦他人而彻底改掉自己的烦人习惯。研究表明，在正确的激励之下，人们的确可以学会将脏碗碟放到洗碗槽中，但只有很少的人会因为他人的想法进行减重或者锻炼身体。

假如事情已到了你得千百次地要求伴侣别将脏碗碟留在客厅的地步，那你就该放弃了。有时即便是不公平，放弃也好过不断地对对方提出批评，否则对方就只能学会充耳不闻。

### 如何抱怨

你是否有积压抱怨后向对方倾倒的倾向？这样的对抗所带来的后果又会如何加重你的这一倾向，你看得到吗？

我们该如何抱怨呢？从温和的态度开始。

如何表达批评，方式十分重要。可以先给对方提个醒，如：

"有件烦心事我想跟你聊聊，你看今晚下班后怎么样？"

"有个问题我要跟你谈谈，要不晚饭后我们出去走走吧？"

预先提醒，能让对方清楚有事即将发生并对此做好心理准备。要注意你选择谈话的时间和地点。假如话题比较棘手，那最好能将时间设在双方都比较平静放松、没有他人在场的时候。记住：谈话如何开始往往决定着它会怎样结束。温和的开端并不能保证谈话过程顺利，但对谈话绝对是有益无害的。

至于为什么最好在私下里提出批评，原因不言而喻，但很多人会因为在朋友或孩子面前诉说伴侣的不是而激怒伴侣，批评伴侣的家人或朋友也是不对的。他/她抱怨自己的母亲没有问题，但要是你这么做，那就是越界。有些人会借与其他人的伴侣一起外出的机会来批评自己的伴侣，虽然这样的批评多以开玩笑的方式进行，但这并不是你该闹着玩的事。

假如你有事要对某人说，那就说出来；假如你对某人的朋友或家人有看法，那请将话放在肚子里。

相较于硬生生的批评，一句"我有个问题""我需要你的帮助"都更有可能让对方倾听，即便你要说的是有关对方行为的话题。最无法让人听进去的批评，是以责备、贬低、道德说教或者不公平对比等方式展开的批评，如：

"你干吗总要……呢？"
"你从不……"
"你应该……"
"你怎么就不能更像……呢？"

批评的重点要放在自己的感受而不是对方的短处上。譬如，你可以说"希望我们外出时你可以收拾下行头。你穿得好，我都觉得你与众不同"，这么说的效果要好过说"你干吗总穿得那么蹩脚"。

要告诉对方，事情对你有着怎样的影响而不是对对方进行指责，同时向对方明确讲述你喜欢怎样、不喜欢怎样，而不是说什么是对的、什么是错的；重点是要让对方知道他该如何能帮到你，而不是说他哪里做错了。

就算抱怨，也要记得给予对方说话的机会。提出自己的问题，但要在细述之前询问对方对这一问题的感受。假如对方有所戒备，请不要做出反应。记住，对方之所以会起戒备之心，是因为你刚刚说他做错了什么事。

对你提出的要求，假如对方表示同意却没说什么，那他多半不会改变；假如你问及原因或者问他为什么会觉得改变很难，之后对他给出的说法做出认可，那改变就是有可能的。

亨利对贝妮塔说，自己需要她多帮忙开车送孩子们去参加活动。贝妮塔答应了，不过亨利又接着说："我知道你并不情愿，不然你会主动这么做的。什么时候是你最难去送孩子们的？"

贝妮塔十分感激亨利对自己的体贴（事实上当你可以轻松说"不"时，说"是"就更加容易了）。她告诉亨利说自己并不介意在周末或者傍晚的早些时候带孩子们去参加活动。由于她的工作时间很早，她不愿意在工作日的晚上9点之后外出，此外她还提到，假如能提前一天就知道自己要将孩子们送去哪里，那事情会容易很多。

亨利接着又问："还有其他想法吗？"

贝妮塔顿了顿，说道："有的。坦白地说，我觉得你送他们去的地方实在太多了，我们不能让他们想去哪里就送他们去哪里。"

这是亨利第一次听贝妮塔这么说，于是他告诉贝妮塔，下一次她若有不同的想法就该说出来。再说，就算是贝妮塔不愿意，他也是愿意开车送孩子们的。"不过，"他接着道，"说不定你说得对，我送他们去的地方可能真的太多了。"

从影剧院出来，蒂凡尼对卡门说："哇，那片子不怎么样，是吧？"之后，她又开始说梅丽莎·麦卡锡（Melissa McCarthy）的演技怎么过火、导演处理喜剧的手法怎么拙劣，说好好的故事就这样给毁了。

卡门却什么也没说，因为她挺喜欢这部片子的，而且她还特别喜欢梅丽莎·麦卡锡，但蒂凡尼对这个片子的贬低破坏了她的好心情。

由于想看这个片子的人是卡门，所以卡门觉得蒂凡尼说的那些话其实就是在批评自己的品位，让她觉得自己看得开心了可伙伴遭了罪。

其实蒂凡尼并不是因为卡门想看她才去看的，或许卡门一开始这么提过，但此前蒂凡尼自己就已经想看这部片子了，而且她也没觉得自己是在受罪，远没有！因为片子里的一些地方也让她大笑不已，而且她也喜欢嘲笑里面的一些过度处理。

当你从影院看完某个片子出来，假如你不喜欢这个片子但同伴显然感觉相反，此时你该说些什么呢？什么都别说。

假如两个人都讨厌某部片子或者都不喜欢某场音乐会，那他们对自己看法的讲述将两人拉得更近，因为他们的经历相同、感受相同；但假如只是你自己喜欢那场演出，那对方的刻薄批评就会毁了你的快乐。

当他人批评我们喜欢的电影或者餐厅时，我们会觉得那就是对我们品位的批评。假如你认为某家餐厅做的东西不好吃或者某场演出很无聊，但觉得同伴却很喜欢时，那就由着他们去品味自己的快乐吧。你可以在迟些时候，最好是很久之后，再和盘托出自己的批评。

## 人各有心、心各有见

你的另一半没有权利说事情是怎么样就该永远怎么样，也没有权利来决定谁对谁错，就算他/她那么说了也没权利那么做。但假如你的反应就好像是他/她那么做了一般，那你就是在赋予他/她那样的权利。

你不必为了要认可某人讲得有一定道理就非得认同某人。

未认可他人的讲话就提出反驳，这是轻率的举动，它本身就是阻碍我们理解对方最大的绊脚石。若不了解对方已经听懂了我们，我们就会听不到对方说了什么，会拒绝倾听或提高嗓门，会想着大声嚷嚷对方说不定就能听见。

情绪化的谈话能短则短，过程中也不要一下就将什么都倒出来，因为这只会让倾听人感觉难以招架，让他们在走投无路之下被迫做出或战或逃的选择。

若你知道谈话会触动对方的情绪，那就事先设定你所希冀的谈话成果并将它说给对方听，告诉他/她："我有要事跟你谈，希望我们的谈话可以收到这样的效果……"这种设定意图之举，不仅能促使双方在谈话时以这一目标作为重点和正确的谈话方向，还能阻止你对其他事情的抱怨，降低对方对某事即将到来的焦虑。

无处转圜，这是很多人对自己身处关系的悲哀看法，觉得自己与某个在某方面冥顽不化的人困在了某种关系之中。迁就，意味着双方需要找到一个适合彼此的方式，但很多人却错误地将"适合彼此"看成了一个要么全赢、要么全输的命题。

有对夫妇为两人结婚60周年举行纪念庆典。当被问及他们婚姻的成功秘诀时，两人异口同声地回答："对一些小事情有时你要装作看不见，没必要事事计较。"

对待彼此看法的不同，睿智的夫妻既会接受也会迁就，但这并不是说他们就一定会事事都求一致，女方仍可以永远都对政治提不起兴趣，男方也不必非要喜欢女方的父母。对理智的夫妻来说，他们既不会在这些不同上争吵不休，也不会违心地全盘迁就对方，但他们会避免揪着看法不同的话题不放。

他们不会因此而疏离或隔绝彼此，而是会寻求其他可以连通二人的可能。

要适应彼此的不同，双方就要宽容以待，要有选择地共处。或许两人都厌倦了倾听彼此对工作的描述，但一天的忙碌之后，双方是欠彼此一场几分钟的倾听的（不过提问倒是一种可以让彼此都熟知的能让交流变得更为有趣的交谈方式）。另外，夫妻之间也要清楚了解让彼此都最有回报感的话题。这也是一种寻求相互平衡的做法，它同样适用于谈话之外的其他活动。

周日晨跑后，丹尼斯回到了家里。看到洛林仍在睡觉，他便褪去了衣衫，重新缩回她的身边。他的吻唤醒了洛林，她投来了狐疑的一瞥。这可不是他所期待的眼神，多年的经验让他分得清红灯、黄灯之间的差别。在两人刚结婚时，丹尼斯以为洛林对自己的性需求应该会有求必应，但在她让他慢慢来之后又给出个"不"字的反应，这让他觉得自己遭到了排斥，结果他干脆就彻底不再碰她。但如今不一样了，此刻他从她的眼神里读到的是：她很开心看到他，只不过也不大有心情与他卿卿我我。接着，两人就开始了数次眼神交流。之后，丹尼斯便对洛林说：

"那我们就抱抱吧。"一阵拥抱之后，此时已放松很多的洛林温情款款，两人最终温存了一番。

午饭后，丹尼斯说他要看会儿足球赛。对洛林来说，她所成长的家庭可没这样的国民爱好，所以以往在碰到丹尼斯要在周日看一天的足球赛时她都会非常生气，结果有好些年两人就在"看球赛，她生气；不看，他怄气"的循环中打转。但今天的情况是这样的：这边丹尼斯在观看球赛的上半场，那边洛林就与一个朋友打了一通长长的电话，之后又读了读报纸，其间电视里传来观众的欢呼声时她还抬头看了看；到了球赛中场休息时间，她问他要不要一起去看场电影，他去了，毕竟两人在这一点上从不需要互相迁就。他们看了电影，不过之后并没去购物，这是他知道她喜欢但她清楚他不喜欢做的事情。晚饭后，两人又一起看了会儿电视，之后她上楼读书，他开始观看之前录下的下半场球赛。美好的一天就这样结束了。

从这一案例可以看出，倾听，整体来说，意味着对彼此都要心存体谅。案例中，丹尼斯听懂了洛林的情绪示意，之后洛林也听懂了他希望看球赛的意愿，两人在独立与共处之间找到了平衡。

尽管长期的配偶关系总会牵涉各种各样强烈且深刻的情绪，但维护此类关系的重点并不在于各种具有纪念性的大事，而在于生活当中的琐事与日常，在于你知道第二天清晨醒来时自己又有为这一关系做出或对或错的努力机会。

## 走出痛苦

经过一段时间的磨合之后，夫妻双方对彼此大多会变得谦和，但两人的关系仍会经历一轮又一轮的亲密与疏离。其间的冲突有的可以解决，有的可以避开，还有的则会时不时地蹦出来；争吵也还会有，但性质会随着时间而发生改变，会少了些苦涩、激烈与责备，多了点命运与共的感觉。假如彼此间的争执还是像以往那般频繁、激烈和持久，那伴侣们就该好好看看是不是自己做的什么让怨怼不退、让倾听缺席。

相处成功的伴侣十分清楚，用抱怨、哄骗、花言巧语、唠叨、让对方负疚、发火等来操控情绪，诱导对方单方面做出改变的做法，是收不到什么成效的。

同理不易，但他们会努力、会不畏艰难地用心去听（你不一定非要有同理的感觉才能给予倾听。有时表达关切也能由外而内地深入人心，就好像微笑也能让人有个好心情一样）。

假如伴侣之间对彼此藏了太多的秘密，那交流就会出现问题，比如讲话会口是心非、会因为害怕争吵而压制自己内心真正的感受等。之所以怕向对方说出"不"字，是因为他们觉得这样带来的影响，要远大于真实的争吵带来的影响。但其实当你学会了说"不"，你也就能坦诚地说"是"了。若你想让伴侣认识到这一点，那么就问问自己，对方为什么要向你撒谎呢？

信任，让人们可以轻松地做自己，而建立信任的关键就在于诚实、开放的态度以及对伴侣所诉难事的倾听与认可。所谓自尊的爱，并不是针对精挑细选之后剩下的那部分自我片面的爱，而是对本我的爱。若对方讲话犹豫，那是因为他们不确定谈论某些话题是否安全；若对方竭力向你敞开心扉，那他们可能在向你讲述之前就已经做出要放开来谈的决定。

**若想听到真话，你就必须让对方对讲真话感到安全。**

不幸的是，即便是带着最善的意图进行对话，一些伴侣也还是会陷入让他们深感痛苦的困境之中。进的一方会厌倦了追逐，退的一方会因为被追逐而疲惫不堪，最终一方或者双方会筑起一道冷漠的围墙。因为心灰意冷，进的一方可能会停止追逐，之后怒火便会积成怨气。曾经充满激情的两个人开始放弃彼此，各自在痛苦中向自己的安全港湾退去，在那里感受没有温度的安慰，毕竟此时就算孤独，也好过与对方没完没了地争执。

对于深陷痛苦之中的伴侣来说，要想让自己远离那些冷冰冰的失望，他们可以向前一步，好好地审视一下那些失望。假如你愿意放下责备的态度与对方复合，那就好好看看自己的那些期望，想一想：你与对方的冲突是不是因为你对抱有期望的伴侣与他本人之间有着根本的差别呢？假如让你烦恼的是那个表现出自己本真的伴侣，而不是他/她某些特别的行为，那你所处的关系就是错误的关系。请记住，唯一值得你们争辩的，是那些你们可以改变的东西。

人，是带着自相矛盾的期望走向亲密的。对自己原生家庭的方方面面，好的，他们期望伴侣可以复制；不好的，他们又期望伴侣能做修补；更糟糕的是，这些期望所指向的，还大都是其伴侣力有不逮的而不是他们得心应手的方面（比如有的人说："我知道他是能做到多跟别人打交道的，只要他肯尝试。"）。

不要用你的优势来衡量、评判你的伴侣，要用就用你伴侣的强项吧，毕竟我们每个人都想要他人对我们本真的认可。


当一个人的弱项或缺点变成关系里的关注焦点时，没人可以从中受益。

　　要想走出痛苦，请多关注伴侣身上好的方面，同时也要看看对方身上让你讨厌的一些东西是否实际上是你所欣赏的、最初吸引你的特质中不好的方面。譬如，他晚到了很久，可一旦到了他就会全情投入，想到他跟你一起时会忘了时间，对他的迟到你就不会介意；再比如她会在某个周六的夜晚允许六个十几岁的孩子在自家过夜、愿意忍受他们的吵闹、让他们吃饱喝足，那是因为她豁达大度。类似这样的，你都可以细加考虑。假如你的伴侣有一些不同是你喜欢的，那他/她肯定也会有些不同是你不喜欢的。你可以向伴侣提出让其改变某特别行为的要求，但不要因为对方偶尔出现的一些芝麻绿豆大的不端或者你自己的一时失望而去惩罚他们。一旦你找到了接受对方不同的办法，柔情就是水到渠成的事。

　　成熟的人会更多地认可对彼此的依赖，会将重心从对个人的追求转向能让彼此都获益的依赖，换句话说：关系之中你既要做自己也要保持与关系方的连通。为了寻找既能重建过去同时又能扭转过去的爱，我们会细心聆听某人，并希望事情可以得偿所愿。

　　新婚关系中充满着各种变数。随着时间的推移，新婚夫妇会因为共处与养家的需要渐渐地融为一体。就像我们所看到的那样，两个人成为一体的过程，离不开对对方的迁就与界限的设立。

在这个过程之中，夫妇各自的行为模式会从自由变化变得安常习故，但还不至于无法改变，而改变的关键在于互补。一个人若想再造自己的好运，那他必须学会将伴侣身上他不喜欢的东西放到将两人联系在一起的"行为—反应"循环模式中，并将其视为这一模式当中的一部分。之后他要做的，就是审视模式中他自己的那一部分。

我希望本章能在个性因素之外，从互动模式的角度帮助读者更好地理解亲密伴侣间的喜怒哀乐。至此，我们可以看到更有可能解决伴侣间问题的办法，并不是去改变伴侣的行为而是去改变你对伴侣行为的反应。无论是谁发现关系中出现了自己越这么做、对方就越会那么做的情况，都能通过改变自身的某些行为来改变这一模式。不过，若这样的关系牵涉到第三方甚至更多方，或者有再婚的情况出现，事情就会变得非常复杂。

下一章节，我将就家庭进行讲解。要了解这一领域，我们需要将视野从两人之间的互动扩大到整个家庭架构上。希望这些考虑可以助你更好地理解你与你的各个家人之间的关系。

# 习题

1. 请列出你对伴侣的三个负面的看法，并在接下来的一周内找出与其中一个看法相反的佐证。(提示: 你既要考虑对方的行为也要考虑该行为背后的动机)

2. 请列出过去几天你的伴侣做出的三四件有益于你们的关系但你并未因此向其表达谢意的事情。什么时候表达谢意都不迟，现在就行动吧!

3. 就你与你的伴侣来说，你是属于偏追逐型还是属于偏退缩型? 你追逐/退缩的原因是什么? 是因为害怕改变、孤独、抛弃或者冲突吗? 追逐时，你在寻求什么? 是希望双方皆可受益，还是希望这能带来主要让你受益的改变? 若你属于退缩的一方，那你在让自己远离什么? 你逃避的事为什么会让你感到焦虑? 偶尔从逃避转向主动接近，这样的举动会让你收获什么? 假如你的伴侣属于退缩型，你觉得他/她在逃避什么? 你又能做些什么来保证他/她所担心的事情并不会发生? 若你的伴侣属于追逐型，你认为他/她想从你这边获得什么？你又如何通过某种不会让自己觉得是受害人的方式来主动给予他/她所需要的东西？

4. 朋友，是一个既能让你放松又能让你去做自己的人，一个你能向他/她求助、让你依靠的人，一个可以与你在吃饭时、一起参与某项活动时、一起散步时谈话的人，一个你能在停好的车里与之进行视频聊天的人。假如让你在接下来的几天里以朋友的方式来对待伴侣，你觉得会发生些什么呢？何不试试看呢？

5. 请列出你的伴侣很难接受的你与他/她的不同，之后针对每一点想想，假如他/她更愿意接受，那将如何影响你们之间的关系？接下来，再列出你很难接受的伴侣与你的不同，同样也针对这些不同想想，假如你努力让自己多一点接受，那又将如何影响你们的关系？

6. 下一次碰到家里有人对他人"唠叨"时，请待事情过去之后尝试从这一不同的角度来重新看待这一唠叨：她的请求与他的意愿这二者的结合如何造就了这场唠叨性的指责？请不要想着过去的各种不快，而是要始终将对话着眼于这一次的事情之上。确定双方各自的原因，如：这是不是他不愿去做的事情？她在提出这件事时是否让人觉得那件事并不那么重要？通过"假日家务安排表"来做出请求或者在另外的时间做出请求，这样的效果会不会更好呢？他是否在她第一次提出针对那件事情的请求时就听不进呢？她的请求听着像是在责备吗？这些考虑又如何能在将来发挥更好的作用呢？我们怎么才能彻底去掉自己身上的"唠叨"标签，将它变成自己需要帮助这样的合理请求（无论是谁提出的）呢？

# 11

## "这儿从没人听我讲话！"

### 如何倾听家人又如何获得家人的倾听

如今我们明白，决定人与人之间相互理解质量的并不是个人的性格而是双方互动的过程。若你能看清这一点，你就可以在关系中做到游刃有余。虽说关系中能被看作相互影响模式的东西都是可以改变的，但其中还存在着这样一个变数：一旦关系中出现了孩子，伴侣的关系变化就不一定能够适应家庭中的各种情况了。

即便父母出于选择或环境之故成为孩子的唯一或者第一监护人，家庭关系也还是会继续出现新的变化；此外，当下社会也让我们看到了其他各种家庭关系的出现，譬如离婚与再婚形成的关系，同父异母／同母异父的兄弟姐妹的关系，多代同堂的大家庭关系，由爷爷奶奶／外公外婆抚养孙辈／外孙辈所形成的关系，具有收养性质的家庭关系，等等。从家庭的架构与功能来看，美国的家庭表现出明显的多样性与复杂性。事实还表明，在美国，不到18岁就进入初婚的孩子，有近一半 (46%) 都是与其具有婚姻关系的异性恋父母同住的。所以，要是你觉得夫妻间的交流已然很复杂的话，那就想想用文字加比喻来描述多样化家庭里的交流是何等艰难吧！

就现代社会而言，使理解出现问题的，除了两人的互动方式之外，还有家庭整体架构对每位家庭成员以及成员组合的影响。家庭的交流模式是很难被改变的，因为它们全都根植于我们肉眼看不见的强大架构之中。

## 家庭结构

家庭，就像其他的群组一样，充满着各种让人获得满足的可能（我们不就是因为幸福这一简单、明晰的期望，才结婚生子的吗？）。华尔特·惠特曼（Walt Whitman）说过："我包罗万象。"这句话同样适用于家庭关系，但遗憾的是，有很多家庭关系最后走向了既受约束又约束人的模式。

倾听是一门要求你以开放的心态，面对对方的独特并容忍彼此差异的艺术。

家庭事务经过重复，有望形成持久固定的模式；模式一旦建立，家庭成员就会运用模式下所有行为中自己可用的部分。譬如，对宝宝的第一次大哭或者伴侣父母的到访，你不确定谁该做些什么，你会想：事情是否要两人来共同应对？这样的考虑是否会引起彼此的争执？一切会不会都落到一个人的头上？不消多久，对相关事务的处理就会形成模式并确定下来，各自在其中的责任也会得到明确；再往后，双方对事务的处理就会呈现出同一性与可预测性。

当父亲让儿子收拾玩具儿子不理，但母亲让儿子必须这么做，儿子就行动起来，一种互动模式就此形成；再经过重复，儿子就会形成一个母亲是最终权威、父亲则被边缘化的家庭结构。

从功能上来说，家人之间多以互惠、互补为主；父母一方为孩子做得越多，另一方可能就会做得越少。

### 每次谈话都有做到的可能

就家庭这一系统来说，它是通过子系统来划分、执行家庭功能的。所谓子系统，既可以是单独的个体、二联体（如夫一妇或母一子），也可以是以代际、性别和功能进行划分的较大的群组。

个人、子系统与整个家庭之间，是以人际界限进行区分的，这些人际界限是规范个人与他人接触程度的情感壁垒，对家庭的独立自主及家庭中的各个子系统起着保护作用。譬如，禁止在用餐时间使用手机这样的家规，就建立了一个将家庭与外来干扰隔离开来的边界；相反，假如孩子们被允许可以随意干扰父母的谈话，则说明这个家庭的成人与孩子之间的界限划分不明。

若界限对子系统保护不足，子系统的潜能就会受到限制。比如，若父母总会介入孩子之间的争端，那孩子们就无法学会自主地解决问题；类似地，若伴侣的父母过多地介入夫妻间的事务，那这对夫妻也很难快速形成自己的资源与对彼此的忠诚。

如今，我们的家庭生活被工作与课外活动大量占据，这使得我们给予自己的时间非常有限，留给家人的时间更是少之又少。也正因如此，在与家人共处的寥寥几个钟头里，很多人就不愿撇开某些家人单独做事，而是会带着他们一同做事，于是我们常会见到某位父亲独自带着女儿去打篮球或者某位母亲独自带着儿子去看电影的情景。

**单独相处的时间，使得家庭中的每对成员都有说话的机会和倾听的自由。**

如果没有时间单独相处，关系就会遭罪，而家庭中这类关系的代表，当属夫妻关系这一子系统。

路易斯觉得，自从家里添了宝宝之后，妻子爱丽丝就忘了自己，忘了她是自己的朋友、爱人，忘了妻子的身份。决定要孩子、怀孕、生子，这些曾让两人的关系变得更加亲密；宝宝出生后的头几个月虽令人疲惫不堪，却也美妙非常。可路易斯之后就发现，爱丽丝从头到脚都被母亲这一身份裹了个严严实实。如今夫妻二人还算是朋友，但父母的身份高过其他一切；此外，彼此交谈的稀少也意味着对彼此倾听的渐疏。路易斯决定摆脱这该死的命运。他想看看除了相互指责之外还有没有其他办法，结果发现，要想重现两人之间曾经拥有的婚姻活力，他首先必须做到这样一件简单的事情：花点时间与爱丽丝独处 (问题是，两人不仅都忙得没有时间独处，就连对双方给予彼此的倾听，两人也都感觉不到满意)。

对每个孩子，父母也需要花时间与他们独处。倾听孩子的最好办法就是，安排与每个孩子单独外出，这样的安排一周一次并不难做到。另外，就算是某个孩子与父母中的一方关系十分紧密，父母也要安排与他/她单独对话。远离了日常的干扰，谈话与亲密会更容易让人做到。带着某个孩子外出就餐、徒步或者参观博物馆，当父母中的一方花时间这么做时，可能就是彼此生活里最好的谈话时机。

此外，花时间了解孩子的举动也有利于婚姻关系。譬如当路易斯在"爸爸外出特别日"这一天将宝宝放在婴儿背包里、背着宝宝外出时，他对爱丽丝来说更多的是一位担负起育儿责任的伴侣，而这会让爱丽丝更加亲近自己的丈夫。

现在让我们再来看看家庭架构里的某些缺陷对倾听的影响。

## 当界限模糊时

在对孩子的倾听上，父母常犯两大模糊界限的错误：未能对孩子的行为进行控制，过多地介入孩子的生活。

倾听孩子时，父母最需要记住的，是要在允许孩子说他们想说的与允许他们做他们想做的这二者之间进行区分。孩子的一句"我不想睡觉"，其实是在表达一种感受、做出一个请求。对此，睿智的父母会先对孩子的说与做进行区分，认可孩子的感受，之后才会对孩子的这一请求做出决定。

孩子当然是不肯上床睡觉的！由于担心自己会错过什么东西，不睡觉就成了他们抓住生命的办法。此时，若父母未能区分孩子的表达与行动，那他们就会与孩子进行毫无意义的争辩，说："我不管你想要什么，你就得睡觉！"又或者，会设法让孩子相信他们得睡觉是因为他们累了，就好像让孩子去遵守那种要他们认可的规矩一般。

父母若混淆爱与宽待，就容易破坏自己定下的规矩。这种情况下，他们会错误地将纵容视为理解、视放任为尊重。这样的父母会让孩子分不清谁才是管教他们的人，会因为对孩子行为的管控过于焦虑而无法倾听孩子的感受。

这种将树立权威与理解尊重分开来看的做法是错误的，因为这二者其实是齐头并进的关系。

唠叨，是另一种最为常见的管教方式。但不断地唠叨孩子，更多的是对孩子自尊与安全感的破坏而不是父母权威的建立。管教有方的父母会在孩子发展早期就管控孩子，而且也只会偶尔地使用一下自己的权威；此外，对什么样的事要用一个"不"字来表示协商的彻底完结、什么样的事需要做进一步讨论，他们也都一清二楚。

孩子读书读累了但不肯睡觉，于是他的母亲说："我知道你很想再多读一个章节，可现在是熄灯时间。"这就是无须再争的表态；但假如周末时孩子想骑自行车出去玩，母子俩可以就何时出发、骑到哪里、外出多久等展开讨论。此外，他们还可以就什么时候要做完家务活和家庭作业、周末还能做些什么事等制订计划，以确保这次外出可以适合每一方的生活安排。清楚何时应该坚定地说"不"、何时要做协商讨论，这样界限才是清晰的，也才能让孩子安心地面对接下来要发生的事情。

孩子通过自身行为的结果来学习。假如他们没做第三件或第四件事的结果是父母对自己的唠叨，那他们从父母处学到的就是唠叨，会认为自己就是个令人讨厌的人。

界限分明会让作为监护人的父母更容易倾听子女，这就涉及倾听的一个关键点：在做出回应之前，要先认可对方的讲述。

还记得被继父上了一堂"愤怒之恶"课的那个男孩汤米吗？假如那位继父先认可了汤米的感受，汤米就会更容易地接受他的教导。在看到汤米气冲冲地冲上楼、摔上房门时，他的继父或许可以这么说："除草机歇菜真让人恼火，是吧？"或者也可以说："看样子你今天不是很顺啊！"

虽说当个管事的父母未必就能让你成为一名很好的听者，但它的确能让你在面对妨碍倾听的问题时没有那么多的焦虑。

假设有个小女孩跑进厨房对妈妈说："看，我抓到了一只毛毛虫！"若她母亲的反应是："去洗洗你的脏手！"这显然会打击小女孩的激情。一句"喔，那挺好，但你要去洗个手"听着也不够热情。

"是的，但是……"这样的回答永远都存有缺憾，因为一个"但是"就是对"是"的全盘抹杀。

"是的，但是……"并不是真正的认可。与成年人一样，孩子也需要在感受到自己获得了倾听之后才会接受新的想法。上述案例中，一个会花一分钟来认可孩子激情的母亲会说"好漂亮的毛毛虫啊"，或者"哇！你做得真棒"，母亲之后可能都不需要再动口，这个觉得获得了倾听与理解的小女孩就会主动去洗手；假如她知道洗手就是家里的规矩的话，那她就更有可能会这么做。

假如孩子与父母之间的界限模糊到了令孩子遭罪的地步，那父母也会同样受苦。父母若过多地介入孩子的生活，那他们作为夫妻对彼此的参与就不会那么积极。一些父母很难意识到这一点，因为他们觉得由两人一起做的事情有很多，但实际上这其中又有多少是只有他们二人参与而没有孩子的介入的呢？

## 情感三角模式

下楼时见到十几岁的女儿宝拉还坐在早餐桌旁喝着热巧克力，马歇尔不禁诧异。还未等他问出她为什么还在家里，宝拉就跳了起来，双臂搂住了他的脖子说"不用上学喔"，并将视线投向窗外。马歇尔看到院子里已是白茫茫的一片。

想着这样的天气不便开车上路，马歇尔决定等9点过后再去上班，因为那时道路会清扫完，最塞车的时候也会过去。就这样，他开始一边烧水一边磨起了咖啡豆，而宝拉则在壁炉处生起了火。咖啡煮好后，壁炉里的火也旺了起来。这时，两人都坐到了沙发上，一边看着壁炉里跳跃的火焰，一边感受着近日来消失在彼此之间的东西——独处的时刻。

就在这时，前门突然打开了，宝拉的男朋友杰瑞走了进来。"知道吗？学校今天休课！"他说。

"你好，杰瑞。"马歇尔淡淡地打了声招呼便上楼去了书房。他并没摔上门，但关门的声音也不轻。

宝拉与父亲的关系曾经是非常亲密的，但自去年她上了高中之后，父女俩就变得越来越疏远了。杰瑞没来之前，马歇尔正想着宝拉怎么好像什么都不在乎，甚至连家庭作业都不做了；看到杰瑞后，他知道自己想错了。女儿长大了，有男朋友了，父亲必须接受这些。他知道自己不该对杰瑞有这么多怨气，可他既然已经这么做了，这就又让他心里多添了一层堵。

在宝拉刚出生时，马歇尔就发誓自己绝不会做一个会对孩子说"明天再跟你玩"的父亲。父亲，天生就该给予孩子快乐，多伟大啊！但随着宝拉慢慢长大，马歇尔发现父女俩虽然还会在一起做些特别的事情，但女儿与自己一起时的快乐已不再是完全自发的了。他看得出女儿与自己在一起，部分是因为她想让自己开心。

两周后，杰瑞向宝拉提出分手，宝拉大哭了一场但也没表现出悲痛欲绝的迹象。马歇尔心想，这也正常，同时觉得自己不该问女儿太多，徒增她的压力；但私底下，这一分手又让他松了口气，他将自己的这一感受说给了妻子伊莱恩听。

到了周一，宝拉说自己无法调整心情去学校上课，问能否待在家里，就一天。这基本不用问的。当天下午，伊莱恩决定早点回家，希望用一次小购物让宝拉开心一下，但到家后却见到宝拉连睡衣都没换，还在房间里睡觉。好吧，这也没什么大惊小怪的，她想，毕竟被人伤了心，这对17岁的孩子来说并不容易消解。但之后，伊莱恩鬼使神差地去了趟客厅的洗手间，结果在那里，她见到了垃圾篮里有一个空了的阿司匹林药瓶。

宝拉在地方精神病院的青少年科待了两周，她在这里懂得了说出内心感受的重要。在意识到内心的愤怒之后，她先是对母亲大发雷霆，指责母亲总想着要事事"顺意"，竟然以为购物就能解决自己的问题，而伊莱恩却表现惊人，她就单纯只是听着；但当宝拉将怒火指向父亲，说他责怪她的长大、责怪她交男友时，马歇尔做出了反驳。没有什么比真相更加伤人。

在宝拉待在医院的第二周，杰瑞前来探望；待宝拉出院后，两人又恢复了往来。这样的结果可不是马歇尔乐于见到的。

马歇尔难过不仅仅是因为他原本就拒绝接受杰瑞，还因为他认为宝拉不该这么快又让自己重新落入易受伤害的局面之中。此时的他满脑子都是这些痛苦的想法，想着这个乳臭未干的男孩怎样伤害了自己的女儿，想着杰瑞可能会对女儿造成二次伤害，想着女儿对自己无情的愤怒。或许，相较于思索一个父亲该怎么与不再是小女孩的女儿保持父女关系，去除这些痛苦念头更容易一些吧！

如今杰瑞再过来，马歇尔基本没什么好话了。他很想告诉宝拉不要依赖他人，很想让她知道多交朋友的重要性，但他又怕这么做会让女儿、让自己心生怒意，于是他开始向伊莱恩抱怨。

同时向伊莱恩抱怨的还有宝拉，她问母亲："爸爸怎么这么不讲道理呢？"

在说起父女俩当初这一状况时，马歇尔称之为一场危机，差点就用"自杀"二字来形容了。一段时间之后再回想时，那段经历似乎显得那样久远，让人感觉如同做了场梦。生活恢复了正常，唯一仍会令人紧张的，是宝拉希望父母允许她与杰瑞外出，马歇尔阴着脸不做答复。此时，宝拉若是再做请求，马歇尔就会讽刺地回一句"问你妈去"。他还是会生气，好像自己的女儿被人抢走了一般，但程度已不像以往那般强烈了。

冬去春来，毕业之后，宝拉与杰瑞分手了，她说这是最后一个暑假，希望自己能在家里待着，自由自在地跟朋友聚聚。此时的她已经明白，男人也是可以妒意满棚、满心霸念的。

在 D. H. 劳伦斯（D. H. Lawrence）的作品《儿子与情人》（*Sons and Lovers*）中，那位年轻的画家保罗·莫雷尔因为依恋自己的母亲而无法自由地去做自己，直到他母亲去世之后，他才从她那嫉妒之爱的掌控下解放出来。作品的最后，当保罗的心爱之人米丽安问他现在是否可以自由结婚时，他表示了拒绝。此时的他，终于可以无拘无束地走自己的人生之路了。

恋母情结式的冲突，可谓文学创作的一大主题，其内容讲述的都是某个孩子会因对父母其中一方的依恋而与另一方形成竞争情形。在现实中，孩子对自己的双亲会来来回回地表现出很多次的爱与不爱。我们可以预料到父亲会变得待子如敌的情形，并希望他们可以慢慢地走出这样的敌对状况；可碰到像马歇尔那样父亲疏远自己女儿的情况时，我们就开始从性格与环境上找原因，马歇尔可能是因为太依恋自己的女儿才无法容忍有人与他竞争，或者说他可能是因为太过自怜而无法体会到女儿的痛苦；宽容点的说法则是，从之前所发生的一切来看，他自然会对宝拉与杰瑞的交往心存忧虑。

这些说法或许能解释得通这对父女之间的冲突，但问题是，它们都没指出这一冲突无法解决的原因。其实，大多数家庭冲突最终都可以得到解决，只要当事双方愿意去倾听彼此。

### 家庭心理治疗当中的协同治疗师

或许你已经注意到，家庭有时会因为一些老的规矩而束手束脚，而老规矩又会因为一人以上的多人联动行为而得到强化。也正因如此，最早的家庭治疗师才会把家庭称作难以改变的、可以进行自我平衡的体系。经过多年的执业，如今的我学会了在每个前来寻求治疗的家庭中找一位可以协助治疗的人，这个人要能放得下指责、能通过改变问题中自己的部分，从而跨出转变家庭模式的第一步。一个家庭的建立需要至少两个人，但主动做出改变却是一个人也能做得到的。或许，你可以做你家里的那位协同治疗师？

因为父亲的误解，宝拉深感冤枉、愤怒，她自然会向母亲求助；同样地，当马歇尔因为宝拉又与杰瑞交往而感到不安时，他也会自然地去向妻子抱怨。当父女俩避开彼此，转而通过伊莱恩来进行争执时，两人的关系就形成了一个三角架构，而这是倾听的最大障碍之一。

假如让你用一分钟来思考一下你觉得最为困难的家庭关系，那你想到的既可能是你的伴侣、父亲、母亲，也可能是某个孩子或者伴侣的父亲或母亲。事实上，你所想到的关系一定不只关乎你与那个人，它还涉及第三方甚至更多方。

事实上，在所有牵扯重大情感的双人关系里，都有第三方的影子，而这个第三方既可以是某个亲戚或朋友，也可以是一段记忆。

三角架构既可以跨代形成，也可以在代内形成。一般来说，满心焦虑的夫妻是不缺可以将之纳入自己问题之中的第三方的。就好像利比，由于她与祖母的关系一向亲近，所以每一次与伴侣吵架，她都会事无巨细地讲给祖母听。

一些三角模式看似清白无害，甚至让我们难以意识到实际上它们对关系具有很强的破坏性。比如，有很多父母隔段时间就会忍不住在孩子面前抱怨自己的另一半，说"你妈总是迟到""你爸从不让其他人开车"。这些话语看似无伤大雅，但假如某事真的让你介意，那你是不是应该就这件事与对方谈谈呢？

当你因为某件事情而对某人十分生气但又害怕去讨论这件事（其实是害怕自己得不到倾听）时，你会控制不住地想要向他人倾诉。虽然向他人寻求同情并没有错，但问题在于由此而形成的三角模式会令冲突慢慢转移，进而腐蚀、破坏家人之间的倾听。

父母在孩子面前对他们的兄弟姐妹进行抱怨，同样也会促成三角架构的形成，譬如"你姐姐就是个懒虫""哇，你能相信肖恩竟然吃掉了整个馅饼，一点儿都没给我们留吗"等。对于孩子，父母虽然有时也会做到一视同仁，但也不乏对其中一方表现出偏心的时候。问题就在于，偏爱不仅必会引起孩子与兄弟姐妹间的冲突与竞争，还会影响到家庭的架构与运作。

孩子会时时刻刻观察父母给予他们的爱是否公平，而且还能处处看到不公，譬如他们会说"你给他的饼干更大""她老坐前座"等。我就知道有一家人，只要家里有孩子的成绩门门都拿到了A，父母就会带他们外出去一家特别的餐厅进行庆祝。而在他们的三个孩子之中，就只有刻苦认真的二儿子交出了一份完美的成绩报告。可就在大家要出门庆祝时，他的小妹妹却生气了，那么你能为此指责她吗？

　　还有一种偏心是更加隐晦的，它表现在父母对孩子的倾听不均上。这样的偏爱会招来孩子们更多的不满，而且也出现在各种各样的家庭之中。当家庭里有个总想要这要那的孩子，或者有某些特殊需求的孩子，又或者有哪个孩子表现得与父亲或母亲更为亲密时，这样的情况往往会造成家庭问题的出现。所谓会哭的孩子有奶吃，但对不怎么出声的兄弟姐妹来说，这种情况是会让他们深感不安的，此外，那个被偏爱的孩子也未必就会过得轻松。想一想，若你因被自己的兄弟姐妹怨恨而被排挤，那种孤独感要比没有这种情况的孩子所感受到的强烈得多。所以说，偏爱之下，无人受益。

　　艾米莉亚一向都不肯好好睡觉，到了正常该睡觉的时间，她总会拖上一个多小时才入睡。这样一来，每次将她安顿好，她妈妈就没多少精力照顾艾米莉亚那乖巧的双胞胎哥哥了。

　　迪亚戈就是他父亲的迷你翻版，而且是家里唯一的男孩。见到迪亚戈与父亲那般亲密，迪亚戈的姐姐妹妹们都嫉恨不已，她们会在没有大人在旁边时想尽办法来折磨迪亚戈。

　　父母中的一方若是对某个儿子或某个女儿的偏爱超过了其对伴侣的爱时，一种尤为有害的三角架构就会形成。

　　马文向贝塔尼求婚时，他已经有了两个已成年的孩子，但对贝塔尼来说，这是她的第一次婚姻，所以她特别想要一个自己的孩子。一年之后，南森出生了，这让贝塔尼欣喜若狂，也是在此之后，马文很少再能感受到自己在贝塔尼心中的分量了。他很想重新回到两人的伴侣关系之中，两人因此经历了一次次争吵与协商，最后决定接受夫妻心理治疗。马文觉得，作为南森的父亲，自己在家里却总像个事后才会被想到的人；贝塔尼则一心扑在南森身上，对马文，她已失去了兴趣。除了两人之间的婚姻问题，这样的纠结也让南森背上了沉重的心理包袱（但孩子是不该成为恋母情结冲突里的赢家的）。所以，长到一定岁数时，南森就开始向一些专科院校递交入学申请，而这些学校个个都远离他们的家庭所在地，位于国境的另一边。南森这么做，是因为他需要边界，这样的边界他的母亲没有设立，那他就得去想办法设立；而在南森离开家之前，马文与贝塔尼之间那种被忽视良久的婚姻关系也还需要继续维持。

当你在倾听某人讲述一方为受害人、另一方为施害人的故事时，你就被请进了一个三角架构之中。

三角架构还会跨三代形成。比如26岁的单身母亲玛丽，她因为自己3岁的女儿塔玛拉难以管教而来到诊所，此外，她还告诉我，住在同栋公寓的母亲把塔玛拉宠坏了，破坏了她努力立下的规矩，加大了她管教孩子的难度。在对我讲述了大约40分钟之后，她又坦白告诉我，塔玛拉的不听话有时气得她都担心自己会做些伤害她的事。我告诉她我会教她一些育儿的技巧，并让她下次将塔玛拉也一并带来。

玛丽自己带娃，由于朋友不多，她的女儿对她来说常常就像自己的一个玩伴。所以，在我们第二次会面时，看到塔玛拉用积木垒着塔台，玛丽也抓了些来搭建，还坚持让塔玛拉"一起玩"。之后，就在我问起玛丽作为单身母亲的生活时，塔玛拉扔起了积木，玛丽见状便大声喝道："安静点好吗？我正在跟医生说话呢！"但也仅此而已，再无其他。塔玛拉抬头看了看，又继续扔起了积木。

在之后的两次会面中，我了解到玛丽对自己该怎么做的不确定，听出了她与自己母亲进行抗争的艰难，也看到了她对3岁女儿所抱有的合理期待。

接下来，我便就妈妈做主这一点向她进行了讲解，告诉她，父母就是因为养儿育女才会当家做主的，而对孩子的养育则包括培养与管控两部分（后者令前者的执行更为容易）。玛丽开始明白，她可以在玩耍中跟从塔玛拉（这也是一种倾听），对孩子做的事也不必样样都管，但在确实需要强调规矩时，她的表述必须清晰、直接，行动也必须贯彻始终。譬如，她可以说"到时间收拾玩具了，收拾完后我们就可以吃零食""现在是洗澡时间，将你的衣服放到篮子里，等你坐在澡盆里了我就会将那些小鸭子倒进去"等。对自己的权威多一点自信，这有助于提高她对塔玛拉的容忍度。与小孩子谈话，行动就是言语，所以对他们的"倾听"就意味着让他们去做玩耍活动的主导人；对他们的回应要能让他们感到安全，让他们觉得自己得到了你的支持。

曾经的玛丽一直都觉得自己很孤独，还总是疑虑满腹，不过作为单亲家长的她也着实不易。在我的支持与鼓励下，她开始更多地享受与塔玛拉在一起的时光。其间，她对塔玛拉做了更为清晰的规矩设定，人不仅轻松了很多，母女俩的相处也日渐融洽。但到了第五次会面时，玛丽告诉我，她在家管教塔玛拉依然会有问题。譬如，当她试着让塔玛拉收拾玩具时，塔玛拉会说"不"，之后便会跑出大厅，到她外婆的住处。这时玛丽的母亲作为外婆本该树立对女儿玛丽的管教权威，但她并没有那么做，而是一个劲儿地安慰塔玛拉不用担心，并说"外婆爱你"。

这种外婆干预自己女儿管教小孩的举动，很容易让人误以为与自己生活中的那些倾听问题没有多大的关系，其实它与你站在某人的一边来反对另一人的做法相比，又有什么差别呢？

　　大多数家庭问题都是三角架构问题，有时架构当中的某一个角做出改变是会让其他角也跟着改变的。与自己10岁的孩子争吵时，若你能放下自己对最后一句话话语权的争夺，那争吵就会更快结束。但三角架构又是一种相当稳固的模式。对10岁的孩子进行更好的规矩设限，可能解决不了诸如你因丈夫的情感疏离而对孩子投入过多，或你的丈夫因你对母职的全情投入而与你疏远这样的婚姻问题。作为父母，在育儿方面你或许颇有建树，但婚姻中出现的问题未必就能因你做出的这一步努力而即刻消失。婚姻问题的解决，需要你与你的丈夫直接做面对面的交流。

　　那么，三角架构始终都是个问题吗？并不是。有的时候人必须与伴侣之外的某个人交谈。譬如，我会向朋友抱怨妻子认为我会自行应付洗衣的事情，因为我觉得妻子并不明白我并不是次次都愿意这么做；此外，假如我直接就这事去跟妻子谈，那谈话中说不定还会牵扯出诸如公平、平等与否等枯燥问题。

**界限设置生硬，会让彼此难以靠近**

　　一些人会将界限设置得过于生硬，其约束性之强几乎让他们无法接触他人，形成疏离。疏离的人是既独立又孤独的。从积极的一面来说，疏离可以培养一个人的独立自主能力。假如父母不是总盯着孩子、告诉他们要做什么，不去当他们争执的裁判，那孩子就会发展出自己做事的方法；但从另一方面来说，疏离又会限制情感的发展与培养。现代生活出现了这样一个矛盾的现象：父母既担心自己对孩子的看管太多，又担心自己会因过多的分心与忙碌而无法给孩子足够的关注。

这种疏离未必表现在父母一方对问题死板的处理上，却能让人看到他们在应付需要其迫切关注的事情时，他/她的举步维艰。譬如，某位父亲正要照顾自己那烦躁不安、饥饿难耐的学步期孩子，这时他听到了有紧急邮件发来的提示音。他瞥了一眼，觉得邮件需要即刻处理且只要一分钟就能处理完，而小男孩哭闹着抱着他的腿，他开始在屏幕上忙碌；待他将注意力转向孩子时，小男孩已处于完全失控的状态。就这一案例来说，更好的做法是先解决孩子的问题，但这对在家接收工作邮件的很多人来说，是很难做到的。就孩子来说，他们通过父母对自己的倾听这一方式，建立起对自身沟通能力的信心。虽然父母并不总能给予孩子倾听，但总的来说，父母当中的一人始终都是孩子独得关注的最好对象；到了日间照料中心或者上了幼儿园后，其又会与其他孩子争夺成人的关注。照顾人那聚精会神、充满爱意的眼神是支撑孩子们前行的动力，但这样的支撑显然是日渐衰落的。近年来有很多研究表明，为了获得父母的关注，孩子们很小就会展开你争我夺的争斗，从电子产品、工作，到兄弟姐妹、家务以及其他的人，他们无所不争。

雪莉·特克尔（Sherry Turkle）是麻省理工学院的心理学教授，研究科技对人际关系的影响，她将孩子间的争夺称作"对家庭生活中对话的逃避"。她在文章中写道："大人对话时倾听彼此的举动让孩子们看到倾听是如何发生作用的。与家人的对话会让孩子们明白，获得倾听与理解是安慰、是快乐……在给予孩子这样的奖励时，大人必须以身作则地将电话放到一边，然后望向孩子、倾听他们，之后再对他们所说的话进行重述。"

假如父母在孩子上学的课堂上待几个小时，那他们就能看到给予孩子更多的倾听多么紧迫。倾听能让父母通过孩子的双眼去看世界，让他们清楚自家亲爱的宝贝在探索忙碌而嘈杂的环境过程中所面临的各种挑战。或许观察之下，他们还能看到大多数学校老师讲的话要比孩子们的多得多这一现象。而这些观察，说不定就能激励父母们重新投入对孩子全神贯注的倾听之中。

与孩子们做场对他们没有任何要求的轻松谈话吧，不要力求事事掌控，这能帮助他们度过让他们感觉压力沉重的日子。你充满爱意的参与，就是一剂能助他们减缓来自同辈的压力，让他们在面对沉闷的规矩与期望之余可以透透气的绝佳良方。请匀出这样的谈话时间，关掉电子设备并坚持让孩子也给你几分钟心无旁骛的关注；用你的讲话、语调以及肢体语言来告诉孩子，你已做好了倾听他/她的准备。之后请在第二天、第三天继续这样的倾听。

**让孩子了解自己的办法，就是去倾听他们。**

疏离是一种对共处、交谈、共同活动等缺乏参与的行为表现。就表现来说，疏离的人看似的确会花大量时间追求自己的兴趣，但这不一定就表示他们不关心他人。事实上，他们只是在通过与他人保持距离、利用情感转移来隔绝自己对他人的感受罢了。

15岁的凯茜聪明伶俐、心直口快，威尔是她的继父。这一天，凯茜几乎哭着走进了我的办公室，说父亲在来的那半个小时一路都在接工作电话，她觉得他根本没把自己放在心上。因为工作性质，威尔每半个月至少要出一次远门；也正因如此，凯茜才会十分看重这段与父亲待在一起共同度过的下午时光。此时的她毫不犹豫地说自己很生父亲的气，提出要利用这次治疗来帮帮父亲，让他"至少也要装着关心关心"自己。

自十年前与凯茜的母亲结婚之后，威尔就接下了抚养对方三个孩子的责任并一直为此尽心尽力；而且他自己曾经受尽了父母带给他的虐待与忽视。只是这一刻的他，有了一种莫名其妙的感觉。看到凯茜一边述说着她的那些需要一边已哭成了个泪人，威尔镇定地控制好情绪，开始了小心的抗辩。他说自己在接通电话之前就已经跟她说了话，说两人在进到车里之后他就询问了她英语阅读课的情况，但凯茜就回了一下书本的名字，之后就彻底不吭声了。他说"为了能让对话继续"，他还对凯茜说了自己上学时怎么喜欢那本书，但凯茜一直都没给出反应，然后电话就响了。凯茜的毫无反应让威尔觉得两人的对话已到此结束，所以他才接通了电话。

在前两次会面中，我们还就凯茜想与威尔建立更好关系的渴望进行了讨论，但在这次会面中凯茜对这一事情的看法却让威尔大吃一惊。她说威尔是在利用有关学校的开放性问题"来谈论他自己"。对威尔在车里的提问，凯茜的答复虽然很短，但那并不代表他就该停止询问、去接电话，相反，那其实正是需要他在这方面做出更多努力的暗示。或许威尔更应该做的，是继续询问凯茜一两个相关问

题 (非常关键的一步)，然后等她答复。

关系中的疏离并不是凭空出现的。要消灭你与所爱之人的距离，请记住这一点：蜜能比醋让你抓住更多的苍蝇。若你想弥合疏离的关系，那就做好会听到对方向你抱怨的准备。疏离不单指两个人之间存在距离，它还指自我保护所需的距离。

## 当亲近扼杀了亲密

那种将家庭成员与其他一切隔开的界限，有时由于设置得太过死板也会使家庭关系出现一种有亲密但无自立的黏缠现象。无论对哪种关系，孤立 (广义上表示与外界没有沟通) 都是不可承受之重，但亲密会随着人与人之间的分分合合而逐渐增长。

一些人喜欢共处。他们非常重视人与人之间的亲近与连接，只不过当这些变成了需要他们去遵守的条条框框时，他们就会破坏这种亲密关系。要实现真正的亲近，你必须尊重每位家庭成员独自的个人经历，尊重他们有自己的感受与观点的权利。

黏缠关系可以像数九寒冬里的一件暖外套一般抚慰人心，也可以如炎炎夏夜里的一张羊毛毯一样令人窒闷不堪。孩子若总黏着父母就会变得喜欢依赖他人，他们会不喜欢独处，也很难与家人之外的人建立起联系。

通常我们会认为父母对孩子生活的参与是件好事，会觉得要是孩子有问题，那一定是他们的父母对他们生活的参与不够。某些情况下，这种看法并没有错；但有时父母参与得过多也会是个问题，因为这会剥夺孩子做自己的权利。换句话说，孩子需要面对问题，需要经历错误，需要学着去规划自己的人生。

代际清晰的界限设立，不仅能让父母当家做主，让他们可以主张自己的权利与隐私，还有助于让父母尊重孩子对自身事务的自主权。

家庭治疗师在碰到母亲与自己的孩子出现黏缠不清的情况时，他们肯定是不会就此责备母亲那一方的（否则会让人觉得家庭的支撑好像就是某位家庭成员单方面的事）。喔，不，他们绝不会那么做！

但不幸的是，人们一般就是会将黏缠之过归咎到妈妈的头上。不怪她们还能怪谁呢？就算她们不是孩子的唯一照顾人，也是孩子的第一照顾人，难道不是吗？[1]但事实上，将得不到伴侣支持、让母亲来为孩子负全责这样的家庭架构形成之过怪罪到母亲头上，无异于在说一个没配火花塞的车开不了是因为活塞点不着。即便是深陷对孩子之

---

1　　大多数人依然对养育他们的人存有积怨。

爱那种亲密幸福关系之中的母亲，与孩子的关系也需要父亲及家族其他成员参与，他们要做的是充满自信的支持者而不是某个焦躁不安的竞争者。

**孩子需要依恋是吗？孩子的父母也需要。**

一些母亲之所以会与孩子过度亲密，多与她们作为养育人这一传统的性别角色分不开。常有人建议让与孩子黏缠过多的母亲多一点自己的生活，很多母亲自己也巴不得可以如此，但现实是，每四位母亲之中就有一人是在伴侣没有帮忙或者极少帮忙的情况下抚养孩子的；即便是在双方父母均为全职人士的双亲家庭，母亲也承担着绝大部分照顾孩子、负责全家后勤的工作。现实让做妈妈的女性精疲力竭、不堪重负。她们很爱自己的家庭，但这样的分工又让她们对伴侣心生不满。《福布斯女性》(*Forbes Woman*)杂志最近所做的一份民意调查就发现，有63%的在职母亲认同"有时我觉得自己就像个结了婚的单身母亲"这一说法。对于这些母亲来说，她们需要更多实质性的支持、倾听与同情。让人坚强的，并不是无奈之下的独自面对，而是希望得到的帮助与倾听。

对于单亲父母来说，他们更需要向其他成年人讲述自己的成年生活，否则他们可能会过多地从孩子身上获取情感上的支持。

金姆与正处青春期的女儿阿勒格拉都在约会，所以每到周六的夜晚两人准备外出时，公寓里就会一片忙乱。金姆的女友名叫梅拉尼，两人交往已有半年，现正计划同居。阿勒格拉虽也挺喜欢梅拉尼，但对梅拉尼要搬来同住的计划她并不支持。在她的眼中，母亲就是自己最好的朋友，她喜欢单独与母亲在家做事时的感觉，两人会换衣服穿、一起玩拼图、看电影，到了晚上还会一起吃雪糕，等等。母女俩来到我这里，是希望讨论一下金姆想让梅拉尼搬进来的计划，同时也希望我能帮她们看看阿勒格拉对这一计划具有多大的表决权。梅拉尼并没有跟着过来，不过捎话说她认为这一计划不该由阿勒格拉做决定，但同时也说自己并不是这些年来有个女儿陪伴在身边的单身母亲。

在单亲家庭里，最重要的关系常常都是跨代的。此外，就像家里若有长女，那长女多会起到本来多由成年伴侣关系中另一方该起的作用，譬如成为伴侣关系中另一方成年人的知心密友、与该成年人共同承担抚养弟妹的责任等。这样的关系非常深厚、复杂，而且非常难以改变。但发展是会令家庭的结构发生变化的，就这一案例来说，这样的变化是由于新伴侣关系的出现。不仅如此，再过几年阿勒格拉高中毕业后，这一家庭关系可能还会出现更多的变化。

从某方面来说，单亲家庭要比双亲家庭更容易进行决策，因为它们既不会像双亲家庭那般因重大事务而产生分歧，也不会因抚养孩子的问题需要面对会令关系削弱的冲突。独自抚养孩子自然会很孤独，但如此一来家里也就不会有人反对他们的决定了；相对而言，双亲家庭中的父母二人却是需要尽力做到团结一致的，问题是大多数父母总会在有关孩子的某些问题上难以做到看法一致。那该怎么团结呢？针对彼此的看法进行讨论、倾听对方吧，之后再就该如何行动做出决定。

### 形成统一战线

要想形成有效的团结，父母二人就必须在一些问题上做出让步，达成一致。所谓让步，就是双方调整彼此不同，从而统一看法的过程。它是一种妥协，既可因有意的协商而达成，也可由本能的调整达成。一旦父母双方经过交流与妥协达成了统一的家庭领导关系，其展现在孩子面前的就是一项原则。迁就彼此的差异以促成统一战线，此举有多重要，大多数父母终究会意识到。

当然，如果是再婚家庭、混合家庭，那情况就会比较复杂。毕竟对于孩子的亲生父母来说，他们会觉得自己有资格自行做出决定。但不管是怎样的家庭情况，到最后很多人都会发现，让家庭持续和谐、夫妻关系长久的，并不是想着怎么去纠正自己的伴侣，而是学着去尊重伴侣。

**孩子总会行为不端，那说明父母当中肯定有一方并不支持另一方对孩子的管教。**

假如你觉得在孩子的抚养问题上自己并没有得到伴侣的支持，假如每每都是你被困在开车的路上，或总是被强制遵守规则，不要想着这都是你的伴侣的错，说不定那是因为对方并不认同你的做法。问问他/她吧：

"我觉得你并不是很认同我对这件事的处理。或许你觉得我不在意你的看法，但其实我很在意，我很想听听你是怎么想的。"

养育，是一件最能观察互补的另一面极化的事情。所谓极化，是指父母双方在一定问题上不能达成一致反而形成南辕北辙看法的过程。譬如一方若过于严格，另一方可能就会变得过于宽容；一方越是对孩子唠叨，另一方就越会放纵孩子以作补偿。若以电热毯来做比喻，极化，就是电源接通之后电热毯内部发生反应的过程。面对问题，父母之中任一方趋暖或趋冷的初步尝试，都会激起一轮相互不适的反应。

一些小分歧就能让夫妻站到彼此的对立面上。比如让孩子安静这件事，假如母亲对孩子的设限只比父亲宽松一点点，那父亲每每都会在母亲觉得有必要让孩子安静之前做出让孩子安静的示意，如此这位母亲可能就会永远都没有让孩子安静的机会。因为设限尺度的不同，每次父亲训斥孩子，母亲就会觉得太过严厉；若母亲抱怨父亲对孩子没有耐心，父亲就会恼怒。长此以往，本该团结一致的二人就变成了对手，家庭变成了战场，只不过在这个战场上没有谁会是赢家。

那么，夫妻之间为什么可以在某些事情上相互迁就，碰到其他事情又水火不容了呢? 我们妥协，是因为我们做得到；但我们各自内心里的冲突，会让我们站到彼此的对立面。

那一触发我们内心冲突并将这一冲突变成彼此间冲突的力量，就是投射。在此过程中，当一个人将自己的动机投射到另一个人身上时，成对矛盾性冲动（如依赖—独立、表达—隐忍、希冀—焦虑、私密—伴同等）之间的不平衡就会得到解决。一个害怕愤怒的男人（或女人）可能会以消极但有控制的会触怒伴侣的方式来表达自己的愤怒。两人争吵时，她会觉得怒气填胸，他则伤心痛苦，只不过除了痛苦，这个男人心里或许还窝有一团怒火，但只要他的伴侣能够帮他发泄他的愤怒，那他就意识不到这些感受。在这一过程中，一方会因为表现出愤怒而无须面对自己内心的无助。

若孩子在家，那他们就能近距离目睹父母这样的互动。他们会学着像父母那般去爱、去争吵、去道歉、去修补。若父母当中有人说话拐弯抹角，那孩子可能就会学着通过操纵他人来达成所愿；若父母当中至少有一人表现得会为自己的行为负起责任，那孩子对自己所犯的错误或违规也会愿意承认。孩子可不知道这就是投射，他们只会认为事情就该那样。就算我们没对他们说话，他们也仍在用自己的头脑、双眼与双耳来体会。就十几岁的孩子来说，即便他戴着耳机或者与我们之间有一屏之隔，就算他们听不到我们说话的内容，他也能从对话的蛛丝马迹中感受到紧张的气息。

**让伴侣对立的，是对方身上他们无法接受的东西。**

好在父母之间并不一定非得在所有事情上都达成一致，就算他们假装这样做，孩子也一定能看出这种表面团结之下的脆弱。在家里向他们展现成年人对彼此的倾听更加重要，因为这能为他们树立一生的榜样，让他们看到人与人之间的差异可以怎样得到处理与解决、学会如何以不带批评与轻视的眼光去看待他人的观点，促成有效的对话。

若因父母的对立难以调和而分居或离婚，关于孩子的问题，至少有一段时间他们是无法有效沟通且难以解决的。几个月之后，待双方的情绪平复，痛苦多少也消退了，大多数的父母会再次行动起来，不过这并不是说那些导致夫妻分离、对立的矛盾得到了解决，而仅指这些父母开始学着以两个家庭的方式来共同抚养孩子；此时，若双方对彼此的刻薄有所减少，那所有的相关方就都有可能度过这一家庭变故。

一些父母在变身为继父/继母之后反而做得要比以前好，比如马文与他的前妻就在分开了一段时间之后反而成了好友，而且碰到他们两个成年的孩子回到镇上，他的前妻还经常与马文和贝塔尼一同外出度假。对马文与前妻来说，没了另一方对自己没完没了的审查与评判，对孩子的共同养育反而变得容易了许多；此外，当孩子们大到足以为自己说话时，他们心里的焦虑也得到了进一步排解。

还有少数家庭的破裂是刻意、谨慎为之的结果。这种家庭的父母大多在倾听上做得非常出色，比如我的朋友乔恩，他的离婚状态是我所见过的最为平静的。我问起他这背后的秘诀，他说自己要生气时会"时刻关注女儿们的表现"，如此才会做得好。为了那几个女儿，他会在倾听上做得更好，愿意去做更多的妥协，还会尽可能地善待她们的母亲。所以，在面对家庭破裂的问题时，你应该尽可能地避免将孩子扯入其中，要避免让他们与你和你的前伴侣形成有害的三角架构；不要让孩子选边站，要记住，他们是可以去爱自己并不完美的双亲的。

父母离婚之后孩子的发展有多好，这主要取决于父母在处理彼此之间关系上能做得有多好。保持对彼此的尊重、保持沟通的顺畅，能降低孩子的压力，令事态大为改善。若你们已经分开而且无论如何都无法就孩子的养育在双方的家庭间形成一致，那就用心吧。孩子的适应力是惊人的，不消多久，他们就能弄清自己该如何在亲生父母的两个家庭之间来来回回，能适应两套不同的家庭规则以及两个家庭各自对他们的期望。

看到父母会怎样处理观点上的不同、怎样倾听彼此，又是如何全心地以对自己最为有利的方式来解决问题，孩子们就会明白，重大的问题需要花大量的时间来解决，也知道这个世界上最爱他们的人不仅愿意花大量时间进行对话，而且不管这样的对话有多艰难，他们都会全程用心地倾听彼此。待将来他们面对自己的难题时，他们就会希望身边能有人倾听他们，会付出所有他们需要的时间来帮助他们解决问题。

# 习题

1. 请在这周给予你的每位家人 5 分钟的倾听时间，过程中不要分神也不要有杂念。父母若能有意识地对彼此、对每个孩子展开一对一的对话，那家庭的氛围就会出现改变。你能看到有意为之的倾听让自己有什么不同吗？你会好奇在自己为他们打开了谈话空间、进行邀谈时，他们讲述的多与寡吗？

2. 请列出你家中某人总会做的三样让你讨厌的事情，之后分别就当中的事情写下你认为这个人希望他人会有的看法。下一次再碰到他/她那样做时，请试着将自己导向这些看法，换句话说，请尝试从对方最好的自我这一角度来面对这位家人。

3. 就你的家庭，请列出你不喜欢的一个界限问题（譬如你的妻子对孩子的参与过多、你的女儿太过隐瞒等），记住界限的相关性（即对某方面的黏缠意味着对另一方面的疏离），之后看看你对固化这一问题所起到的推进作用。别急着去改变任何事情，仅做观察即可。

4.  试着找出两三个你参与其中的三角架构。假如你是作为外人出现在某个架构之中，而且这一身份令你感觉很不自在，那你要做的就是向与你较远的那个人而不是你想与之更近的那个人靠近。譬如即便成年了，你仍会与你喜欢的姐妹争夺母亲对你们的关注，那此时你要做的，就是多与你的姐妹接触。

5.  若你的家庭还没安排过那种每周一两个小时的家庭"无屏幕活动"，那就试试看吧。但要提前做好计划，譬如安排与家人一起美美地聚一餐、玩玩棋盘游戏或字谜游戏、来个家庭散步，或者什么都不做地闲逛一番，等等。观察这样的家庭活动都有些什么趣味点、难点和乏味之处，听听孩子们说他们怎么想念自己的电子设备，然后告诉他们你的感受。

# 12

## "就知道你会明白的"

### 如何听懂朋友与同事的话

朋友是我们最好的听众。他们对我们的爱可能并不像家人给予我们的那样多，但他们也不需要我们给予他们同样多的爱，所以他们可以自由地给予我们更好的倾听。不过，与朋友之间无论有多近，人们也始终都会保留一定的独立性，这会让人们在倾听朋友时既能不做过多的控制又能对自我进行保护。

## 朋友为什么会是最好的听众

在听了一场有关高中生辅导的讲座之后，桑迪便与朋友罗伯塔共进午餐。想到罗伯塔肯定会支持自己，桑迪决定将自己当前正在考虑的一件事说给罗伯塔听，虽然这说不定还会让两人连饭都吃不痛快。两人同在一所学校教了九年书，但现在桑迪决定要回学校攻读教导咨询方面的硕士课程。这可是项重大的决定，它既令人生畏又让人兴奋，所以她需要与人谈谈。

桑迪的决定令罗伯塔大吃一惊。放弃一份终身的职业再回到学校读书，这似乎有点蛮干了，毕竟桑迪怎么知道她会喜欢做咨询方面的工作呢？这是在铤而走险，不是吗？再者，罗伯塔也无法想象在工作上再也见不到自己朋友的情景。桑迪可是单位里少有的明智的人，假如她不干了，情况一定会很糟糕。不过这些想法罗伯塔并没有说给桑迪听，因为不管她怎么质疑，这都是桑迪自己的决定，此外她也看得到朋友因为这一新梦想是怎样兴奋，所以她一直只是听着。

两天之后，桑迪又鼓足勇气，告诉了丈夫高顿自己想要回去上学的事。"不敢相信你竟然想去做这样的事！"高顿道，"你疯了吗？你已经有份完美的工作了。我们又该怎么支付你上学的费用？"桑迪想抗议，但因为高顿的话太让她伤心而作罢，最后两人在沉默中吃完了晚餐。

面对桑迪的决定，罗伯塔的倾听有方与高顿的倾听失败形成了鲜明的对比。罗伯塔之所以能听得进桑迪的决定，是因为这一决定对她不会构成影响，或者说至少不像对高顿那般有那么强烈的影响。

很明显，桑迪是否返校读书的计划对高顿来说利害攸关，而高顿也有权那么想。从某方面来说，这一计划关乎两人的生活。但高顿对计划听不进去的表现不仅让桑迪无法说出内心的想法，还降低了她在做最终决定之时考虑高顿感受的可能。

对家庭而言，针对金钱、孩子、伴侣的父母等话题的讨论很容易引发争执。面对信奉宗教的亲戚，一位女子不会冒昧地与其谈论自己要堕胎的事；同样，她也很难去犯险对丈夫说两人要是分床睡她可能会睡得更好，因为她担心如此会让丈夫感觉受冒犯而对这一想法不做丝毫考虑。一个男人不愿告诉女方自己工作上的问题，这可能是因为他担心女方会主动给自己提建议，也可能是因为他不愿让她有家庭财务方面的压力(或共商的压力)。隐瞒并不一定就是问题，虽然家人之间大都会做些许的隐瞒。很难将一切都说给与自己共同生活的人听才是问题，只不过当谈话的对象是朋友时，基本上就少有什么话题是不能谈的了。

与朋友相谈所产生的一些小误解，可以因为双方联系的中断而被忽略或者忘却；相比之下，在共同生活的两个人之间产生的争执，是很难让人忘掉的。

友情是自愿的，你若想，就可以离开，所以诚实相对是更为安全的做法。面对朋友，你可以谈论痛苦的或令人尴尬的话题，可以展露对自我的怀疑，可以展现不同的自我，可以去做真实的自己。

你对他人的关心与尊重可以通过你对他人倾听质量的好坏体现出来。朋友听得用心，我们就会兴趣盎然，会因为他们关爱的激励而说出更多有趣的事情。朋友的理解具有改变我们的力量，它能让我们变得更加强大，还能赋予我们更多的生气。友谊的光辉，即在于此。

### 好朋友就是好听众

倾听时，大多数人想得更多的是自己想要说什么而不是对方说了什么。要想当好朋友，那就学着去当个更好的听众吧！你可以试着有意地隔一段时间就去联系一位朋友，看看他/她在想些什么，并给予其长时间的倾听。假如对方将话题交由你来说，那就告诉他/她晚点才轮到你，此刻你希望听他/她讲讲。

朋友是你几乎能与之无所不谈的某个人。与这样的人在一起，一方讲述时，另一方就会沉浸其中并无条件地给予对方支持。友谊是伴随着我们对彼此的倾诉而慢慢成长起来的，我们自己也是。听见我们的喜与忧，朋友会给予我们同情，而这也是对我们的支持。朋友的理解不仅能让我们远离孤单，还能帮助我们更好地了解自己。

友谊不仅深化着我们，还拓展着我们。它能扩展我们对自我的定义，唤醒家庭固有角色之外我们尚未意识到的各种可能。朋友越多，我们能展现出的自我面就越多。友情既具有亲密性、支持性，又具有相互性、分享性，其中前两项能让我们变得坚强，后两项能让我们变得更具韧性。

**"真希望我有更多的朋友。"**

请列出之后七天对你最重要的五件事。

看看你的列表中是否包含这几样：花时间与朋友相处、与工作上或健身房里碰到的某个人建立友谊、通过表达关爱来加强已有的某段友谊。

社交媒体不仅让我们可以更轻松地维持普通的朋友关系，还能丰富我们与密友之间的联系。通过社交媒体，我们可以将已相识很久的人"加为朋友"或"加关注"，即便彼此只是在每五年或每十年一次的校友聚会上见一次面，我们也能知道他们所取得的成就与所经历的伤痛。只不过，社交网络同时也扩大了"朋友"的概念。如今的朋友不仅指我们所关心的、自小就在游乐场里认识的玩伴，还指我们与之从未见过面的人（譬如朋友的朋友）。所以，我们会因为脸书网站的提醒去给这些朋友送上生日的祝福（不然我们也不可能知道或者记得这些的），会乐于看到他们上传的活动照、宠物照或者他们的子辈、孙辈的成长照。

如今我们联系朋友的方式是祖辈人所无法想象的。通过网络，我们有了自己的朋友圈，这能让我们有真实的满足感；此外，身处朋友圈的那种归属感，也能让我们感受到些许温暖（即便有时它来得那么微不足道）。虽然大多数人并不会将虚拟的友谊视为一切，但既然大家都各自忙碌，这样的友谊就聊胜于无。朋友间若没时间面见彼此，那就一周互发几次短信；如果有朋友患了流感，通过视频通话软件，我们可以在等公交的工夫发出问候；若好友远在千里之外，那我们也可以约好在下个周末来一场电话聊天。如此种种，在我们很多人看来，应该都已做得够好，会觉得这就是我们所能做到的最好的程度。

但这种屏幕交流式的友谊，还是有其不利的一面：当你将整个傍晚都用在发送电子邮件上时，我们本已宝贵的自由时间就被科技挤得满满当当，而这便是工作、生活不分了。太多的人在一天漫长的工作之余，到家后又回到电子设备上，开始处理之前没有处理完的邮件，而仅剩的一个小时说不定还用在了与朋友的电话沟通上。只不过我们必须给这样的电话沟通预先安排时间，否则赶上朋友不方便，电话沟通反倒变成了累赘。相较于打电话，我们可能更愿意发短信，毕竟我们不想打扰与我们一样忙碌的人。在拥挤、匆忙的生活中，各种各样的竞争挤掉了可供我们选择的时间，这其中就包括与朋友见面的时间。此外，不管我们有多忙、有多少要操心的事，时间不够绝不是唯一破坏我们友谊的因素。

# 当朋友袒护我们时

离婚之后，麦琪开始向朋友倾诉，从她的倾诉中朋友们看到了她如何经历分手的打击，又如何度过之后的那几个月。这段时间麦琪虽然觉得生活飘浮不定，但至少她并不孤单。

麦琪的朋友莉斯也离了婚，而且对现实看得十分透彻。她明白再次单身意味着一切都得从头再来，清楚网上约会虽难免遭遇欺辱与欺骗，但基本是当下唯一可以认识另一半的途径。麦琪与莉斯是在一个研讨会上认识的，两人相交至今已有9年（事实上那次两人都没参加那个研讨会的下午场，之后又在当地的一个画廊里撞见了彼此）。

莉斯是个很容易就能交到朋友的人。她的温暖、她能看破虚伪与愚蠢的智慧与敏锐，无不吸引着麦琪。两人经常一起共进午餐，有时还会在下班之后一起小酌一杯。她们喜欢听对方讲述各自的工作、家庭、朋友，会讨论所读的书、讲述个人的感受，所涉话题之广，基本无所不谈。

离婚三年后，麦琪遇见了多米尼克。一切就是那么巧，她是在莉斯住处楼下的大堂里遇见他的。几次的相遇之后，多米尼克就记住了她。莉斯觉得多米尼克魅力非凡，但从没想过两人会说上话，因为头两次两人偶遇时他都是一边走向电梯一边忙着处理邮件，让人感觉难以接近。所以，那个周六的下午，当多米尼克开始跟正等莉斯回家的麦琪说话时，麦琪不禁大吃了一惊。之后不过五分钟的光景，多米尼克就提出了约会的请求，而让麦琪自己也没想到的是，她居然就答应了。

如果说异性相吸，那麦琪与多米尼克二人可谓是郎才女貌。麦琪有着苏格兰人特有的红润肤色与感情特质，多米尼克则具有希腊血统，深色头发、橄榄色皮肤的他不仅生性开放，还十分富有表现力。麦琪喜欢多米尼克带着自信、凭直觉思考问题的方式，在见过了相亲网站上那么多肤色苍白、令人捉摸不透的男性之后，多米尼克的出现着实让她眼前一亮！

与多米尼克一起时的激情令麦琪兴奋不已，但不幸的是，她很快就发现伴随激情交往的，是一连串同样充满激情的争吵。多米尼克嫉妒她的时间、嫉妒她的朋友、嫉妒她身边的一切。有时他也会忙几天，但他要求想见时随时都能见到麦琪；若是见不到，接踵而至的，就会是一场嫉妒风暴。

当麦琪将自己与多米尼克之间所有的问题说给朋友们听时，他们都对麦琪表示同情，但莉斯怒了，她觉得多米尼克的占有欲与嫉妒心是对麦琪的虐待，而麦琪的容忍就是错误的，她说："我是永远都不会让一个男人那样待我的。"

一次，在与多米尼克大吵了一架之后，麦琪决定一段时间不再见多米尼克。莉斯对多米尼克的看法一向都非常糟糕，只不过以前每次与麦琪一同外出时她都会忍着不说；可现在不一样了，见到麦琪有要结束与多米尼克关系的打算，莉斯打破了交友的一大核心规则，开始评判多米尼克。她强烈抨击多米尼克，说麦琪没有他会更好。其实，持这一看法的并不止莉斯一人，麦琪所有的朋友也都是这么看的，他们都觉得假如多米尼克带给她那么多苦恼，那她就该甩了他。

不幸的是，同情也是可以形成对同理心的阻碍的。由于未能压制住内心要将麦琪从其痛苦情感中解救出来的冲动，麦琪的朋友们开始敦促麦琪结束让她如此不快的一切。而这，也正是朋友常在我们向他们抱怨某人时会做的事，他们会袒护我们，敦促我们做出反击。

尊重朋友获取幸福的权利容易，但尊重她要为爱而战、为爱忍受痛苦的权利，就极难做到了。

朋友的同情让麦琪心生鼓舞，但他们劝她与多米尼克分手的话语又如同千斤重担一般压在她的心头。有人分担自己的感受自是抚慰人心，但被告知该如何面对它们，有时就不让人好受了。人，有权想法矛盾。

过了一段时间，麦琪就不再向朋友提及多米尼克了。对多米尼克，她有怒气，但她也爱他。我们可以批评自己所爱的人，但朋友这么做就是错误的，毕竟我们在朋友面前的抱怨仅只表达出了我们内心矛盾中的一面而已，对关系怎么决定，那是我们的自由；但假如朋友说我们身边的某个人很糟糕，那就侵犯了我们的边界，因为此举忽视了我们的抱怨仅表达出我们的"矛"但未表现出"盾"这一事实。

同理心没有定式，但记住这一点也是有益的：一切冲突（包括内心的冲突）都存在两个面。所以，"理解—同理"就常意味着对不确定的认可。假如有人没有采取行动解决问题，那背后多会有他不去行动的因由。

对麦琪，莉斯应该说的是"听得出你很不开心，但我猜你不确定该怎么做"这样的话，但她实际说的是"多米尼克配不上你。假如你现在回到他的身边，将来你就会痛恨今天这样的决定"。

**有些东西在友情之间是没有立足之地的，譬如评判。**

对朋友表示同情不仅是在表达你对他们的关心，它还要求你对朋友的看法进行倾听，不论对这一看法你是赞同还是反对。友谊并不需要你做出中立或全盘接受的表态，假如反对或者有意见，真正的朋友会先给予对方倾听。

保罗·奥斯特（Paul Auster）的小说《利维坦》（Leviathan）里就有这么一个有关朋友的同理心的例子。小说中，彼得的朋友萨克斯向彼得讲述自己从四层楼高的防火梯上摔下的事情，说若非与玛利亚调情，自己不会上防火梯，所以他觉得自己对这一事故负有责任。对此，彼得说："我当时想问萨克斯几个问题，但又不想打断他的讲话。他吃力地说着那件事，而且神情恍惚、犹犹豫豫，时不时的沉默也让人感觉怪异，我生怕自己突然蹦出的哪个词会惊扰到他。说实话，我并不完全明白他要说的是什么。那样掉下来肯定让人恐惧难安，但我不明白他为什么要费那么大的劲去跟我说事故发生之前的那些小事。在我看来，他与玛利亚的调情算不得什么，那就像老套的风俗喜剧一般无关紧要，根本不值一提，萨克斯却觉得那与事故有直接的联系，觉得两件事互为关联，这说明他并没将那场事故看作意外或者厄运，而是把它当成了对他的某种诡异的惩罚。我想告诉他这样想是不对的，他对自己太过苛求，但我没说，我就坐在那里，听着他一个劲地分析自己的所为。"

要做到切切实实地与他人在一起，这并不容易，那意味着我们要面对的是他人的本真而不是我们想让他们成为的样子。这一能力取决于我们作为独立个体的自我意识，它让我们可以通过倾听与接受，与我们不一样的自主个体产生联系。

麦琪与莉斯之间的亲密，是因为两人兴趣相投、相互理解；但当麦琪感觉自己遭到莉斯不公的评判时，这份友谊就会走向衰败。两人并不知道该如何容忍出现在彼此之间的分歧。分歧之下，麦琪不仅会觉得自己只要开心就是对莉斯的背叛，伤心时她也不再感觉可以去依靠莉斯；此外，她们两人谁也不知道该如何谈论内心感受。至于莉斯，则觉得麦琪抛弃了自己。分歧与对分歧的无法谈论就这样在这对朋友之间形成一个不断扩大的鸿沟。很多朋友都因无法谈论分歧而彼此渐行渐远。

麦琪最终解决了与多米尼克之间的问题，但她也彻底断了与莉斯的联系。多年之后她或许会淡淡地对某人说一句："喔，我们就是失去了联系。"

## 解决与朋友间的冲突

既然麦琪能解决与嫉妒心重、要求又特别多的男友之间的问题，那她为何解决不了与自己志趣相投又能理解她的朋友之间的矛盾呢？玄机就在于友谊的可选择性。

这一特性虽可以让朋友之间无所不谈，但无法让两人公开谈论彼此之间的问题。

由于家庭关系具有约束性，我们更迫切地需要向外人倾吐自己在家庭关系中的烦恼。朋友之间有时虽也会向对方表达不满，但他们不大可能讨论对彼此的嫉妒、猜忌、恼恨等性质比较严重的问题。朋友关系不像家人关系那般具有义务性，所以面对朋友，人们会更怕因为讲述自己对朋友的不满而令他们抛弃自己。遗憾的是，当这样的不满变得强烈时，友情常会以分道扬镳来收场。

若分歧很难解决，朋友之间可能就会采取发短信这一不那么容易受到情绪左右的方式进行沟通。此法一方面可以让朋友之间继续保持联系，让事态冷静下来，让两人看看下次见面之前事态的发展，另一方面当事情变得过于棘手、分歧无法解决时，也是更方便彼此进行交流的方式。用短信交流时，若一方对对方发来的短信一般不给任何回复，那发信人势必会觉得自己受到了更多的伤害；若一方决定断绝关系并发来一条短小平淡但态度模糊的短信，或者回信的速度要比平时都慢，那说明她可能对冲突深感不安，害怕贸然去做决断。这样的分歧不需要我们直面对方的痛苦与失望，看似冷静，但这让对方感受到的，是不尊重与不友善。

假如你对某人心怀不满、与之的关系又可有可无，那就放手；但假如让你不满的是某个你关心的人，那你就要想办法说点什么了。

对朋友心怀不满却又犹豫不说的人，常以为那些敢说的人之所以敢说是因为他们比自己更有自信。也许吧！但就我所认识的大多数人来看，他们与那些会将这样的不满憋在心里的人一样，对说出不满也感到担心。但他们之所以还会冒险说出，除了因为他们尊重自我、尊重表达自我感受的权利外，还因为他们尊重友情、尊重朋友。

你越是拖着不将朋友让你心烦的事说给朋友听（譬如你希望朋友不要养成在你俩见面时带上第三方的习惯），你就越会在心里记挂着那份不满。在你纠结着是否该说出抱怨时，你可能就已经开始想着该怎样组织出能让朋友不得不听你抱怨的表述了。事实上，打破朋友之间僵局的最有效办法，是设想一下朋友对你的抱怨会有怎样的立场。

对朋友的立场表示认可，能让朋友放下顾虑、听你讲述你的立场。

譬如你与某个朋友，总是由你提出见面。虽然你并不是那种计较之人，但对方从不约你见面的表现令你有些不满，让你怀疑他/她是不是真的喜欢你，于是你开始犹豫，假如自己把这一不满说出来，对方会不会觉得那是对他的攻击？那该怎么做呢？把你的不满和想法说给对方听吧！你可以先设想一下，假如你是那位朋友，对这些想法会有怎样的感受，之后你可以这样对他/她说："有件事一直让我心烦，但我又不知道是否应该告诉你，因为我不想让你觉得我是在责备你，但这关乎我内心的安全感……"

**有时一场如实的抱怨可以挽救一段友谊。**

伊恩听够了阿琳没完没了的抱怨，她不是说她的老板有多傻就是嚷嚷着身上这里痛那里疼，要不就会说一堆有关她有钱男朋友的问题，但他什么也没说，因为他不想让阿琳难过（当我们不想让某人对我们生气时，我们不也是这么想的吗？）。既然不说，阿琳再打电话来时他便推脱说自己没空，慢慢地，两人就断了来往。

如果对朋友心有不满却不对朋友说，那些不满就会对友情造成反噬。倾听彼此即便不能彻底解决问题，也可以令情况大为改善。破解友情僵局的最好办法，并不是讲述你自己的看法而是想想朋友可能会有的感受，鼓励朋友讲述并就这一讲述做出你的认可。

友谊里，若一方只会抱怨，那么这段友谊就很难维持长久。人人内心都有烦恼，但请记住，倾听，尤其是对抱怨的倾听，也是一种负担。假如你有朋友利用了你倾听的意愿却并未做出同样的回馈，你可能还是会倾听，但时间长了这样的负担就会让你感到厌倦，让你想放弃这段友情，这就好像你在积累了一定的飞行里程数后想用它来交换自己走出这段友谊的权利一般。或者，你可以选择将这一想法说出来。

假如你的朋友只有一两个，那你可能就不愿中断与他们的关系了。当你觉得单方面的倾听也好过根本没得听时，放弃于你就会很难。但假如是长期的友谊关系，这样单方面的倾听可能就不是什么大问题了，面对自己某位相交一生但彼此很少见面的朋友需要倾听的情况，你会毫不犹豫地满足他。当然，假如我们朋友众多又能在各种场合得到支持，那情况自然就会容易许多，毕竟这样的我们不必过多地依赖于某一个朋友来倾听我们。

亚当刚刚做了旋转成形术，两周后，他的儿子又因未成年饮酒而被逮捕，一个月后他还要将母亲送到养老院去。这段时间，他一生的挚友马丁隔几天就会过来探望一次，每次他都会先简短地告诉亚当自己一切都好，之后便将谈话的重点放到亚当这边。对亚当，马丁心里没有不满只有同情，会鼓励亚当"跟我说说最新的状况"。在这些日子里，马丁不需要讲述自己的事情，毕竟在两人相识的40年中他也有过大量让自己讲话的机会。

我认识的一位跑友曾经常在我面前抱怨他与他的继子之间的问题。他抱怨时我会同情地听着，偶尔还会给出点建议（这并不违反职业操守，因为我有治疗师执照）；但假如他抱怨的时间不止几分钟，他就会自觉地向我道歉（多少是考虑到我的职业之故），而我就会提醒他，抱怨在我们的关系之中是双向的，我并不介意听他讲述他的问题，因为我感激他也曾听我讲述我的问题。

当两人因为不满谁也不吭声时，打破这种僵局最好的办法就是询问对方的感受，这种做法尤其适用于双方出现误解的情况。过程中，先别急着讲述自己的感受。若误解较深，请先重点倾听对方的讲述，将你自己的想法放到后面再说。假如是朋友伤害了你却不自知，那说出你的感受可能就是唯一能阻止你的怨气伤害友谊的办法了。

爱丽丝与丈夫彼此都非常独立，他们常常会各自单独去做一些事情，比如单独外出吃饭或者一个人去看电影等；而爱丽丝的朋友玛丽则完全相反，社交时若没有丈夫的陪伴，她就会心有不安。虽说这两个朋友也不是没有单独见面的时候，但更多的时候两人的见面都是通过玛丽更喜欢的成双成对的方式来实现的。两人也理解各自立场的不同，但彼此又都觉得自己做出的让步更多。渐渐地，两人见面的次数越来越少了。

对此，玛丽既难过又失望，她觉得爱丽丝更应该给予自己同情。两人见面越少，她就越会想着自己是多么难受；而她越是这么想，就越会想象自己质问爱丽丝的样子。她想，爱丽丝会不会也这么想呢？说不定她都没往这方面考虑。但为了保住两人的友情，玛丽决定冒险将自己的想法说给爱丽丝听。

她给爱丽丝打了一通电话，告诉爱丽丝自己可以想象得到，爱丽丝一定对她俩总是带着丈夫来见面的方式感到失望。听到朋友这么说，感觉自己的感受得到了朋友认可的爱丽丝很是欣慰。她说玛丽说得没错，不过在她的内心深处，她担心玛丽不喜欢和自己单独见面。

玛丽这一表达，让两人说开了对彼此的误解与不满，而这些感受正是人们常因忌讳其太具威胁性而不愿讨论的东西。就这对朋友来说，两人之间的根本问题并没有消失（爱丽丝仍更喜欢与玛丽单独见面，而玛丽也仍对没有丈夫在旁的外出感到纠结），但她们的友情不再恶化了。对彼此的理解让两人的友情经受住了挑战。

若用短信交流，朋友间对彼此回复期望的不同是会对友谊形成压力的。这种具有随时待命特性的交流方式，让我们以一种不一样的方式"待"在朋友的身边，支持他们，但假如我们的反应不够充分，那我们也同样能让朋友感到失望。

但丁的工作充满了压力，这让他恨死了这份工作。他所在办公室看似宽敞无比，可他与其他人一样，个个都缩在小格子间里办公，这样的工作环境让人没有什么隐私可言；此外，他的老板还总会到场子里晃悠，确保人人都在做事。萨米是但丁的好朋友，不过他是居家工作，所以他的工作安排非常灵活。有很多次但丁告诉萨米，自己不能在办公的地方线上回复他的信息，但萨米似乎并不理解这一点，短信总是想发就发、电话更是想打就打，还说但丁太过忌惮自己的老板。萨米对但丁工作局限性的不尊重让但丁很恼火。由于萨米工作的自由与他漫不经心的态度，如今的但丁有多不满自己的工作就有多生自己朋友的气。

清晰的对话与定义的边界，能让朋友之间了解清楚自己该如何满足对方的期望，只是科技也在很大程度上影响着我们对朋友回复短信时间长短的期望，譬如若我们习惯了某人的即时回复，那我们在下次点击发送键之后，就很自然地期望自己可以即刻收到对方的回复。如此一来，任何我们不能随时满足的期待（个人的局限）就都需要我们去设限……而且最好是我们可以亲自与朋友说清楚。

## 如何向朋友提出建设性的批评意见

对朋友的错误听而不语，这样的倾听有时会让人觉得自己不够诚实。假如你觉得有必要对朋友的错误提出建议，较好的做法是先问他／她是否愿意听听你的建议：

"你愿意听听我的想法吗？"

由于建议往往暗含批评之意，所以再善意的批评也有可能出现事与愿违的不良后果。若你的想法是让某个朋友改变，而他／她没兴趣（或者他／她不可能）去改变，那无论你的初衷有多美好，都可能引来朋友对你的怨念。

有时我们给出了建议但朋友并没采纳，对此我们就会有种被拒绝之感，会想：

"你若不想采纳，又干吗问我意见呢？"

征询意见意味着会对意见做考虑，但不一定非要采纳征询来的意见，最好的意见是不带什么附加条件的。对优秀的倾听人来说，无论朋友对他／她的意见是接受还是拒绝，他们都不会介意的，更不会将朋友的拒绝视为对自己的轻视。

就自己应该怎么做，只有在不同意朋友看法的情况下你才需要对自己的观点予以强调。

假如你不确定朋友对你所提建议的感受，就直接问一句"你觉得怎么样"。此时，若朋友给出了任何他/她认为建议可能行不通的理由，即便只说了一条，你都别再追问。

## 友情会随着时间变淡，还是说朋友之间只是忘了该如何倾听彼此？

太多的人都觉得，朋友终究都会断了与对方的联系。失去朋友或许并不像失去与自己生活在一起、命运连在一起的人那般令人痛苦，但这其中的经历是类似的。友谊往往始于某种境况中，譬如上大学、开始一份新工作、像麦琪与莉斯那种都有离婚的经历等；之后，朋友中的一方或者双方会出现改变，生活继续，但两人间的联系变得越来越难以维持。

我们中的大多数人之所以会在二三十岁结婚，又之所以会在四五十岁时仍维系着婚姻，其中的原因是不一样的。相较于婚姻，友情中并没有那么多可以长期维系它的纽带，这也就使得朋友双方为让友情能够历经人生重大变化而进行维护的可能性相对较低。这样的维护之举不仅需要我们长期尊重彼此的分歧，还需要我们在面对困难时学会对彼此的倾听。

吉尔与罗伊是高中时期的好友。那时两人都是篮球队队员，学业都很优秀，而且彼此吸引。此时的友谊不仅仅因为兴趣相投，它还是十几岁男孩子之间通过互开玩笑来考验自我的友谊，所以他们对彼此的倾听可以说也是某种形式的轮流炫耀。

随着时间的推移，其他人都开始厌烦罗伊没完没了的玩笑。吉尔一开始还觉得那些玩笑虽会惹人生气但常能令人精神振奋，渐渐地他也厌倦了罗伊玩笑话里的咄咄逼人。最终他向罗伊说出了这一看法，结果却惹恼了罗伊，之后两人谁也不再搭理谁。

两三年后，罗伊的一通电话又让两人友谊再续，但此时的友谊就比较浮于表面了，至少它给吉尔的感觉是这样的。举手投足之间，罗伊似乎还是青少年时期的样子，摆姿势、找角度、转身拍照，每每都是如此。

两人还一同出席了第20届高中同学聚会。那次聚会让吉尔的内心充满了对过去的记忆，可罗伊还是当年那副爱说玩笑话的样子。聚会之后，两人与吉尔在校时的前女友詹尼斯一起外出喝了一杯。

如今的詹尼斯还是跟以前一样漂亮，吉尔与罗伊也再度产生了旧有的那种胜负欲，两人在酒吧里你来我往地斗嘴斗了一个小时。吉尔觉得这肯定没给詹尼斯留下什么好印象，事后他一直耿耿于怀。

又过了很久之后吉尔才知道，酒吧那晚罗伊居然把詹尼斯带回家了，而且自那之后两人还约会了；而他之所以会知晓这一切，还是拜罗伊一通告诉他詹尼斯跟他分手的伤心电话所赐。想到罗伊不仅和自己的前女友在一起了，而且还一路都瞒着自己，吉尔怒火中烧，那种感觉好像罗伊对他做了一件极不光彩的事一般。他想，假如罗伊光明磊落，又何必一直对自己守口如瓶？可转念一想，罗伊都到自己这边来安慰来了，作为朋友，他又原谅了罗伊。

两人再次见面，是因为吉尔所在公司举办的年度野餐活动，当时吉尔邀请了罗伊。可罗伊又在喝了几瓶啤酒后拿吉尔曾对他讲过的几位同事的私事开起了玩笑，这让吉尔大为尴尬。他努力想让罗伊闭嘴，但收效甚微。就这样，在活动结束后的一周，吉尔写了封邮件给罗伊，告知他自己不再信任他，还说不打算与罗伊再见面，也不希望罗伊再联系自己。

这种主动切断已成负担的关系的举动，让吉尔如释重负，那种感觉就好像在做自尊宣言一般。在回忆自己当时的这一举动时，他引用了大学时读过的赫尔曼·黑塞

(Herman Hesse) 作品里的一句话："有的人认为坚持会令我们强大，但有时放手才是让我们强大的力量。"

当然，人们也不是每每都能轻松判定什么时候该放弃过去的友情。对我们来说，随着年龄的增长，我们会愈发觉得旧日情谊的珍贵与稀有，会知道只有付出努力才能让友谊不惧时空与距离。可能对孩子来说友谊来得非常容易，但随着成长，友谊就会变成我们必须为之付出努力才能拥有的东西。或许你会觉得这种认为应该为交朋友、为维持友谊做出努力的看法并不合理，但有很多事情是值得我们这么做的。吉尔与罗伊的友谊从根本上说已经变成一段不值得但因为习惯而继续存在的关系。相较于这两位朋友的情况，即便很多友谊的基础会更牢固，它们也需要我们时不时地做些维护；面对那些与你共同成长的友情，这样的努力就更有必要。

要想获得属于你的那份倾听，重点要去培养以相互交流为基础的关系，而这意味着你不仅要以足够开放的态度面对新的关系，还要以足够挑剔的心态放弃那些不值得你付出努力的关系。关系的深化需要你在展露自我与倾听之间找到平衡。但问题来了，很多人都发现自己难免会陷入一种对方难以倾听自己的困局之中。对此，与其心怀怨念或者满脑子的宿命论，不如去教教他们该如何倾听。为此，你自己要先树立起榜样，情况许可时，让对方以倾听回应你。

做朋友就要为朋友腾出时间。若朋友于你只是次要的存在，若你工作忙得都没法去见朋友，那你工作又是为了什么呢？要想友谊长青，你必须将其重点对待。留住朋友意味着你愿意为友情付出努力，当然这并不需要你无时无刻地去做努力，你只需在关系出现困难时给予倾听，必要时说出自己的想法即可。

## 不论是线上还是线下，你都可以找时间、抽时间来倾听朋友

从办公室回到家里，时间已近傍晚7点，但特莎还是忙个不停。她想去健身，但此刻饥肠辘辘，另外还有一大堆的工作邮件在等着回复。她站在厨台边啃烤鸡腿时，电话响了。她瞄了一眼，是自己的至交安布尔发来的一条短信："好吧，我想一切都结束了。"该怎么回应？特莎的脑子里立刻转悠起了各种选择：装作没看到，发个担忧的表情，回条短信，还是晚点等健身回来再打电话过去？安布尔会希望我怎么做？我自己呢？虽然特莎知道安布尔与她的伴侣之间出现了问题，但此前她还从未收到过如此令她始料不及的短信。

这条短信彻底改变了这一晚的安排，特莎很是惋惜，不过她也没驱车五个小时到安布尔的住处，而是做出了这

样一个最稳妥的解决方案——视频通话。连线接通时，出现在屏幕上的安布尔已哭成了泪人。见此，特莎轻轻说了句"说吧，把一切都讲给我听"。此时的特莎，已做好了倾听的准备。

当有朋友发来带有紧急意味的短信时，你会怎么回复呢？

各种各样的联系方式让我们可以轻松地联系到朋友，可在抽时间与朋友进行深度对话时，我们却显得并不那么积极了。这看似不是什么大问题。既然我们每天或每周都能与很多人进行对话，那我们同样也可以在一段很长的时期内与三五好友零零碎碎地做些持续性的交流；而且短信式的交流不仅效率高还具有强大的诱惑力，毕竟很少有人在手机哔哔作响时能忍着不去翻看收到的短信；还有很多人可以做到个人、群组对话两不误。但可以这么说，时间还有这样一大矛盾点：它既能让我们有种浓重的互动感，但同时也能让我们有种强烈的孤独感。

我们的内心与思想对与他人进行实际接触的需要，要比我们所意识到的更强烈，人类的进化可不包括对短信的"倾听"。当我们感到痛苦或焦虑时，我们需要听到的是来自他人说话声的安慰，是朋友在场的支持。社交媒体有一点尤其令人无奈，那就是它所具有的超强诱惑力。人们希望自己被看见、被听见、被感受到等根本需要，它几乎都能满足，但也只是几乎。

发短信与发帖可以让我们保持与他人的联系，但对于孤独的人来说，这些脱离实际的虚拟交流给人的感觉更像是坐在沙发上吃薯片，它没有那种坐在桌边好好吃饭带给人的真实感。研究表明，线上联系这一方式，虽的确能用作面对面交流的补充，但维持深厚友谊的真正同理是需要设身处地地感受对方的。当我们渴求的是优质的倾听时，流泪那样的表情符可无法让人同理。

通过短信、电子邮件、社交媒体、视频、电话以及面对面等方式来倾听朋友，已成为一个时代现象。听到电话铃响时你觉得有责任接听，结果听到的可能是机器声，这说明你是X时代[1]或者更前一代的人。就较为年轻的数字深度用户来说，他们线上、线下都有朋友，也不会对这二者做清晰的区分。在他们眼中，生活完全就是一个大家保持联系的平台。

---

**1**　指1965年至1976年间出生的人。

因为50多岁的父亲突然病倒并恶化迅速，蒂什踏上了飞往美国中西部的飞机前去陪伴。之后的一周，她待在父亲病榻前，时不时会通过短信与知己好友蒂亚进行交流。两人并没有真正口头上的对话，但蒂亚一直支持着朋友，会一天发送几次短信来关心好友、询问其父亲的身体状况、保持对事态的时刻关注；此外，她还代蒂什通过群聊向两人的其他朋友传递信息，让他们了解蒂什那边的动态。朋友们的记挂对蒂什意义非凡。

在回忆这段经历时，蒂什就提到短信交流尤其适合自己当时的情形。就是因为始终有那样一条交流通道存在，她才知道蒂亚"一直就在我的脑海中倾听着我"。在得知蒂什的父亲去世之后，蒂亚又登上飞机飞到蒂什的身边。当蒂什在机场接到蒂亚时，蒂亚的出现就是对满心悲痛的好友实实在在的支持。

能让联系始终不断，这是科技的最大优势，但它也是造成我们最大交流问题的根源所在。虽然如今的我们可以给予他人所需的大量时间，但同时我们也在失去一些让我们判断什么才是最需要我们关注的能力。线上交流是无限的，所以我们需要对它设限，但如何在设限与维持联系之间做好平衡，却绝非易事。虽然线上平台给予我们更多与朋友保持联系的途径，但它们同时也加大了交流中出现误解、伤害与困惑的风险。

假如你发现自己很难通过发短信或者发帖来获得倾听，那就记住这一点：人类的进化是以实质而非虚拟的群体生活为归宿的。假如这样的交流对你的时间与资源的消耗达到了让你的智能手机电量都不够用的程度，那就试着离开这样的平台一两个小时，重整自我，之后去见见真实生活里的朋友吧！

科技也改变了我们的工作日常以及我们与同事的关系。它让我们因为某种期望（无论是真实的还是想象之中的）而事事都以工作为先，甚至会让我们与同事的电子邮件往来持续到深夜。事实上，你花在阅读电子邮件与倾听老板、同事上的时间大多超过你给予伴侣或朋友的时间。假如你工作的地方没有规定工作之后不得收发电子邮件，那你的收件箱就会如同一个新生儿一般时时刻刻都需要你的关注。我们中的大多数人都曾经在生活与工作之间画出一条清晰的界线，遗憾的是，那样的时代似乎早已成为过去。

这也不全是坏事，毕竟工作上的友谊可以在某个寒冷的周一的清晨将我们从被窝中拽出来，与同事间的电子式联系也能维持团队项目的持续运转。我们对联系与亲密的需要，并不会因为我们到了工作的地方就幻化般的消失。或许你会认为，工作之地会有比特别的工作友情更为重要的东西，但其实我们在工作中同样也需要归属感、连接感，需要被看见、被听见。

## 办公场所的观点表达

在面试某小型出版社的工作时，玛丽安彻底被该出版社的出版人马歇尔与资深编辑斯蒂夫的讲话打动了。他们不仅询问了她的学业与工作经验，还花了更多的时间来向她讲述在这里工作的好处，以及她可以在编辑决策这一环节起到怎样的核心作用，等等。玛丽安并不需要旁人对她做什么说服性的工作，因为在她的眼里，小出版社要好过大集团公司。在她看来，大公司的编辑眼里只有利益和输赢，他们面对实实在在的书稿反倒犹豫不决、挑剔刻薄；此外，她在大公司做助理时根本接触不到像收购决策、合同谈判之类的出版方面的业务，可在这里，她觉得自己有机会学到这些东西。所以，当这家出版社向她伸出橄榄枝时，她欣喜若狂，甚至都等不及要让马歇尔和斯蒂夫那样的资深人士来指导自己的工作了。

马歇尔和斯蒂夫似乎也很开心玛丽安的加入。但很快玛丽安就发现他们二人只视对方为团队，视她，仅为一名下属而已。他们不仅指导敷衍，还从未与她有过关于他们所认识的作家、他们成功的经验与失败的教训进行过交流，至少没当着她的面做过这方面的讲述。

在入职的头几个月里，玛丽安就像个局外人一样，看着马歇尔和斯蒂夫与他们手头的作家、代理人和宣传人员建起一个个持久、牢靠的关系。当她拿着书稿的问题去询问马歇尔与斯蒂夫时，两人会一边装着在听，一边自动摆出不动心的蹙眉样，却不向她提出任何问题；待她讲完之后，他们就直接说些让她继续做好工作之类的话。他们这样的态度让玛丽安困惑不已。

直到有一天，玛丽安将自己的这一懊恼说给了她在社里新结交的一位同事听之后，玛丽安才得知，原来马歇尔和斯蒂夫是因为董事会要求社里必须要有一名女编辑才把她招到社里来的。但对这一要求，两人十分不满，觉得那是对他们自己负责领域的侵犯。

玛丽安感觉自己受到了羞辱，原来他们雇用她并不是因为他们想将她打造为社里的新晋之秀，而不过为了增加社里员工的多样性而已；此外，即便她并不介意且也有能力独自处理好很多工作，她也没能在技能发展上得到自己所需的支持。她需要资深人士的建议、需要管理上的协同合作，这会让她有种同为企业奋斗的感觉，这种感觉令人欣慰，也正是这样的感觉支撑着她度过了曾经艰苦的校园生活与出版社里的学徒岁月。

没了这些，玛丽安开始心灰意冷、愤懑满怀；而对玛丽安如今的退避，马歇尔与斯蒂夫几乎毫无察觉，说不定她的减少碰面还让他们松了口气吧！在工作最压抑的那会儿，玛丽安曾想过辞职不干，可作为单亲母亲的她又担负不起这样的奢侈，于是她开始向一些在社里工作了多年的女员工征询意见。而这些女员工在听了玛丽安的抱怨后都会心地笑了，接着她们就告诉她，她们自己被"马歇尔—斯蒂夫"这样的男人帮所排斥的经历。如今她们中的大多数都已经适应了这样的公司文化，不过她们并没有向那种高高在上的老板作风屈服。从她们的讲述中，玛丽安听到了她们的应对之法——直接提要求，但态度上尽可能地不带任何敌意。

玛丽安不再暗自愤懑而是开始重新思考如何让自己获得所需要的支持与应得的尊重，而这就使得办公室里的氛围出现了改变。她想出了新的对策，并在马歇尔在她的年终考核表上将她的工作态度评为"不及预期"时运用上了这一对策。当时，对马歇尔的这一评价，玛丽安拒绝签名。接着，她深吸了一口气以平抑自己心中的怒气，然后说："我需要与你谈谈。"听到马歇尔说他没时间时，她又坚持道："你必须跟我谈，找时间谈。"马歇尔装模作样地叹了口气，但同意了。

待两人见面时，玛丽安说："你清楚我是配得上'优秀'这两个字的。出现了什么问题？"

"我看到什么就说什么。"马歇尔说着，准备起身离开。

"请坐下，"玛丽安说道，"我们必须就这一点谈谈。"

就这样，两人谈了起来。在谈话中，玛丽安既承认了自己最初在进公司时所抱期望可能过高的问题，也指出了自己在公司遭到如二等公民般对待的情况，并表达了对此的厌恶。她的讲话不卑不亢，言辞却不乏激烈。

玛丽安讲完之后，马歇尔道歉了。他修改了玛丽安的评估报告，且此后与斯蒂夫二人也对玛丽安有了更多的尊重。玛丽安则不再缄默冷淡，碰到他们又故态重萌地对她工作上的要求爱答不理时，她会坚定立场，以平静、清晰的口吻告诉他们，自己不会再容忍讲话不被人待见的情况出现。

那么，这两位上司为什么会那般长时间地漠视玛丽安，后来又怎么突然就听得进她的讲话了呢？难道真的只是因为玛丽安说出了自己的想法吗？

迫于董事会做出的必须雇用女员工的要求，马歇尔和斯蒂夫心中的不满化成了怨恨，但他们又不愿朝自己的上司发难，于是玛丽安就成了他们发泄不满的对象。他们拒她于千里之外，用"我看得见你但我听不见你"的办法来对付她。但他们没意识到，工作的地方是容不得积怨的。

**对共事者心怀不满，那是罚人又罚己。**

这虽是一句老掉牙的话，但既然在一起工作，大家就是一个团队；为避免影响团队的运作，有时我们必须放下一些个人感受。

玛丽安曾试过抱怨，但因为想快速建立工作情谊的期望而作罢。像我们大多数人一样，她也想得到上司的喜爱，同时也很自然地希望马歇尔和斯蒂夫会像面试她时所表现的那样，热情地欢迎她的加入。当这些并没有实现时，她想得更多的是自己的失望而不是就她应该得到公平对待的权利去据理力争。

问题就在于，那时的她并不十分清楚该如何向上司说出自己内心的想法。她曾经以为他们是欢迎她加入他们的团队的，但之后就开始怀疑自己是不是自以为是了，开始琢磨自己是否在面试时误解了他们的意思，毕竟此时的她并没有得到一名重要新员工该有的待遇，而是遭到了家长式作风的对待。那么，她该怎样做才能既改进现今与上司的关系又不会招致他们更多的蔑视呢？

玛丽安想出了一个可以让自己自信、谨慎地直抒己见的方法。她将自己对所遭待遇的怨念都放到一边，开始具体问题具体对待。碰到为拿下一本新书需要指点却被打发时，她便坚称自己需要马歇尔富有经验的意见才知道如何做决定；若不清楚该怎么面对需要支持的作者，她就告诉斯蒂夫，自己只需要他就编辑该花多少时间与作者相处对公司有利这一问题给些指导。她并没让他们手把手地教她，却设立了自己想为出版社尽可能多做贡献这一具体的标准。面对这样的标准，他们开始听得进她的讲话，而且不久之后，他们开始主动给予她曾一直期望得到的指导。

在意识到自己的倾听权利之后，再碰到大的问题出现时，玛丽安就会坚持要求这一权利。明白自己可以做出有效回击，她的心态大为轻松，而这又降低了她进行回击的必要。此时的她不再急于争取马歇尔与斯蒂夫对自己的认可与接受，毕竟就算是新兵一枚，她也不必再去取悦他人。当年，她所在的出版社不仅又像往年一样推出了一些非常优秀的作品，由她引进的一位作家还在评论界与商业界收获了斐然的成绩。在她与马歇尔、斯蒂夫和那位作家一同举杯庆祝的美好夜晚，每个人都感受到了发自内心的喜悦。

玛丽安在工作上的不快经历十分具有启发意义，这主要是因为：首先，同事对她的不予体谅，让我们看到了高级工作人员不听下属讲述这样一个极大的工作失误；其次，这样的冷漠态度将人置于一种让其感觉自己就是受害者的境地，会让人觉得必须要对那些让自己痛苦的坏人进行谴责。作为一名力求在工作中争取某些男性员工接纳、认同自己的女性，玛丽安的经历说明，在由男性主导的工作环境里，女性要做到为自己发声、要获得与男性一样的对待，这依然很难。如今的社会，管理架构五花八门，玛丽安的经历并不是人人都会碰到的，但不管是怎样的工作环境，倾听彼此，对雇主、对雇员都是极为重要的。

## 擅管者，擅听

管理人，负有领导下属的职责。只可惜很多人的升职是因为他们曾经优秀的业绩表现，而并非他们真的具有管理方面的才能；彼得原理也认为，在一个等级制度中，每个员工趋向于晋升到其不能胜任的职位。正是因为这样的升职，很多管理人就会将更多的注意力投放在产品而非生产产品的人身上，但无论是对产品还是对人，都会产生不良的影响。

"遵命，主人。"

老板越有权力、越受人敬仰，员工就越会将想法埋于心底、担心说出想法会激怒面前的掌权之人。[2]

---

2　那也是总统们会把事情搞砸的原因之一。做顾问的会忙不迭地与总统形成意见上的一致，这就使得总统未能对错误的政策进行纠正；而一旦一致与许可画上了等号，对错误决定的通过十有八九就会变得畅行无阻（想想美国人在越南、伊拉克和阿富汗发动的战争吧）。

优秀的管理人能让每名员工都可以安心地说出自己的观点与看法，即便这当中有的可能是错误的、有的可能还与管理者本人的看法相左。管理人对员工这种开放的心态，不仅有助于拓宽管理人自己的信息面，助其做出更为英明的决策，还能令员工对决策产生参与感。管理人所掌握的信息越多，其最终做出的决策就越显得睿智；对决策的参与感越强，人们也会越有履行最终决策的意愿。

高效的管理人都是积极倾听的人。他们不会等着员工自己找上门，而是会主动地上前询问、了解他们的所想与所感。

他们会常与员工见面、时时了解情况，更重要的是，他们会对员工本人表示关注。

制定开放的规则虽然也能给予员工表达意见的通道，但它代替不了对他们的主动接触与倾听。对员工，管理人若无询问，那说明是他/她满不在乎；若不听，那就等于是在告诉他们"我不支持你"。作为管理人，就算你没打算采纳某位下属的建议或者没考虑要给某人加薪，你真挚的倾听也可以表达出你对这位员工的尊重，也会让他/她觉得自己得到了认可。

在马歇尔和斯蒂夫招聘玛丽安时，他们觉得她很成熟，认为她一进公司就能独当一面。你可能会想，既然他们经验老成，那他们就更应该感受到新同事对他们支持的需要，但事实上，办公场所之外才是他们的长袖善舞之地。面对需要笼络的某位作家或者需要进行协商的某个代理人，他们敏锐异常。

马歇尔和斯蒂夫没有给予玛丽安任何正规的监督指导，是因为他们自己也从未得到过这样的待遇；此外，他们从没想过，正是二人之间友谊的存在，他们才能满足那一方的需要。但在对待玛丽安这方面，他们仅视她为下属而忽略了人这一因素的做法却是错误的。作为关系平等的同事，他们彼此间的关注来得比较轻松，但作为上司，他们并没有主动给予下属关注。位高者必须关心下属，毕竟下属才是完成工作的那些人。

**电子邮件式的交流取代不了亲身接触，因为它屏蔽了人们倾听的机会。**

走过场的谈话是毫无用处的，假装倾听糊弄不了任何人。飘忽的眼神、晃动的双脚、不安静的双手、虚伪的答复（如"有意思""是吗？"）等等，都暴露了倾听者的虚假。管理人对谈话的不真诚、无兴趣说明了其对说话人态度的冷淡，而这，就是更严重的问题了。

不听人讲话，不一定就是因为倾听人心态不好或者反应迟钝，毕竟焦虑、挂念和压力同样能破坏优秀倾听人倾听的能力。关键在于，无论在工作之地还是生活当中的其他场合，倾听都需要我们付出一些努力。

高效的管理人在进行日常工作安排时，与员工沟通是必不可少的一环。他们会与员工见面、询问他们问题，在收集了充分的事实依据之后他们才会做出反应。假如不清楚员工们的想法与感受，他们就会去问、去听。

### 倾听也是赋权

某家庭治疗机构邀请家庭治疗领域里的六位专家组成了一个顾问委员会。之后在该机构举办的首场大会上，委员会当中的五位专家就机构如何改善规划提出了各自的建议。但轮到第六位专家时，他给出了完全不一样的建议：他先是让在场的每位员工说说他们最想实现的事，之后又就他能在该方面如何帮到他们询问他们的意见。这可是能够有效引出人们奇思妙想的一大妙举！

# 要是老板听不进呢？

就工作场所的倾听这一话题，我们可以简单概括出这样一条标准：考虑周全的管理者会倾听员工的意见。那么得不到倾听的那些人，他们又该怎么办呢？

少有人会在觉得自己未得到上级倾听之后转头就放弃努力。他们会写备忘录，会要求面见上级，会努力向上级表达自己的需要与看法，会在尝试过所有的办法之后才会放弃。到最后，他们就会像玛丽安那样，开始向人抱怨。

玛丽安就是在明确了上司对自己的漠视与他们的可望而不可即之后，才开始向办公室的另一位女同事倾诉。或许玛丽安还曾想过要与另一位女同事互助协作，但这样形成的友谊会在很多方面助推企业不良文化的形成。

譬如，流言就是一种低级的企业文化。它的游戏规则十分简单：参与者可以自由地对不在屋内的任何一个人进行诽谤（提醒：想说闲话吗？想的话就别离开这间屋子）。

还有三角架构（即向第三方宣泄不满而不是从根源之处解决问题），它可以在工作场合泛滥成灾。通过向他人抱怨来释放内心的不满，这完全是每个人都会做的事情。问题是，这种习惯性针对上司的抱怨之举，会将我们困于消极与怨恨之中。或许对获取那些"混蛋"的理解，我们已不抱希望，但老天，只要他们听不到，对他们我们可以想怎么说就怎么说！玛丽安是幸运的，因为她在公司新交的朋友在知晓了她与马歇尔、斯蒂夫之间的问题之后，帮她找到了公司里有过类似遭遇的其他女性，之后她们又向她提出了建设性的建议。若非这样的幸运，她的遭遇说不定就会激化到敌我阵营般的对抗地步。

记得我以前工作过的一家心理诊所中还有五位治疗师同事，那时我们所有人每天都会一起外出午餐，但主任除外。你们能猜得到我们这群人吃饭时聊的主要话题是什么吗？就是那位主任与他的短板。那你们又猜得到我们这群人都是怎么聊的吗？他们一个劲地抱怨，那种景象就好像他们在反复攻击一个不会动弹的静物一般。[3]

可能有些读者会这么想：那你那家诊所的老板真够没眼力见的！事实上，我曾试着跟她谈过，可她就是听不进去啊！

有一点我是毫不怀疑的：人们不会因为擅听而得到提拔，但会因工作优秀或者能说会道而得到升迁；再者，权力地位也对喜好驾驭他人这一人之本性起着推波助澜的作用，但这背后往往就是对他人感受的漠视。为了让不愿倾

---

**3**　鉴于这一教训，我在当上门诊部精神病科主任后，在安排员工周会时便将会议分为上下两场，上场我们会讨论患者的情况，下场则用于让员工倒出他们内心的不快、提出建议，或者让员工讲述任何他们可以想到的能让其工作更有价值的东西。在这样的安排下，我们科室成为一个非常具有凝聚力的团体。

听他人的上司理解自己的想法，我们会试着改变对方，而这也正是生活中的我们在面对很难交流的人时经常会犯的一个错误。一旦这样的策略不起作用，我们就会放弃。

改善关系并不是通过改变他人而是通过改变自己来实现的。

改善关系的第一步，是检视自己的期望。想一想，你想要的是什么，又期望怎样去实现它呢？你会像玛丽安一样期望在工作之地满足自己的个人需要吗？会努力地工作，然后像个好孩子一般耐心地等着老板的夸赞吗？你是否学会了通过耍小聪明而不是凭自己的工作能力，又或者通过取悦他人而不是凭自己的业绩来获取你想要的反应？

公司并不是家，可我们很多人还是把老板看得像自己的父母一般。若我们的工作时间很长又没有成家，那我们可能就会更多地靠工作关系来满足自己的情感需要，如此既不可取也不现实。换一种做法，我们可以把自己看成是成熟的、会尊重自己，但在办公之地有着不同定位的人。譬如玛丽安，当时的她想得到马歇尔与斯蒂夫的认真对待，可她最初在讲话时并没有表现得像个有能力的成年人一般，不知不觉中他们会像对待孩子一样对待她。

我所在单位精神科的主任头发花白、慈爱有加。他有一次就向我抱怨，有些员工回他问话的样子就好像他是他们的父亲一样，我听了不禁大笑。

身居要职者，一定会感受到人们对待权威的态度。这一点，管理人在与下属见面时须时刻谨记。

想一想你职业生涯中遇到的所有老板，有没有什么时候你像对待自己的父母一般对待其中的某位？结果如何呢？有没有哪位老板待你就像对待孩子一样？对此，你又是怎么处理的呢？

当员工被叫去面见老板时，他们多数想到的是自己可能要挨批而不是让他们畅所欲言（他们会觉得，不然老板干吗要叫自己过去呢？）。鉴于此，老板必须打消员工的焦虑，向他们提出自己关注的问题并倾听他们的答复。

## 倾听同事与让同事倾听你

既然我们会花费大量精力在工作上，那么有时我们会花费同样多的精力在人际关系上也就不足为奇了。就以下给出的这五个案例，请设想一下，假如你是案例当中的那位员工，你会怎么说、怎么做；想想你会如何去倾听对方，并从同事的角度，想想他/她能怎样给出那种让对方知道自己得到了倾听的答复。

梅洛迪是某建筑团队里的一名员工。对于团队的领导阿图罗，她觉得他应该不会主动听取像她这样加入团队的时间相对较短的女性员工的意见的。但在开工前举行的晨会上，阿图罗就下一步该怎么进行的问题询问了所有人的意见。问题就出现在每当梅洛迪刚提出一项建议，她就被敦抢去话头，而且敦说的根本就是对她建议的重复。对此，阿图罗会说"我同意敦的看法"，这让梅洛迪甚为不忿，她觉得自己完全遭到了忽视。她开始想，自己是该在回到办公室之后跟这两人谈谈或者向人事部反映一下，还是该为了生活忍忍，继续拼命地工作呢？可如果这样的话，她又得再忍多久才应该说点什么呢？

尼克是一家中等规模律师事务所的一名职场新秀，他的顶头上司是位精明能干、要求严苛的女性合伙人。问题是，这位上司常会要求他与她一起加班到很晚。尼克怀疑这位上司是在挑逗自己，但他并不确定，加上他也不想自己的公司合伙人在回家路上节外生枝，于是他开始想自己或许可以找借口早点下班，或者趁机有意无意地向这位上司表明自己有女朋友，又或者用一种比较温和的方式来表明自己对下班后两人还有互动感觉不适的态度。他担心，要是自己一直都一声不吭，事情可能会变得难以收拾。

基拉是为某儿童保护机构工作的一名社工，她喜欢这里的人，工作上也力求做到专注、专业；此外，她还非常看重团队精神，碰到同事有一大堆的文书工作需要帮忙时，她都愿意多做一些。但最近她却发现，由于同事莱克茜因家庭问题无法顾全这类对细节有要求的工作，她就不得不时不时地伸出援手，帮忙收拾残局，这让她日渐不快。见到莱克茜的客户苦恼地出现在办公室，基拉有时会觉得需要自己介入才能防止事态恶化，但这显然已不是她的工作了。她曾尝试与莱克茜探讨提高工作效率、获取个人帮助的可能，但莱克茜总是不屑一顾、满怀戒备的样子。现在的基拉开始想，自己是该再度试试与莱克茜谈谈，还是该向莱克茜的上司反映情况，但这样做又有可能使她与莱克茜之间出现嫌隙；可假如她不说，她又担心这会影响到机构对那些脆弱儿童与家庭的照顾，说不定还会导致一些糟糕情况的发生。

泰勒在某科技初创公司做销售工作。这家公司的福利待遇非常好，不仅员工用的冰箱里从不缺零食，公司在公共活动室里还设有一张台球桌；员工只要完成工作，工作时间就能来去自如。白天上班时，大家碰到都会闲聊一番，而泰勒最喜欢的聊天对象就是同事菲奥娜，他喜欢她那股冷幽默的劲。问题是，最近菲奥娜在他的心目中已不再是同事那么简单了，他想向她表白。对假如菲奥娜拒绝可能带来的影响，泰勒十分清楚，同时他还想到了若两人交往但并不成功可能会有更糟的后果。但既然公司并没明确规定员工之间不能谈恋爱，那两人交往就谈不上违规。不过各种各样的不利都挡不住泰勒对下午时能与菲奥娜聊聊天、与她情意绵绵的期盼。此时他在想：自己是会在摊牌之后等着菲奥娜主动联系自己，还是会与菲奥娜一同小心面对各种不良影响、让她知道自己觉得有必要对两人的工作关系做出更明确的设限。可假如这些想法与那样的一番谈话反而让两人的工作关系陷入尴尬，那又该怎么办呢？

唐娜是莱斯丽的行政助理，她向莱斯丽讲述了自己家里的问题，莱斯丽对此深表同情；可问题是，在意识到莱斯丽是那般愿意倾听自己之后，唐娜就自身问题的讲述就越来越多，而这不仅影响到唐娜的工作进度，也让莱斯丽渐生恼意。莱斯丽想表现得善解人意，却不愿唐娜把自己当作其母亲一般来对待。她该怎么做呢？

## 工作场合的尺度设定

从上述案例我们可以看到，相互尊重的工作关系与个人需要二者之间出现界限模糊的问题。去做团队的一分子、去满足同事的某些需求、去适应他们的轻慢与怪癖等，虽说这背后总有很多恰当的理由，但对大多数人来说，工作已然辛苦，我们不必非得忍受让我们感到不公、感到有压力、让我们分心或感到纯粹是骚扰的待遇。

假如你碰到类似情况当中的任何一种，或者此刻正面临与某位同事或同辈之间工作关系紧张的情况，下述有关如何在工作场合展开困难对话的三点建议，对你或许有所帮助。

带着好奇心与倾听的意愿提出问题，同时做好倾听对方看法的准备。若是梅洛迪，她可以想想阿图罗怎么看待她的付出（她在晨会上的表现、她在项目中的作用等）；对莱克茜，基拉可以想想她是否需要比现在得到更多的支持。这样的支持并非只来自基拉个人，还可以是莱克茜的上司以及机构里其他人。

做好倾听他人感受的准备（即便那与你的感受并不相同），但首先请花时间厘清自己的感受。譬如，对获得莱斯丽的倾听，唐娜是怎样的感受？尼克对自己上司的感觉是否正确？菲奥娜对泰勒的感觉是否与泰勒的设想有所不同？

花时间想想当下的状况，对你、对同事分别意味着什么。对梅洛迪来说，她的不满是否意味着她是一个能力不足或者自卑的人？基拉和莱斯丽这两人，为什么会对自己办公室里其他人的情感生活有那么强烈的责任感？作为一个男人却觉得自己被骚扰并为此感到不适，尼克对此是怎么想的呢？

　　**要明确自己对某段工作关系的所求，我们就必须倾听他人，要清楚发表意见的重要性，要明白界限不清会如何影响我们的想法与对自我的感受。**

　　假如你与某位同事的关系很要好，但发现你们之间出现了界限不清的问题，你顾全彼此牺牲个人利益的意愿，你的支持以及你的倾听是能助你减轻负担的。当然，也有这样一些人，因为他们满腹都是自己的问题和对自身地位的考虑，所以会利用任何愿意倾听他们的人。

　　而一旦你腾出倾听的空间、考虑到各方的感受并开始看清事情当中的自己之后，你可能都没必要去更多地设限，因为此时的你已能更清楚地看到自己与对方之间的状况。此时你要做的，是维护好自己温和但意义重大的边界，并观察这些边界如何进一步为你清除工作场合的不良因素。

　　譬如，若出现个人性的谈话影响到工作的情况，那就切断这样的对话，但你的表述要温和而坚定，如：

　　"我倒是想听下去，可我必须回到工作上了。"

"这一切听起来着实让人难受，希望你身边有人可以让你谈谈这些。"

"希望今天下午我们可以做做这个项目，今晚我需要在6点之前回家。"

工作场合的倾听之所以重要，是因为它能让人理解彼此、和睦相处，有助于人们完成工作。但千万不要将倾听变得太具个人性，也不要因为你的同情（或者希望得到他人欣赏的欲望）而由着他人的思虑、他人对自我问题的讲述或他人的需要发展到影响你工作的地步。事实上，当你是对方唯一的倾听对象或者当对方把你的同情经常当作其完不成工作的借口的时候，这种情况就很容易出现。

倾听同事与交朋友是不一样的，也正因如此，很多人会担心在工作地行事私人化可能会导致棘手状况的出现。此外，那种认为团队合作的成功无关倾听之事（而只看完成工作的情况）的看法也是不对的。因为假如我们不被倾听，无论是从员工的角度还是从人的角度，我们都会觉得自己遭到了轻视。工作关系也是需要我们去关心与照顾的，它们不仅非常重要，同时也像我们所维系的其他关系一样，是对我们的塑造。

# 习题

1. 下次在与某位朋友谈话时，请留意对方说话时你出现的任何走神迹象，看一看用心多听两分钟对方的讲话需要你付出多大的努力，这份友情又值得你付出多大的努力。

2. 请就你想与之关系更近的朋友做一个列表，写下你所知道的这些朋友喜欢做的事情；选中其中的一个朋友，然后试着根据他/她喜欢做的事情安排一次共同的活动。

3. 让自己成为积极的听众。假如你是一名上司、经理、教师、治疗师、父母或者其他类型的权威人士，请在接下来的一周内找个时间询问某位下属，他/她对你们所在企业/单位或许会有想法或感受，但未曾有机会向你讲述。过程中务必要让这位下属感受到你的认可。假如对方什么都不说，那就说声没关系，然后告诉对方之后若是想到了什么，你会非常乐意做他/她的听众。

4. 以某个你与之相处困难的同事或上司为例，想一想：你与此人之间一般都是怎样互动的？其间你是怎么做的？下一次再与此人碰面时，请将着力点放在倾听、引出他/她的观点上，并单纯从人（而非身份）的角度来留意这次互动带给你的感受。之后，对你这次倾听及其对你们之间关系的影响做个评估。

5. 假如你的朋友关系与工作关系基本全靠线上交流进行维护，那就花几分钟的时间来对这种交流方式的利与弊做个评估。若你自觉压力很大、很孤独，请尝试与你所爱的人多做一些交流、多一点面对面的接触。如今有越来越多的研究表明，此法能很好地帮助人们应对压力与孤独。

# 13

"我才不会浪费时间跟那个人谈话！"

## 如何倾听你无法认同的人

为什么有的人会那么难以让人倾听呢？答案就像我们在前文中所看到的那样错综复杂。我们都很清楚，就我们最重要的关系来说，对方不听我们也好、我们不听对方也罢，我们与对方都负有责任。当然，这中间也不乏有人要比其他人更加难以令人倾听。

此外，我们难免碰到要与某些我们根本无法认同的人谈话的时候。身处这个政治、文化、代际的分歧都在不断加大的时代，要想在对话中时刻保持对彼此的尊重，其难度之大超乎想象，而倾听正是当下我们更加迫切需要的。

面对那些难以倾听之人，有很多理由让我们选择漠视他们。碰到一些刚愎自用、愚不可及或者冥顽不化的人，你是不愿在他们身上浪费时间的，你会想，与其在那里白费功夫，不如对他们置若罔闻；还有，对某些点头之交、同事或者火车上的聊友，我们也没必要投入过多的倾听。可是，当这一类让你恼火的人与你有着密切关系而且对你很重要时，即便他们的世界观几乎完全抹杀了你倾听他们的可能，面对他们时你也还是得听，因为这样的人既可能是你的母亲、叔叔，也可能是正与你的哥哥约会的女子，又或者是你得在某个项目上与之展开合作的人。要想知道对这样人的倾听有多重要，单是想想与他们的对话能让你有多紧张或者多恼火就能觉察一二。你是否会出现以下情况：

◉ 在脑海中扮演彼此的角色，进行怒气冲天的对话。

◉ 为了避免争执而避开或放弃某个曾与你关系较近的人。

◉ 动员他人，与你一起评判这个人。

◉ 规定什么样的话题可以讨论，即便这些可谈的话题会令你们的关系枯燥乏味、浮于表面。

◉ 为不能再像以往那般与对方分享彼此的生活而感到难过。

◉ 生怕家庭聚会或者社交聚会变得剑拔弩张、令人不适。

◉ 总想着那人无法让你倾听的各种原因。

假如你对上述问题有任何"是"的答复，那就说明你需要倾听他们，这一点非常需要。

**就算不易，我们也要维持与朋友、家人的联系，因为放弃这样的重大关系会让我们的生活黯淡无光。**

为了庆祝感恩节，西莱斯特从学校回到了家里。像很多热衷政治的年轻人一样，她的心里装满了各种各样激情洋溢的政治想法。由于西莱斯特的父亲与继母一向对她是一副严肃认真的面孔，再加上她所在的校园处处是与她想法一致的人，西莱斯特并不习惯他人与自己看法相左的情况。她很喜欢充满智慧的辩论，但她也像我们大多数人一样，更喜欢让自己带着"我全程都对"的想法离开辩论现场。

那日下午，西莱斯特与一年只在家庭聚会上见一次面的吉姆叔叔杠上了。吉姆是中东政府部门的工作人员，几十年的从业经历让他形成了较为保守的政治观点。对于这位叔叔，西莱斯特早期的印象还是比较好的——他就是她的家人。但在去年的聚会上，吉姆对移民政策的一番讲述引发了西莱斯特的强烈反对，只不过那时的她就相关知识掌握得并不充分，便没做辩驳。

在过去的一学期，西莱斯特偏向自由派的政治观点，考虑到吉姆是自己唯一接触过的保守派人士，便将他作为自己的辩论假想敌，而且还在脑海中成功地击败了这位叔叔，她从未输过那样的假想式辩论。此刻的西莱斯特认为，自己可以一边吃着爸爸特制的盐味火鸡，一边自信地与叔叔一较高下。

就这样，在所有的人都坐定就餐后，西莱斯特开始跟吉姆讲起了她在国际关系课上学到的内容。还未等她讲完，吉姆就针对她正在研究的某个国家说了他的一段经历，而且还指出她对那个国家最近发生之事的无知。或许正是因为吉姆的这些举动，两人间的争论开始紧张起来。之后西莱斯特也说到叔叔的几处细节错误并说自己学校的教授才是这方面真正的专家，这无疑又给两人的争论添了一把火。

由于政治分歧的激化，两人间的争执迅速演变成针对个人的争论，其速度之快，已让人分不清到底是谁先点燃了这场口舌之争。

西莱斯特试图再次证明自己的立场，但仅仅几分钟之后她就因情绪太过激动而失去了理智。看着吉姆叔叔一边冲她翻着白眼一边去拿树莓酱，西莱斯特强压着泪水冲出了房间。

是什么令这场对话演变得如此之快呢？

是吉姆的无所不知，还是他对立的政治观点？让西莱斯特怒不可遏的，是吉姆没完没了的离题辩解，还是他对她讲话内容的不以为然？就是因为没有安全感，西莱斯特心中的怒火才会越烧越旺；而她之所以感到不安全，多是因为吉姆对她不屑一顾。

人一旦变得义愤填膺，就会无法区分对方个人与对方的观点。的确，二人争执时，吉姆对西莱斯特表现出一副居高临下的样子，但西莱斯特对吉姆的态度也显得有些放肆，只不过冷静的人都能看得出这纯粹就是一场年龄与经历差异之间的争斗。家人之间是会看法相左的，但不至于冲突至此。事实就是：话题一旦涉及社会与政治观点的不同，人们就会听不进对方讲的话。

苏琪与男友杰登一同来做情侣治疗。苏琪很有健康意识，崇尚素食主义，她过来是因为她拒绝与持有狩猎执照且热衷于肉食的哥哥洛根讲话；杰登过来则是因为苏琪让他在他的家庭与她之间进行选择。三年前，苏琪因为洛根的看法与洛根大吵了一架。因为失望，直到今日与哥哥们视频聊天时她都无法忍受在同一间房里听到洛根那"令人讨厌的声音"。

妻子去世一年之后，阿蒂爱上了事事都会顺着他、一切都会为他考虑的玛丽娜，这也让他没能注意到玛丽娜对居于他们所在城镇移民的鄙视。阿蒂的儿子们批评玛丽娜有种族偏见，但阿蒂不以为然，觉得他们多管闲事，甚至还减少了见他们的次数；玛丽娜的女儿对两人的关系更是吃惊不小，而且还试过在阿蒂不在时规劝母亲理解和接受多样性看法。这些儿女都已人届中年，虽然对父母晚年这样的交往无法接受，但他们的所为是将父母的选择看成了个人性的、针对他们自由世界观的谴责。他们执着于自己的判断，听不见阿蒂与玛丽娜言语中透露出的幸福之情。

旺达与娜塔莎一起在一家初创公司工作了三年。由于公司采用的是开放式协作空间办公模式，员工之间的相处十分融洽。就旺达与娜塔莎二人来说，两人在午餐时还会讨论关系、家庭、健康等较为亲密的话题，这意味着她俩既是同事也是朋友。有一次，娜塔莎说起自己对地方上某位候选人的支持，这让旺达惊诧不已，因为这个人在环境问题上的表现毁誉参半。她说："你不是真的在为那个社团小人拉票吧？"娜塔莎没有直接作答，只说了句"我有权发表自己的看法"。几周前还在向对方讲述自己性生活的两人，这会儿怎么就听不下去对方对环境政策的看法了呢？

上述这些案例里的人之所以将彼此对立的观点变成对对方价值观的指责，是因为他们觉得其他人在评判、改变他们或者就是想让他们闭嘴。但不论面对怎样的争执，开放、宽容的态度都能起到缓和的作用，让人们更好地理解彼此。只是现在的人，缺乏那样的态度。

**为什么我们应该更好地倾听自己并不认同的人？因为：**

- 困难的谈话会因练习而变得容易。
- 这可以让你全方位地成为更好的听众（无论对方是

你的伴侣、孩子、父母还是朋友）。

◉ 这可以让身处争议性场合里的你保持高度的自制。

◉ 这可能让对方因为你尊重、好奇、开放的交流态度以同样的态度回应你。

◉ 这能增强你的自信与自尊。

◉ 这有助于让你成功找到应对困难对话的正确办法，并更好地维护你的重要关系。就像断骨经过愈合之后会变得更加强健一样，对破裂关系的修补也会让这一关系变得更加强韧。

◉ 越来越多的人相信，与观点不同者成功对话能助我们找到内心的平和。你也应该成为这其中的一分子。

近年来不断出现的社会、政治与文化的分歧对我们生活的方方面面都造成了问题，若人们不再倾听彼此，这些问题就会日趋严重。虽说人们在根本的信念上一向都存有分歧，可大量的证据表明这些分歧正在不断加深，而这会加重人们之间的疏离感与敌对感。

正是因为争执时你对自己这方的看法投入了情感，你才会觉得受到攻击的不只是你的看法与价值观，还有你这个人；所以对你来说，他人与你的争执同时也是针对你个人的强烈反对。

仇恨，不仅会撕裂家庭与社会生活的基本架构，还会打乱常规、破坏将几代人连接在一起的生活礼仪（如节日、特别的事件以及其他的各种聚会等）。西莱斯特既不是第一个破坏家庭感恩节聚餐的人，也不会是最后一个。而在令人感觉人与人的关系如此疏离的时代，这种家庭与社会认同的分裂所造成的影响是深远的。


*右派者，枪支代表自由，堕胎是为谋杀；左派者，堕胎代表自由，枪支是为谋杀。*

——吉尔·莱伯雷（Jill Lepore）


当然，除了政治分歧之外，还有各种各样的社会问题也在分裂着亲情与友情，简单的像有关枪支、堕胎之类的纷争，就属于文化冲突；另外，文化冲突也表现在宗教、性别与婚姻、公民自由、气候变化、经济制度、身份以及权利等各个领域。我们争斗（或逃避）的，其实就是那些会将我们的善意削弱、腐蚀到极限，让日常的误解愈发难以让人容忍的大问题。

问题一旦被触发，我们就会因为看法上的对立而走上愤而决裂的道路，或者干脆不与意见不同者讲话。但我们真正该做的，是要学会如何展开困难的对话，而不是让矛盾激化或者避而不谈，否则我们只会变得更加焦虑，让误解更加严重。此外，我们对自己努力去倾听（或不听）之人的看法的感受，反过来也会变成持久性的定论。请看下表：

| 你是如何看待问题的反对意见方的？ (对方可能也是那样看待你的) | | |
| --- | --- | --- |
| **我的看法** | **我的感觉** | **我的结论** |
| 她是敌人 | 憎恨/恐惧 | 她想伤害国家或者伤害我 |
| 他就是个白痴 | 蔑视/不信任 | 他应该更清楚/他就是在浪费时间 |
| 她被骗了 | 惋惜 | 她心地善良却一无所知 |
| 他或许有道理 | 基本的尊重 | 这让我有了新的思考方向 |
| 她的一些想法不错 | 尊重，感激 | 我能看到她的出发点 |

假如对方是你了解不深或者与你关系较淡的人，你们的争执虽会让你不那么沉重一些，但解决起来仍具难度；假如对方是某个你关心的人，冲突就会激烈得让你觉得好像自己不忠于对方、背叛了对方。与对方对话的风险如何，我们的反应、我们的情绪就是提示，没有比这更准确的了。

# 不可能之下的倾听

## 当响应式倾听不足时

里佐一家四代都住在同一区域，这个家族一年四季都有人过生日，还有各种各样的周年庆祝活动。不过相聚时人们对彼此的倾听不可能做到事无巨细，事实上这样的场合很少有某人讲话而不被打扰的时候。家人聚在一起，常常会咋咋呼呼、吵吵闹闹，所以碰到有人说话不拐弯或者说了什么伤人的话，其他人一般都会一起劝说被伤的一方，让其别将事情放在心上。对于这样的家庭来说，血缘亲情高于个人需要。

23岁时，哈珀·里佐搬了出去，与男友曼纽尔住在一起。对曼纽尔来说，在过去的两年中，他一直都在听哈珀讲述他们家族热闹的野烹聚会，但自己从未被邀请参与过，不过现在的他觉得是时候让哈珀这么做了，可哈珀担心自己的祖母会不欢迎曼纽尔。虽然哈珀并没向家里隐瞒自己是同性恋者的事实，但对家族当中的老一辈，他一直都在小心避免与他们产生争执。问题是，他又实在想让曼纽尔参与到这样的家庭活动之中，所以尽管心里害怕，他还是同意了至少与祖母谈一谈。哈珀清楚谈到最后的结果很可能就是失望，但有了曼纽尔的鼓励，他相信只要带着尊重的心态心平气和地去听祖母说话，其本身就是成功。

当我们决定对类似这样的敏感话题展开对话时，单有回应式倾听是不够的，因为涉及多样性以及文化话题的讨论不仅很容易引发冲突，而且冲突一旦被点燃就很难被扑灭。对哈珀来说，多年来他一直都在避免与祖母发生这方面的冲突，准确地说，是能避多久就避多久；再者，即便是像他家族关系那般亲密的家庭，这样的冲突也非常有可能导致其家人关系出现破裂。要想与自己的祖母展开坦诚、尊重的对话，哈珀就必须听得进祖母与他在性别、年龄、教育等方面都大相径庭的看法，而这样的对话无异于是在走钢丝。

祖母的看法会让哈珀心如刀绞，甚至令他怒火中烧，但哈珀非听不可，而且就算他能保持镇定，他也很难有机会让祖母听进多少他自己要说的话；此外，过程中不论发生了什么，24小时内他的整个家族必会知晓，说不定他们还会质问哈珀为什么要惹祖母生气。可要是哈珀不与祖母谈论，事情又怎能出现转机呢？所以，这样的谈论最终还是值得一试的。

**要与所爱的人展开一场困难的谈话，单单倾听是不够的，你还要尊重对方的看法。**

**你准备好去倾听某个让你很难听得进的人了吗?**

请根据下方所列的个人特质,从0—5分给自己计分。哪一项的得分低,就说明你需要在哪一方面探索自我、发展这方面的新技能:

——能容忍冲突;

——能处理关系中的分歧;

——能规范像愤怒、恐惧一般的强烈情绪;

——能自我反省;

——有耐心;

——会同情他人;

——会尊重自己;

——是一名好听者;

——能对他人所言抱以真正的好奇。

做名好听众无疑能助你应付困难的对话,但单凭这一点也不是每每就足够的,你还需要带着目的进行对话,要在交流中付出关注,要谨慎使用以"我"打头的语句,要监察自己意欲争辩或者意图打断对方讲话的冲动,要澄清自己所言,等等,这些都是必要的考虑;此外,所有这些策略都需要你真心寻求对方观点的支持。所以,你会很想知道对方的看法吗?会实实在在地关注对方会说些什么吗?

假如你的答案是"不"或者"不确定"，那你就还没做好要谈论<sub>（既要说也要听）</sub>某件对你来说十分重要的事情的准备。

假如对方冒险与你展开困难的谈话，那说明他/她要的不仅仅是你的倾听，他/她还想要得到你的理解。

## 认可对方的立场

认可<sub>（请记住这并不意味着让你去认同对方的看法，而只是让你用心倾听）</sub>，是不能机械为之的。所谓认可，是要让对方知道你理解他们的感受，知晓你对他们感受的看重，同时也要让他们清楚你可以理解他们。像假装倾听伴侣讲述其工作会议般地假装自己对话题感兴趣的做法是行不通的，你要做的，是真心地对对方的讲话感到好奇，真心听得进对方的讲话。请想一想：

你能将自己带入对方的经历之中，让自己像对方一样去思考、去理解吗？

假如你不确定自己有多好奇，或者你脑中出现了一种你说的才是对的、别人都错得离谱的声音，那你就需要自省、调整态度了。譬如，你可以这样提醒自己：更多的开放与包容可以让我实实在在地学到一两样东西。的确，待在自己的地堡里要比什么都不知道就去冒险容易得多。如果有那样的声音告诉你冒险就是无望之举，这或许能够保你周全，但这种让你别犯错的声音其实就是你内心的恐惧发出的。

别忘了，理解他人的世界始终要比看起来的困难得多。另外，请恕我直言，假如你觉得自己非常清楚别人是什么感觉或者会说些什么，说明你是时候要克服一下自己的自以为是了，因为总有些东西是你不清楚、需要你去了解的。此外，也请谨记这一点：理解一个人要比改变一个人容易得多。

**要求别人改变会让他们更难改变。**

## 设定你的意图

即便事情并不总能按计划进行，提前留意自己在事态升级的情况下可以掌控什么、做什么，这样的意图设定也能助你保持专注。通过设定目标来让自己保持开放、接纳的心态，这能让你更好地集中精神。设定时请想一想：

- 你希望达成些什么？—"谈话结束时，我们会……"；
- 你的目标是否可及？—"我很想知道你是怎么得出这些结论的。你愿意跟我谈谈吗？"

◉ 会有怎样的结果？

好的结果：虽然那个我关心的人在社会、政治立场上与我相左，但我能了解他/她的观点、感受与经历。

不好的结果：我要让那个笨蛋知道什么才是对的。

◉ 我的价值观是什么？在考虑、设定自己的意图时，若这些意图与你的价值观一致、能让你凭着本真行事，那你对它们的坚持就会比较容易做到。以下的一些倾听意图或许能帮助你积极地应对困难的对话：

我的倾听能让对方感觉他/她得到了倾听与理解（价值观：尊重）。

我可以做到待人开放、友善（价值观：善良）。

我可以始终以建设性的态度对话，也可以应付对话困难的情况（价值观：自我约束）。

表达观点、感受和经历时，只要我能做到心平气和、心怀同情，能让对方听得懂我，那我的表达就是有效的（价值观：意向）。

我会力求在价值观与所关注的点之间寻求相似与共通之处（价值观：弥合差异）。

我会记住，这个人是我关心的人（价值观：爱）。

再难我也不会放弃，因为坚持对我非常重要（价值观：勇气）。

**优质倾听的关键：管好内心的声音、保持好奇。**

## 展现你开放的心态

碰到敏感话题时，你可能会假装倾听，但如此一来你也就悄悄地关上了自己的思想之门。另外，带有讽刺语气的提问对交流毫无帮助。要避免这样的情况发生，你可以尝试下列做法：

⦿ 提些表示好奇的问题。如："就海平面上升的问题，你认为我们应该做些什么呢？""就总统对妇女的看法，可以跟我说说你的理解吗？"

⦿ 与其正面抨击对方，不如向对方征询提问的许可。如："我能问问你对移民的看法吗？"

⦿ 做开放性的提问。如："跟我多说点，可以吗？""你能帮我理解得透彻些吗？""可以对我多说说你对事情的看法吗？"

⦿ 就具体信息进行提问。如："怎么个行得通法？""可以举个例子吗？"

◉提出跟进性的而非具有误导可能的问题。试着从学知识的角度来提问。假如你倾听的目的就是要在对方的论点中寻找漏洞，那你最终根本学不到什么东西。

◉倾听、认可对方话语背后的价值观与期望。如："我听得出你觉得公平在移民政策上是个大问题。你可以跟我说说这一点吗？"

◉留意对方与你相似的价值观（譬如公平）。如："看来我们都很关心移民政策里的公平问题。"

◉留意你对话题里某个观点的认同。如："我俩都希望孩子们能远离校园枪击。"

◉若你感受强烈，那就如实说出。假如你完全不同意对方的看法，那就告诉他，但也还是要鼓励他继续说下去："我非常在意这个问题，但也很好奇你的看法。"

◉看看你在其他人都站到一起时是否还能保持镇定与对话题的关注。要做到在所有的问题都看似彼此关联时继续谈论某个单一的问题并不容易，但这样的约束也会让困难的对话变得简单得多。记住：挖苦会令辩论升级（而无助于辩论），你每一次为避免争论升级而克制自己出口伤人的举动都是为了更好地展现你的意图。

坦承方能制胜：假如你感觉很难倾听他人，那就如实相告，这反而有助于你的倾听。

## 从自以为是转向抱有好奇

想让自己好奇起来，你需要明白：每场艰难的对话，都是同时基于话题、大的感受与个人身份这三个层面展开的。涉及社会与政治分歧的对话之所以会极具挑战性，是因为这三个层面总会一同发挥作用。不管话题是气候变化也好、医疗保健也罢，或者是有关美国宪法第二修正案的问题，即便你以为自己只是在争论而没有其他意思，情况仍是如此。

涉及有关社会、政治深度分歧的对话尤其容易引发争辩，因为这样的对话绝非只关乎眼前的问题。

## 对话的第一层面：话题

尽管有些人可能不这么认为，但困难的对话并不是围绕着信息和数据展开的，而是谈话双方在相互对立的观点、解读与价值观上的争斗。放下对你所认为的真理的坚持，这能让你将对话的目的从信息表达转为执经叩问，让你去探索对方理解世界的方式。表达观点更好的做法是：讲述你的所见与观点，但不要把它当作"真理"。

假如有什么社会或政治问题让我们争得尤为激烈，那是因为这一问题对我们有着举足轻重的意义（对方若是认识够深，那他们也会认识到这一问题对他们的重要性）。尤其是当我们面对亲朋与所爱的人时，这种观点对立的对话绝非只关乎话题本身。不论话题具有怎样的争议性，对话时若记住以下这五点，就能让你更清楚地看清大局：

- 讨论的话题是什么？（记住一个即可）

- 这一话题为何对我如此重要？

- 就这一话题，我想让对方理解什么？

- 从对方的经历中，我能了解哪些可以帮助我更好地理解他／她的东西？

- 我的目的是什么？换句话说：在对话结束时，我希望能有怎样的结果？

### 对话的第二层面：大的感受

如今很多人对社会与政治事件的情绪反应在广度与深度上都达到具有危害性的程度。美国心理协会最近出具的《美国压力》（*Stress in America™*）研究报告就表明，美国约有2/3的成年人认为当下的社会状况与政治环境是造成他们巨大压力的根源之一。

若从压力对人在特定情况下的反应能力会产生的长期、持续影响的角度去考虑，报告所给出的这一发现就更具有意义了。换言之，假如当时的你已处在情绪爆发的边缘，那么一点点的刺激都能让你情绪失控。

感受当然重要，若是碰到家里出现这样痛苦的分歧，情况就更是如此。在那些构成你谈论话题所持立场的各种因素与说辞的影响下，你内心的强烈感受不仅令你无法倾听任何与你观点相悖之人的谈话，也一定会影响你对话题的讨论，以及与看法不同的所爱之人之间的交流。如此一来，你不仅会焦虑，那些情绪也会愈发令你难以承受。

争论到最激烈时，其中一方可能会说出像"无法相信你居然会那么想"或者"你在开玩笑吧"之类的话。问题是，这样的话语不仅暗含鄙夷与怒气，还带有明显的猜疑，它会让对方本能地生出"你竟然对我说出这样的话来"这样真实的背叛感。所以，要想让困难的交流有成效，你就必须制止此类情况的发生。

一旦感受到攻击，我们的压力反应就会启动，情绪反应一触即发；而只要情绪一泛滥，我们就会别无选择地做出或战或逃的反应。不幸的是，这样的反应又是造成我们谈话困难的一大推手。单是对可能发生的情况进行预期本身就是压力了，待你开始倾听，此时的你已经有点情绪亢奋；此刻，若你再出现情绪反应激烈、对对方的讲述也不再抱有那么多好奇的情况，那你会更加难以让自己保持冷静，难以让自己继续听下去。

情绪泛滥虽令人焦躁不安，但从好的一面来看，它有助于人类进化。假如你面前出现了一只剑齿虎，无须过多地纠结，明智之举是战还是逃？但不幸的是，当你面对的是不惜开了四个小时的车来赴家宴的吉姆叔叔，或者总会为你做你喜欢的美味番茄酱奶酪的祖母时，这种程度的情绪反应就会过了头。既然人类的机体运作跟不上时代的发展，那我们就需要规划好对自我的监察，才能阻止自己出现用血肉之躯去迎战老虎的举动。为此，在泛滥的情绪将你彻底控制之前，你必须对自己该如何应对这样的泛滥做到心知肚明。

还有，你要记住，威胁不论虚或实，它给人的感觉都是真实的。我们都知道，一个感觉自己受到威胁的人是讲不清楚自己心中的大事的。你骤然间理直气壮的辩驳（以讲话条理分明、居高临下、引经据典、出口伤人、恶语相向、对人说教以及故作好奇等对话陷阱模式为主），很有可能会令极力与你争辩的人情绪泛滥。而一旦对方失去了理性，其倾听的能力就会变弱，也就无法清晰思考你的话语，无法对你进行有效的回复；

此外，由于对方情绪失控，你也非常有可能成为下一个失控的人。

**情绪泛滥具有传染性。**

### 情绪泛滥的表现：肾上腺素上升！皮质醇上升！行动！

并不是所有压力过大的人，都会有同样的情绪泛滥表现。这当中，有的人会进行攻击，有的人会退缩（一声不吭或者彻底不参与对话），还有的人则是表面上冲你点头、笑容可掬，但其思绪早已跑到九霄云外。

那么，怎么才知道自己出现了情绪泛滥呢？下面列出的一些情绪泛滥生理现象，或能助你看清自己的理智是否下线、对话是否即将出现质的改变（假如尚未出现变化的话）：

| | |
|---|---|
| 心悸 | 手心冒汗 |
| 呼吸急促 | 开始无法倾听 |
| 牙关紧咬 | 感到焦虑 |
| 浑身发热 | 心有不安 |
| 心跳加速 | 头疼 |
| 口干舌燥 | 烦躁 |
| 音调提高、语速加快 | 愤怒 |

感到困惑　　　　　　　紧张

　　情绪泛滥时，生理上可能会出现上述的一些或其他反应，而且过后你说不定还不记得都发生了什么、为什么自己会有那么大的反应，又或者你们说了些什么。你需要明白的最紧要的一点是：情绪泛滥下的对话徒劳无益。你可以对某件令你无法抗拒的事抱有强烈的感受，但只要对话的一方或者双方出现情绪泛滥，结局就只会是两败俱伤。

**情绪越是泛滥，认知力就越会下降。**

　　管理好自己的情绪。假如你能带着充分的自我监察意识与提前做好的规划准备展开对话，让自己保持冷静与理性，那自然是最好不过的。如此，你会清楚地知道自己会有怎样的生理性情绪泛滥、能在这一泛滥吞没你的认知能力之前策略性地管控好自己的情绪。这样的准备包括：设定意图、给自己与对话清晰设限、计划好平静些时才予回复等。不过也别忘了，这样的策略准备同时也意味着对压力的预设，而这本身也是压力。

**情绪一旦泛滥，就会出现谁的话也听不进去的情况。**

假如你情绪紧张但未至泛滥，那你可以尝试用这个办法让自己重新投入对话：观察情况，认可对方的经历；就自己在对话形势的升级中所起到的助推作用担起责任；调整语调，为对方再次打开谈话的通道。但假如你们中已经有人出现情绪泛滥，那么你需要尽快制止并做处理。或许你仍极其在意你们所讨论的话题，但假如辩论令你丢掉了友情，即便你赢了，也是虽赢犹输。

当你发现情绪开始泛滥，请尝试通过下面这样的基础小练习来舒缓情绪、调整自我：

- 观察你能看到的五件事；
- 观察你能听到的四件事；
- 说出你能触碰的三样东西；
- 说出你能闻到的两样东西。

双脚立稳，做几次深呼吸，确定情绪平静些之后再尝试继续倾听。

**对话的第三层面：个人身份**

当我们鼓足勇气、冒险参与到困难的对话中时，我们不仅在为自己的想法与感受押注，也在为其他东西押注。

涉及文化与政治分歧的对话也是有关个人身份的对话，胆敢涉及这样的对话，那你面临的风险还会更高，因为你在这样的对话中所做的，实际上就是从根本上透露出你核心本我的、深度的密切交流。所谓核心本我，关乎我们是谁、我们最在意的事，以及我们所关心之人看法上的不同对我们意味着什么，等等。

这并不是说假如住在威斯康星州的姑姥姥玛尼说，你若认为全球正在变暖，那你就该在来年冬季时再去看她，她让你做的这件事对你构成了威胁，而是说假如此刻的你在想到她时心态会带着点不屑，那你就该想想：为什么你会有这样的心态？之前你经历了些什么？

面对涉及文化差异的对话，下面这些问题或许会让你看清哪些东西与你利害相关：

**我是否足够机智？**政治与文化分歧会影响我们的个人能力感。我们越是自觉能力低下，就越觉得有必要加倍地强调自己结论的正确性。大多数人（就像西莱斯特那样）在与看法相同的人分享彼此观点的过程中，因为信息的不断重复才学会了这种慷慨激昂的对话；也正因如此，在碰到自己所信奉的东西遭到挑战时，我们就可能产生那种并不如自己所期望的那般自信的感觉。

所以，当某个你所爱的、可能还很让你尊重的人站出来反对你对这个世界的看法时，请不要诧异，你会发现自己不仅是在跟这个人较劲，也是在跟你对自我的怀疑较量。

**我是否够好？** 一旦观点分成两派，以善恶来划分人群基本也就在所难免了。假如冲突与你所关心的某个人有关，那你可能会发现自己很难以拒绝或排斥的方式来化解矛盾。此外，身份政治也会激化你这样的极化行为。可能你会说那个人怎么对你都无所谓，因为他是个_____（白人男子、民主党人士、福克斯广播公司新闻观察员……随便什么身份）。事实上，把别人列为坏人并不等于你自动被赋予好人的身份；但假如你将这场冲突看成一场道德战争，那你自然就想站到正确的队列之中。

**我足够让人喜欢吗？** 你在乎的人不将你视若珍宝，这样的念头想想都让人难受。虽然从逻辑上说，或许你能意识到人与人之间既可以相互关心，也可以彼此对立的道理，但这些让你本能地感到痛苦的感受，不是这个逻辑可以解释的。当亲朋安慰我们、支持我们时，我们会觉得自己受到重视；若他们说我们哪里不对，我们感受到的就会是痛苦。我们与他们之间的冲突，会让我们有种被排斥的感觉；出于对自我的保护，我们会怒不可遏、会自以为是。由于这些感受令人痛苦，我们又会将它们投射到对方身上，觉得他们才是自以为是的人。

对靠近，人们是很难恨得起来的。靠近对方吧！

——布芮尼·布朗（Brené Brown）

艾德里安与德米特里厄斯是两兄弟，两人因为争着要照顾他们酗酒成性、新近又被诊断患上阿尔茨海默病的母亲而争执不休。兄弟俩一旦吵起来（基本上每次一说话就吵），其中的一个就会提起40年前他们还在上高中时的事情。从对食物的喜好到慈善捐赠，两人没有一样看法相同。

但兄弟俩还是有不少地方是一样的，譬如两人都头发灰白，彼此对对方的不公之举也都记得一清二楚。当艾德里安打电话给我进行预约时，他说他与德米（德米特里厄斯的简称）已经两三年不讲话了，具体因为什么，他甚至都记不清楚了。他说，帮他们处理他们母亲长期照料事宜的律师有意让他们把我这里当作一个类似瑞士的中立之地，希望他们能在这里为他们的母亲制订出照料计划。

三方第一次见面时，办公室里的气氛颇难控制。礼节性的问候与一个生硬的拥抱之后，这两兄弟就像被什么远古密码下了咒一般，彼此开始大声宣泄经年累积的怒气。从两人对彼此潮水般的指责中，我看到了他们对母亲生病的恐惧，看到了他们曾经对彼此的拒绝与失去，以及情志不遂所带给他们的痛苦。这些因素交织在一起，造成了两人最近一次关系的破裂。情绪泛滥之下，是什么让兄弟俩怒目相向都无关紧要了，此时的他们都觉得对方背叛了自己。

而我首先要解决的，就是两人的情绪问题。我首先感谢他们让我看到了这一切对他们来说是多么不易，接着又认可了他们要为自己母亲的晚年生活进行计划安排的艰难。然后，我深吸了一口气，询问我们是否可以从头再来一次对话。我让他们双脚贴地坐在那里沉思了几分钟，并在深呼吸中重新思考自己能在这一个小时内可以带着安全感去实现的事情。因为假如他们感觉不到安全，那任何对话都无法进行。当他们准备好再次对话时，我教了他们一个五步走的策略，希望他们可以借此学会必要的、能助他们协同处理其母亲事宜的交流技能。

这五步就是询问、倾听、反思、认同、分享，具体来说就是：

1. 询问。提出开放式的、能表现出真心好奇但不具评判性的问题。

2. 倾听。认真倾听对方的讲述，加深你对后续问题的理解。

3. 反思。通过总结对方的答复，关注隐藏在对方话语背后的情绪，思考对方的观点。

4. 认同。在表达你的反对意见之前说出对方观点中你所认同的地方。

5. 分享。请对方讲述其个人经历，向对方讲述你的回忆。

即便身边没有调解人，你们也要特别注意情绪泛滥的问题。而且在这种情况下，你们只能全程靠自己来保持一定的冷静。在此过程中，请留意自己是否正在触发对方的情绪反应，若不确定就直接询问；同时，你也要留意自己是否有情绪泛滥的现象，假如有，请停止对话，并通过对你有用的策略让自己冷静下来。要给自己时间让理性回归、让理性掌舵，之后再继续对话。

**冲突激烈时若想做到更好的倾听，请将注意力放在叙事人本人而非他/她的讲述上。**

## 倾听经历与讲述经历

人类天生就会讲故事。当有机会向他人讲述自己的生活经历时，人们感受到的多是平静而非怒气，是对彼此的靠近而非关系的破裂。人，也只有在感到安全、确定周边不会有剑齿虎出没时才会展现出真正的自我。一个通过这种方式获得倾听感受的人，更有可能对对方馈以同样的倾听（虽然这也并非绝对）。通常情况下，只要向对方展现出你的好奇与兴趣，你就能获得更多向对方告知自己看法的机会。对话时，要尽量克制先做讲述的冲动。一般你可以用这样的方式展开对话：

"可以跟我讲讲你的经历吗？我很想知道你是怎么得出这一看法的。"

之后，你要邀请对方多讲一些（譬如另一段能展现其当下感受与看法的故事或经历），看看会发生些什么，简单的邀请表述如："跟我多讲点吧。"

或者，你也可以提出一些较为具体的、能让你更好了解对方的问题，像下列问题就是在对话涉及差异时可以具体问及的，而且类似提问也较适用于任何会让你持有强烈反对意见的话题：

"是什么经历让你形成了这些观点？"
"你的看法是怎么随着时间改变的？"
"你看待世界的方式中，有什么是从你的父母那里学到的？"

"与你们持相反观点的人，对你们这方说得最伤人的话是什么？"

"你相信吗？我们之间即便看似有那么多的不同，但还是有丝丝缕缕的东西将我们联系在一起。你觉得这些东西会是什么呢？"

"你能想到与你持相反观点的人身上有让你欣赏的优点吗？"

"听我讲述这么不一样的经历，你有什么感觉？"

"就当下的环境，有什么是你不喜欢的吗？"

"你是不是觉得自己被像我这样与你不同的人误解了？为什么会有这样的感觉呢？"

"你有没有碰到过一个你反对其观点但依然很尊重他的人？是什么让你对他既反对又尊重？"

"你觉得将来最让你害怕的是什么？"

在困难的对话中学习、不做过度反应地倾听，就是在学习接受彼此的不同与独立，甚至你还可以学着去欣赏对方的那些不同。面对曾经让你觉得"无法沟通"、"难以相处"或者"明显错误"的亲朋好友，只要你由着他们去做自己，并真心地表达出你对他们观点与经历的好奇，他们的态度就会出现肉眼可见的软化。

若政治、文化方面的分歧大到让人无法迁就的地步，有的关系可能就无法走出僵局。虽说放弃几段让人感觉屈从的、毫无回报的关系，可以让我们解放自我，避免浪费精力，但问题是，我们面对的大多数关系都是我们所无法放弃的，这其中尤以家庭关系为最。既然如此，要避免双方陷入你来我往的情绪反应模式，你可以做的最重要的一件事，就是让自己心态开放、做好自己。让自己心态开放意味着要尊重他人的个人喜好，做好自己意味着不要否定自己。请记住，这种周全的倾听之举无论对你还是对与你所爱者之间的关系，都是十分有益的。所以，就冲着这一大优点，你也该去试试。另外，面对分歧，你愿意跨越冲突寻求共性，愿意做出深度倾听的考虑，还会向外蔓延到你的其他关系之中，让身处其中的你感受到更多的回报感、意义感、归属感与参与感。

# 习题

1.  挑选一个你愿意尝试与之展开困难对话的人。请提前就你们的关系做好以下这些方面的承诺与准备：

价值观：在关系中，我注重＿＿＿＿＿＿＿＿＿＿＿＿。

感恩：我感谢生命中的＿＿＿＿＿，因为＿＿＿＿＿＿＿。

正面的回忆：记得某次我们在一起时，这个人和我＿＿＿＿＿＿＿。

意图：对话结束时，希望我们能真实地＿＿＿＿＿＿。

冷静的办法：若我心生怒意，我可以通过做下述这三件事情来让自己冷静。

（a）＿＿＿＿＿＿＿＿＿＿＿＿＿＿＿＿＿＿＿＿

（b）＿＿＿＿＿＿＿＿＿＿＿＿＿＿＿＿＿＿＿＿

（c）＿＿＿＿＿＿＿＿＿＿＿＿＿＿＿＿＿＿＿＿

**2.** 看看下面这份"同理心问答卷"，它能否让你更好地理解你所强烈反对的这个人：

对方有什么想法与感受？

他/她真正看重的是：＿＿＿＿＿＿＿＿＿＿＿＿＿＿＿

他/她最大的关注是：＿＿＿＿＿＿＿＿＿＿＿＿＿＿＿

他/她的忧虑与期望是：＿＿＿＿＿＿＿＿＿＿＿＿＿＿

对方听到的是什么？

朋友们说的是：＿＿＿＿＿＿＿＿＿＿＿＿＿＿＿＿＿

消息中称：＿＿＿＿＿＿＿＿＿＿＿＿＿＿＿＿＿＿＿

同事与邻居的态度是：＿＿＿＿＿＿＿＿＿＿＿＿＿＿

对方看到的是什么？

环境层面，他/她的看法是：＿＿＿＿＿＿＿＿＿＿＿

社交媒体层面，他/她的看法是：＿＿＿＿＿＿＿＿＿

社会层面，他/她的看法是:＿＿＿＿＿＿＿＿＿＿

对方说了什么、做了什么?

他/她在公共场合的态度是:＿＿＿＿＿＿＿＿＿

他/她的表现是:＿＿＿＿＿＿＿＿＿＿＿＿＿＿

他/她对他人的行为表现是:＿＿＿＿＿＿＿＿＿

让对方痛苦的是什么?

让他/她害怕的是:＿＿＿＿＿＿＿＿＿＿＿＿＿

让他/她不安的是:＿＿＿＿＿＿＿＿＿＿＿＿＿

生活里他/她最难克服的最大障碍是:＿＿＿＿＿

他/她想要获取的是什么?

他/她想要/需要的是:＿＿＿＿＿＿＿＿＿＿＿

他/她成功的标准是:＿＿＿＿＿＿＿＿＿＿＿

他/她已克服了的障碍是:＿＿＿＿＿＿＿＿＿

# 结语

撰写结语，是一种可以让作者表述自己哲学思想的方式。譬如，在这里我就可以告诉你，更好的倾听不仅能让个人关系与工作关系出现改观（事实也的确如此），还能让人们跨越性别差异、种族分歧、贫富差距，甚至国与国之间的分歧来理解彼此。我说的这些都是实话，但是假如我就是这样一味地动动嘴皮子说教，那我就应该只讲述偏重家庭方面的内容，毕竟我研究的是心理学而不是哲学。

到现在为止，我提醒你的，可能都是些你已经知道的东西，但我的提醒或许也让你意识到倾听的重要与艰难要比人们所认识到的更甚。因为太过渴求获得倾听，就算我们真的在听，我们的倾听往往也不以理解为目的，而以回答为宗旨。单单做到理解性的倾听已非常不易，有时对话激烈、冲突骤起时，我们还要努力去克服或至少也要克制那些既会让我们陷入焦虑又会让我们远离彼此同情的情绪反应。

少有技能能像响应性倾听那样在关系中大幅提高人们对彼此的理解程度。这一技能需要我们在说出自己的想法与感受之前，先去听懂、认可对方的想法与感受。你还可以将它变成自己的一个习惯，但像任何新习惯一样，它也需要你的练习。

一些人抱着希望改善关系的目的来到我这里，可他们说的一些话是我最不爱听的。他们抱怨着，我带着同理心倾听，之后我就会给出既能帮助他们理解他人又能让他们获得所期望的理解的建议，可他们说："为什么要把一切都弄得这么假模假样啊？我们为什么就不能直接告诉对方呢？"这太让人讨厌了！他们之前不就是这么做的吗？可那不是没用吗？

听到有人说先认可对方的话语、后做自己回复的做法有违自然，这着实让人恼火，因为这显示出他们的固执己见与自暴自弃。不过，最让我烦恼的却是这一看法里很真实的一点：优秀的倾听可不是自然就会出现的。

与任何技能一样，倾听也需要你去发展。你可以把它看作一种行为，也可以视其为关怀他人自然而来的一种表现。

关心，是一种感受，它并不需要你费很多的心思。因为关心，你会体谅他人，而这样的体谅几乎完全是自发的。不过，这样的体谅也并非完全无私。关心某人说明你的福祉与他的福祉密切相连，所以当你所爱的人发生了什么不好的事情时，一些不好的事也会发生在你的身上。但即便你关心某人，向他表达关心、克制自己的兴趣、让自己接纳对方，也不是每每都那么容易做到的。

善待彼此的最好办法之一，是要听得再努力一点，换句话说：我们要多一些主动，多一些对自我的拓展；要多用心对待他人，多到足以让你听得懂他们的感受，听得进他们的看法。而这，正是你需要付出一点努力的地方。

对他人的关心足以让你去倾听他人，这并不是说你就该向所遇到的每个人都送上你的无私，而是说你应该就自己所关心的人，留心他们希望得到倾听的情形。

讽刺的是，我们的倾听能力却常会在面对关系最亲近的人时降到最低，分歧、习惯与情绪压力令它在我们最需要的场合一落千丈；可面对家人之外那些我们关心但并没有生活在一起的人时，我们可能反而多了一些开放、包容与迁就。这并不是因为我们对那些人的关心多过家人（有时我们就遭到这样的指责），而是因为我们与那些人的关系并不像我们与家人那般可能会充满冲突与怨气。

在努力倾听的过程中，你势必会碰到自身出现情绪问题的情况。为了做到更好地倾听，对他人，你要大度、开放；对自己，你也要有更宽泛的认识。要清楚：你表达自我的方式是否会让对方感到焦虑和戒备？如果答案是肯定的，那你可以做些什么（若你的答案是一点儿也不会，那就思考一下如何能让自己获得所期望的更好的倾听）？什么样的情况会让你忘了倾听，反而做出过度的反应，让你向对方提建议或者打断对方的讲话，又或者会说起玩笑话？

关心他人，是对我们最好的那部分自我的一种本能的展示，但可惜，在家不安、在外无力的那种感觉说明，面对他人，我们并不总能做到宽宏大量、关怀备至。

我们的身边处处都有推动我们去彰显自己的受害人身份、声明我们所受苦难的东西。像这样的伤害感，我们可以将它理解为情感给养不足的结果。由于情感给养不足，有些人会因渴望被关注而痛苦，可能会避开他人或者心怀羞愧。对这样的人，有的人会以某种方式让他们知道他们对倾听的需求过了头。不然，他们还能怎么做呢？继续沉浸在对关注的渴望之中吗？倾听也是如此，而且也会像人类的所有问题那样不断地循环往复。循环之下，我们会理解不足，而这又会降低我们对自我的安全感与对他人的开放态度。得不到倾听，我们也就不会去倾听。

因为无法获得所渴望的关注，我们会觉得自己无能为力；此外，经济滑坡、犯罪活动、环境污染、官僚无能等更让我们无可奈何，难怪我们会对自己改变世界的能力丧失信心。社会层面的心灰意冷、个人层面的灰心丧气不断消耗着我们，令人气馁。自然而然地，我们开始对外满腹怨气、对内满怀同情。

当一个人感到苦恼、没有安全感时，顾好自己自然就成了头等大事。但可惜，只顾自己就是在阻碍自己。当你心里只想着自己时，你会变得偏执，会心生不忿；而愤怒与信心的丧失又会降低你对他人的关心，让你退回到只顾自己的死胡同里。

虽然误解不能轻易逆转，但你可以认识到关系问题所具有的循环性，而循环模式可以被打破，只要有人愿意走出第一步。

第一步就是倾听，它给予我们的回报是十分丰厚的。它能将我们变得开放、大度，能将我们的心联系在一起，能让倾听中的我们触碰彼此的生活，能让我们充实彼此。无论是对倾听人、被倾听人还是两者之间的关系，同理性的倾听都能起到促进作用。

从心理的自然发展角度来说，更好的倾听也是对我们自身福祉的巩固，因为人的一切行为皆因自我念想而动。一旦你将人际关系缩窄到自我的层面，乃至早期孩提阶段的自我的层面，摆在你眼前的，就只剩下一些固有的性格式的东西，而这些是你永远都无法摆脱的。

美国人坚信，万般行动皆始于对自身利益的考虑。可这样的信条站不住脚，因为它从个人主义的角度来看待生活，让我们无法从全局的高度看清自己其实是"家庭—家族—社会—国家"这一体系中的一部分，而这样的体系构成各种各样巨大的关系网络。关注自己，只能让我们看到部分让人感到空虚、无所成就的原因。

那么，我们是否该在这种关注自我的观念中加入对他人的关注呢？答案是肯定的，因为善意的自我关注，总会伴随着对他人关注的考虑。可关注他人，仅仅是出于对自身关注的明智考虑吗？

生活中我们总会权衡利弊，但假如我们仅仅以功利主义的眼光来看待人与人之间的关系，我们就会遗漏太多人性方面的东西。

关心他人，表现在公平正义、消除痛苦以及爱家人、爱朋友上，从根本来说，它关乎我们如何看待自己，如何看待那些将我们的生活连接在一起的东西。任何阻碍或掩盖这一动力的问题，都是对我们的削弱甚至危害。

尊重他人的尊严，并不单单意味着你要去同情他人或者为他人做些什么，还意味着你要去倾听他们，听懂并认可他们的话语。也就是说，你不仅要视他们为具有个人需要的客体，还要视其为值得倾听的主体。

倾听他人之所以是一种道德的善举，部分是因为它内含正义、公平待人之意。倾听，是我们对彼此做出的道德承诺的一部分。

倾听时要谨记你和对方是两个独立的自我，这一点能让你更好、更轻松地倾听自己最亲近的人。开放与自主相互关联。要敢做自己、从容独立，就必须接受他人表达自己的观点。这并不是让你去避开他人，而是让你在继续做自己的同时也能让别人去做他们自己。

学习倾听，会牵涉自我控制这一矛盾面：既要控制自己又要放开对关系的掌控。要倾听，你就要放手。

多用心去理解他人的看法，需要我们付出努力。

倾听这一技能不是单靠学习与练习就足够的，当你对他人的关心已很充分时，你就能做到真正的倾听。

对这本书，我还有另外一个期望，期望它能帮助我们重新平衡地看待我们的关系。之所以会这么想，是因为：首先，从相互定义的角度看待我们的关系，能让我们通过改变我们对关系的输入，改变关系给予我们的输出；其次，当我们认识到生活就是一张由各种关系交织而成、赋予我们意义、充实我们生命的网时，我们或许对他人就会抱有多一点的大度与关心。

或许你会想，讲述关系的再平衡、重新发现自己对他人的关心，这是不是有点假正经呀？毕竟我们可是冲着要学点有关倾听的东西才拿起这本书的，可读到的却是宣讲从善的内容。对不起，可同情他人就是人类与生俱来的，我们必须时刻提醒自己关注要去表达的东西。

我们相信公平、尊重他人的权利，相信同情与正义，也相信人人都有获得倾听的权利。虽然这些准则经常会遭到破坏，但它们依然规范着我们，而且时不时地还会鼓励我们做出行动，否则我们不会在谈话激烈时力求放下争执、倾听对方，也不会想要额外花点时间来听听某人的生活经历。

倾听，有时也会让人觉得是一种负担，但当我们发现自己生命中的某些人特别值得倾听、当我们感受到他们的高尚与珍贵时，情况就另当别论了。给倾听多一点理解，这是我们每个人都能做到的，而这样的倾听所传达出的，就是尊重、同情与公平等基本的价值观。

就像本书在开篇中所说的那样，我们之所以会那么渴望获得倾听，是因为我们永远都无法摆脱交流各自生活经历的需要，但很可惜，在倾听他人时我们没有同等程度的需要。倾听为何有时会稀缺，其根源或许就在此。倾听，并不是我们的某种需要，而是我们给予他人的礼物。

# 《失传的倾听艺术》

思维导图手稿

樊登

**图书在版编目（CIP）数据**

失传的倾听艺术 / （美）迈克尔·P. 尼科尔斯，（美）玛莎·B. 斯特劳斯著 ；燕云译. -- 杭州 ：浙江教育出版社，2025. 7（2025.8重印）. -- ISBN 978-7-5722-9672-7

Ⅰ．C912.11-49

中国国家版本馆CIP数据核字第2025QF9186号

引进版图书合同登记号浙江省版权局图字：11-2023-310

## 失传的倾听艺术

SHICHUAN DE QINGTING YISHU

[美]迈克尔·P.尼科尔斯　玛莎·B.斯特劳斯　著　燕云　译

| | | | |
|---|---|---|---|
| **总 策 划** | 李　娟 | **执行策划** | 王超群 |
| **责任编辑** | 苏心怡 | **美术编辑** | 韩　波 |
| **责任校对** | 胡靖雯 | **责任印务** | 陈　沁 |

**出版发行**　浙江教育出版社（杭州市环城北路177号）

**印　　刷**　北京盛通印刷股份有限公司

**开　　本**　787mm×1092mm　　　1/32

**印　　张**　18.5

**字　　数**　300 000

**版　　次**　2025年7月第1版

**印　　次**　2025年8月第2次印刷

**标准书号**　978-7-5722-9672-7

**定　　价**　120.00元

如发现印、装质量问题，请与印刷厂联系调换。联系电话：13691400818

人啊，认识你自己！